おさしづを拝す

中

橋本 武

天理教道友社

まえがき

昨年初夏のころ、「みちのとも」誌上に連載させていただいてきました拙稿「おさしづを拝す」を纏《まと》めて、その上巻を刊行していただきましたが、爾来《じらい》一年有余、漸《ようや》くここにその中巻をご覧いただくことになりました。今回は、教祖《おやさま》十年祭前より内務省訓令発布後にわたる、時間的にはそれほど長い期間ではありませんが、本教史上特筆すべき事項の重なった時期でありましただけに、その選択には大層苦労いたしました。勢い史実的な事情の明確なものを、選択の基準として掛かったのでありますが、もとより筆者なりの私的なものであることは言うまでもありません。従って、独善的に流れておることは否めぬところ、この点はご寛容願いとう存じております。

　本書刊行に際し、原稿整理中、意の満ち足りぬものの多きに驚いた筆者は、少しでも内容の充実に思いを駆り立てられました。たとえ少しでも、その線に沿わしてもらいたいと、多少手も加えてみたり、新たな事項も追加した次第であります。また、それらの構成も新たなものといたしました。最近頓《とみ》に、原典に親しむよう強く打ち出され、各地においてその会合が持たれてきましたことは、まことにご同慶に堪えぬところ、その面に些《いささ》かなりともお役に立ちますなら、筆者としての喜びはこれに過ぐるものはありません。同時に、お気付きの点については、何卒《なにとぞ》忌憚《きたん》なくご教示くださいますようお願い申し上げます。

末筆ながら、上巻同様種々とご高配を頂いた道友社の皆様に、心からご厚礼申し上げます。

昭和四十三年初夏

地方講習会の声を聞きながら

橋　本　武

目次

第一章　教祖十年祭への道

教祖五年祭後における本教教勢の著しい伸展は、教会史上稀《まれ》に見るところとされていますが、その一面として一般教会の設立について見ましても、明治二十九年までには沖縄県を除く、全国各府県に及んでいるのであります。これというのも、おそらく教祖五年祭を盛大裡《り》に仕えさせていただけた喜び、それはその一年祭における思いがけぬ不首尾のお詫《わ》びを、十分させていただけた喜びとして、全教の隅々に新たなるたすけ一条の熱情を沸き立たせたからにちがいありません。まさにその勢いは「燎原《りょうげん》の火のごとく」と形容されましたが、同時にそこには、前巻末に触れましたように、種々さまざまな社会的抵抗を招致し、本教に対する激烈な反対攻撃を伴ってきたことも事実であります。それも十年祭が近づくにつれて、その風浪はいよいよ熾烈《しれつ》化し、特に教内外を刺激しましたのは天下の公論機関たる新聞紙が、各地各様、揃《そろ》って本教論難の筆陣を張ったことであります。しかもそのさ中にあって、わが国としては最初の国難、日清戦争の勃発《ぼっぱつ》を見、戦勝国となりながらも国民の疲労甚だしく、その不景気なうちに教祖十年祭を迎えたのであります。この内外多事多端な道すがらの主な事項をおさしづを通して拝する次第であります。

第一節　神道本局事情

教祖五年祭後順調な伸展の歩みを続けていた本教には、それ故に与えられる社会の期待・疑惑もだんだんと膨大して投ぜられましたが、その辺の事情については、『稿本中山眞之亮伝』の中に、

「教勢は次第に、六十余州に伸び弘《ひろ》まり、海外にまで発展しようという勢《いきおい》になって来たが、同時に、政府の本教に対する監視の目も亦《また》、急に鋭く成り始めた」

（一七六〜一七七ページ）

と記されている通りでありますが、そのさ中、神道本局管長から、本局の財政整理上臨時大会議をするから、出頭せよとの来翰《らいかん》がありました。事実、当時神道本局は、財政上の事情が重なっていて、相当の負債に苦しみ、それが解決されぬ限り、閉局をもやむを得ぬとされていたのであります。そこで早速と、神意を伺われました。

明治二十七年六月三日

神道本局管長より来翰の次第に付伺

さあ〳〵尋《たず》ねる事情《じじよう》〳〵、だん〳〵事情《じじよう》いかなる事情《じじよう》も近《ちか》づく〳〵。これ一時《じ》になったとは更々《さら〳〵》思《おも》うやない。事情《じじよう》によって日《ひ》が急《いそ》いで〳〵ならんようになる。内々《うち〳〵》の事情《じじよう》他《た》の事情《じじよう》向《む》こうの事情《じじよう》とは思《おも》われん。これまで説《と》いたる。千日《にち》という、千日《にち》経《た》てば誰《たれ》に遠慮気兼《えんりよきがね》は要《い》らんと。千日前《にちまえ》に諭《さと》したる。事情大事件《じじようだいじけん》と思《おも》う。何《なに》も大事件《だいじけん》と思《おも》うやないで。道《みち》に道《みち》すがら一年経《ねんた》ち来《き》たる。どうでも急《いそ》いで掛《か》かる話《はなし》と言《い》う。仕切《しき》ってどうとも出来《でき》ようまい。なれど捨《す》て置《お》く事《こと》も出来《でき》ん。事情《じじよう》はあれこれ実《じつ》を聞《き》いて治《おさ》めてやるがよい。事情一寸《じじようちよつと》には治《おさ》まろうまい。なれど、治《おさ》まるようの道《みち》を運《はこ》べば治《おさ》めてやろう〳〵。

（**大意**）尋ね出た事情は、今日までにだんだんと成り立ってきたもので、今や、いろいろな事情が近づいてきている。いずれも一時に突発したものとは考えられない。事情によっては大いに急いで対処せねばならぬものもある。一口に事情と言うが、内々の事情はもとより、他の事情と言うても、向こうだけの問題とは思えない。これまでも言い聞かしてある通り、何事も三年千日通れと言うてある。三年千日通れば、誰《だれ》に遠慮気兼ねはしなくともよくなる。このことは三年千日前に諭してあるはずである。
今、先方ではこのたびのことは大事件だと思って騒いでいるが、何も大事件などと思うのではないぞ。この事情も今日まで一年の月日が流れているので、どうでも早く取り掛からねばならぬ話だとも言えるが、といって、こちらから仕切ってしたとしても、どうもできぬであろう。と言うても、このまま捨てておくわけにもゆくまい。ともかく、事情についてはあれこれと真相を聞いて治めてやるがよい。もっとも、すぐにも治まるというわけでもあるまいが、治まるように運ぶなら治めてやろう。

神道本局の事情とは、お言葉にもありますように、一年ほど前から表面化しており、その解決の必要に迫られていたように見受けるのでありますが、なにせ十三派の寄り合い世帯ですから、その具体案については、容易に一手一つに治まりがつかず、おせおせになっていたように推察されるのであります。

さて、おさしづの神意は、「治まるようの道を運べば治めてやろう」と、非常に明るい親心をお示しくださいましたので、人々は大いに勇み立って、押してお伺いをされています。

押して教長十日頃御上京の願

さあ〳〵尋《たず》ねる処《ところ》〳〵、十分《ぶん》さしづをして置《お》こう〳〵。まあ事情《じじょう》向《む》こへ一時《じ》にとはせず、こちらも事情《じじょう》は一時《じ》今日《きょう》という日《ひ》知《し》らさず、事情《じじょう》は願通《ねがいどお》り許《ゆる》し置《お》く。心《こころ》は十分勇《ぶんいさ》んで行《い》くがよい。向《む》こうまで入《い》り込《こ》んだ処《ところ》が、じっと見《み》て居《い》るのやで。行《い》て速《すみ》やかなるまで控《ひか》えて居《い》るがよい。

（**大意**）尋ね出た件については、十分さしづをしておこう。このたびの事情は先方が主体であるから、こちらで一時に解決しようという態度には出ない方がよい。また、こちらとしてどのような談じ合いをしたかについても知らさぬ方がよい。教長が十日ごろ出京する件は願い通り許してやろう。心十分勇んで行くがよい。しかし先方へ出向いたところで、こちらとしてはじっくり構えて、会議の次第を見ているようにせよ。行ってみても会議が首尾よく運ぶまでは、こちらとして差し出がましい態度は控えているようにせよ。

同時、御供何人程という事情願

さあ〳〵まあ〳〵道中《どうちゅう》の処《ところ》、理《り》を以《もっ》て三名《めい》、又事情《またじじょう》によりて返《かえ》さんならんや知《し》れん。成《な》るべくひっそ〳〵、軽《かる》くの事情《じじょう》。

（大意）まあ道中のところは、理をもって三名とするがよい。事の次第によっては、返さねばならぬようになるかもしれぬから、なるべくつつましやかに運ぶがよい。会議は容易にすむはずである。

同時、前川菊太郎、松村吉太郎、清水與之助の三人随行の願

さあ〳〵尋《たず》ねる処《ところ》、さあ〳〵それは願通《ねがいどお》り許《ゆる》し置《お》こう。又立《またた》つ、善《よ》い日《ひ》尋《たず》ね出《で》るがよい。

（大意）押して尋ね出た三名随行の件は、願い通り許しておこう。また出発の日時については、都合のよい日を選んで尋ね出たらよい。

右のごとく、真柱様のご上京と、随行者の数及びその氏名についてお伺いされていますが、いずれも快くお許しを仰いだのであります。それも本教としては、できるだけひっそりな態度に出るようにとお諭しくだされている点は、神道本局における本教の地位を思われた親心のブレーキとして拝するのであります。事実、本局の事情解決については、こちらが言い出さなくとも、その主導権はこちらに持たされることは明らかなことだったのです。

かくして初代真柱様は、六月十一日、前川菊太郎、松村吉太郎、清水與之助の三名を随

行として上京され、六月十五日における神道本局の大会議にご出席なさいました。果たせるかな、これまで放置されていた負債のために、閉局にもなりかねない神道本局であったのであります。まことにその苦境は黙視し難いものがあり、「向こうの事情とは思われん」ことだったのであります。しかし、おさしづのお言葉もありましたので、会議には真柱様と前川菊太郎のお二人が参列されたのでした。

それからは直ちに、本局傘下の十三教派が協議を重ね、それぞれ応分の負担金を定めて醵金《きょきん》し、もって本局の財政整理にあたることが協議されたものと思われます。

その善後策を持って、六月二十八日帰和された真柱様は、翌二十九日、神道本局負債につき出金の事、その他、数項にわたっておさしづを仰がれたのであります。

明治二十七年六月二十九日　朝

神道本局負債二万八千円今回悉皆弁償に付、当会より三千円出金の事願

さあ〳〵尋《たず》ねる処《ところ》〳〵、前々《ぜん〳〵》に事情《じじょう》を以《もっ》て尋《たず》ねた。前々《ぜん〳〵》事情《じじょう》さしづいかなるも明《あき》らかなさしづ。どうでもこうでも頼《たの》みに来《こ》にゃならんようになる。皆何《みななん》と思《おも》うて居《い》る。

さあ心置《こころお》き無《の》う許《ゆる》そ〳〵、さあ許《ゆる》すで〳〵。

（**大意**）このたび尋ね出た件については、前々にも尋ね出たので、さ丶し丶づ丶をもって諭してある通り、すでに明らかに得心できているはずである。どうでもこうでも、こちらへ頼みに来ねばならんようになるのだ。その事実をどう考えているのか。すべて神の働きである以上、心置きなく許してやろう。

当時三千円と言えば決して少額の金ではなかったはずですが、金額の多少は、もはや問題ではなかったのです。「どうでもこうでも頼みに来にゃならんようになる」とのお言葉通り、本教に対する依存心はより大きく動いている実情を洞察されながら、喜んでその責を負うべきことを諭されておりますことは、それ自体が親神様の思わくのあるところであることの自覚を促されたのでありました。

続いて神道本局神殿建築につき、その敷地を当方において買い求め、教長名義にしておいて先方に貸与する件、また本局神殿建築の監督の名義を引き受けるか否かの件、特撰幹事を引き受けるか否かの件等につきお伺いされていますが、いずれも当分のこととして快くお許しくださったのであります。

同時、本局神殿建築に付用地当教会より買い求め、教長の名前にして本局へ貸し与える件願（但し地代は三千円程）

さあ〳〵だん〳〵の事情《じじょう》が重《かさ》なる、皆重《みなかさ》なる。重《かさ》なる事情《じじょう》皆《み》んな重《かさ》なる。さあ〳〵皆引《みなひ》き受《う》けて了《しま》わにゃならん、という一《ひと》つの理《り》を諭《さと》そう。一時《じ》どうであろうと思《おも》うやろう。よく事情《じじょう》を聞《き》き取《と》って、皆々談《みなみなだん》じ合《お》うてすれば、どんな事《こと》でも出来《でき》て来《く》る。話《はなし》は生涯《しょうがい》の理《り》、話《はなし》の理《り》で繋《つな》ぐ繋《つな》がる。いかなる事情《じじょう》もよう聞《き》き取《と》れ。どんな事《こと》も皆《みな》集《あつ》まりて来《く》る。これ一《ひと》つ諭《さと》し置《お》く。前々怖《ぜんぜんこ》わや危《あぶ》なや恐《おそ》ろしや、と諭《さと》したる。一《ひと》つの理《り》でも成《な》ると言《い》えば成《な》る。成《な》らんと言《い》えばどうでも成《な》らん。成程《なるほど》さしづよかったなあ、と心寄《こころよ》せばどんな事《こと》も成《な》る。これが救《たす》ける理救《りたす》かる理《り》。よく話《はなし》の理《り》を聞《き》き分《わ》け。大《おお》きい心《こころ》を持《も》って皆々談《みなみなだん》じ、世界集《せかいあつ》まる日《ひ》がある。頼《たの》もしい道《みち》と言《い》う。これ一《ひと》つ諭《さと》し置《お》こう。

（**大意**）だんだん事情が重なって本局として苦悩しているが、いくら重なる事情でもこの際皆引き受けてやらねばならんようになる理合いを諭しておこう。人間思案からすれば、差し当たりどうしたことであろうと思われるであろうが、先方の事情をよく聞き取って、皆で談じ合いすれば、その理に神が働いてどんなこともできてくるものである。真実の話し合いこそ生涯の宝である。話し合いの事実によってお互いに繋《つな》がり合える。だからどのような事情もよく真相を聞き取ってやるがよい。それでこそどんなことも皆の心が寄り合うてくる。この点をしっかり諭しておこう。

　前々からも世間からはどんな怖い恐ろしいことを言いかけてくるか分からぬとは諭してある通り、たとえどのような小さいことでも、神の方で成ると言えば必ずできるし、成らんと言えばできるものではない。なるほどさしづのお話は結構だったと素直に従えば、どんなこともできてくる。これが人をたすけることにもなり、自分らもたすかることになるものである。故にこそ、どんなことも談じ合い、その理を聞き分けてもらいたい。大きな心になって皆談じ合えば、世間の者たちもなるほどと心を寄せてくる。そこに頼もしい道も開けてゆく。この点をしっかり諭しておくから、よく聞き分けるがよい。

　この件も土地購入に要する金額は三千円ほどと註記してありますが、負債整理の負担金三千円と加えて六千円の出費になり、本教会計としても相当の負担になることは否めなかったでありましょう。中には快く思わぬ方もあったかもしれません。しかし、お言葉の中に「皆々談じ合うてすれば、どんな事でも出来て来る」と仰せられ、しかも、「話は生涯の理、話の理で繋ぐ繋がる」と、ご守護を頂く根本の理合いを諭され、その姿がやがて、「世界集まる日がある。頼もしい道と言う」と仰せられ、この教えの事情解決への協力が、将来、どのような意義を持ち、どのような姿となって表れて出るかについて、とくと思案を促しておられるのであります。まこと、単なる神道本局の事情ではなく、本教の将来にかかわる大きな事情であると喝破されたのであります。

続いてのお伺いには――

同時、神殿建築に付監督の名義を受けるや否やの伺

さあ〳〵尋《たず》ねる処《ところ》〳〵、もうこれが事情重《じじょうかさ》なりてどうでも事情《じじょう》なれど、一時《じ》の処《ところ》は随分《ずいぶん》々々〳〵の理《り》を持《も》たにゃならん。どうでもこうでも理《り》が集《あつ》まる。一時《じ》尋《たず》ねる。先《ま》ず先《ま》ずと言《い》う。だん〳〵の理《り》に伝《つた》えるがよい。

（**大意**）さて尋ね出た件は、成り行き上どうでもこうでも、こちらに降り重なってくる問題であるが、当初においては遠慮する気持ちでおらねばならぬ。それでも、どうでもこうでもこちらに頼むという説が集まってくるようになるから、その時はあらためて伺いを立てるべきである。その時は、それではまずもって当分の間引き受けようと言えばよかろう。順序の理をもって勤めるようにしたらよい。

同時、特撰幹事の名義を金光教会へ受ける時は当教会も受けるや否や心得まで

さあ〳〵尋《たず》ねる事情《じじょう》、さあ〳〵同《おな》じ理《り》が三《みっ》つある。あちら心得《こころえ》ん、こちら心得《こころえ》ん、半端《はんぱ》と言《い》う。心得《こころえ》のためさしづして置《お》く。どうでも一《ひと》つの理《り》に集《あつ》まる処《ところ》、それは一《ひと》つに是非《ぜひ》の中《なか》の理《り》を以《もっ》て治《おさ》めてくれ。

（大意）尋ね出た件は、全く三件とも同じ理である。先方も心得が定まらん。こっちも得心がつかんようなことになっては、物事は半ばも同然である。それでは困るから一応心得までにさしづをしておく。どうでもこちらに頼み込むということに一決するなら、その時はこちらとしても、できにくい事情の中を、特に繰り合わせて勤めるという心をもって治めてもらいたい。

同時、押して是非々々という場合には受けましてもよろしう御座りますや

さあ〳〵もうどうでも〳〵理《り》が迫《せま》りて来《く》る。迫《せま》りて来《く》れば、そんなら暫《しばら》く〳〵という理《り》に運《はこ》んでやるがよい。

（大意）どうでもこうでもそうならねばならぬように事情が迫ってくる。迫ってくれば、それなら暫《しばら》くの間勤めようという心で運んでやったらよいだろう。

まことに慎重なお願いを重ねておられますが、親神様もその都度、ひっそにし派手にわたらぬようにと繰り返してお諭しくださったのであります。

かくて、東京市麻布区笄町《こうがい》一三八番地において、九百八十坪の敷地を買い求めて献納し、続いて初代真柱様は建築監督を引き受けられ、本局神殿はめでたく竣工したのであります。

第二節　日清戦争事情

明治二十七、八年における日清戦争は、新生間もない日本及び日本人にとっては、まさに驚天動地の大事件だったにちがいありません。なにせ、内政の整備・充実に努力しつつあった、いわば建設途上での出来事でしたから、それはまことに巨大な障害物として、その除去には朝野を挙げて尽くし切ったのも当然だったでしょう。この大きな事情の中に身を置きながら、教派神道の一つとしての本教及びその信者たる者、いかなる態度をもってこれに臨むべきか。これまた容易ならざる問題としてクローズアップされたにちがいないのであります。

信仰者といえども、信仰以前においてすでに日本人として生を享《う》けてきているのですから、事の大小、質の如何《いかん》にかかわらず、およそ国難と名の付く事情のためには、自ら進んでこれに臨まねばならなかったのであります。しかし、戦争という最も不幸にして最も悲しむべき事情においては、誰《だれ》しもジレンマに苦しまねばならなかったのです。なぜならば、たとえ相手がいかなる国民・民族であろうとも、親神様のお目からすれば「可愛《かわい》い我が子」

に変わりはなく、それ故に、彼らと事を構えること自体が、世界一れつの陽気ぐらしを急《せ》き込まれる神意に背くことは言うまでもないからであります。

たしかに親神様は、世界人類の親なる立場において、常に陽気ぐらしへの急き込みをなされ、すべてを照覧されながら善悪共に心通りのさばき（守護）をお示しくださっているのであります。たしかにその大きなお働きは、自然界に人間界に、いろいろな姿形となって現れながら、やがては平均と調和のとれた本然の姿に復元されていると言わねばなりますまい。

低気圧が天空を馳《は》せ巡るのも……。

不祥事が人間世界に起きるのも……。

戦争もまた、その一例と言えるかもしれませんが、ともあれ、日清戦争に際して本教が、いち早く銃後活動に乗り出そうと努力しましたことは、そして、それに対しておさしづを拝しましたことは、爾後《じご》における好個の雛型《ひながた》となったものと言えましょう。その企図した活動たるや、実に五百名の人夫を韓国へ派遣するという大げさなものだったのです。

明治二十七年七月二十六日　朝

日清間事件に付朝鮮国へ人夫五百人本部より出す願

さあ〳〵尋《たず》ねる事情《じじょう》、さあどういう事始《ことはじ》まる。どういう事聞《ことき》くとも分《わ》からん。やれ怖《こ》わや恐《おそ》ろしや、分《わ》からん。何度《なんど》の諭《さとし》してある。事情《じじょう》はふでさきに写《うつ》してある。今《いま》の間《ま》にも見《み》えると伝《つた》えて、どうでも是非《ぜひ》〳〵残念《ざんねん》を現《あら》われにゃならん。ならん中《なか》の道《みち》から新《あたら》しい道《みち》が見《み》せ掛《か》ける。どういうこうと思《おも》うた理《り》を計《はか》り、こうしたらよかろう、さしづを以《もっ》て一《ひと》つの事情《じじょう》、これ第《だい》一の事件《じけん》、第《だい》一話《はなし》までの話《はなし》であろう。ほんに出来《でき》たかいなあ、一《ひと》つの心《こころ》一《ひと》つ治《おさ》める。今《いま》一時《じ》の道《みち》は、怖《こ》わき恐《おそ》ろしい道《みち》を通《とお》らねばならん。未《ま》だ柔《や》んわりと諭《さと》する。それより人夫《にんぷ》一《ひと》つの理《り》を以《もっ》て一《ひと》つ防《ふせ》ごう一《ひと》つ抑《おさ》えよう、大概《たいがい》もう世上《せじょう》の処《ところ》、要《い》らざる事《こと》やなあ、一《ひと》つには道《みち》のため果《は》たしてみよう、聞《き》いたる道《みち》が出来《でき》て来《き》た。大概《たいがい》の理《り》は諭《さと》したる。これまでうか〳〵聞《き》いてはならん。幾日《いつか》日柄《ひがら》月柄《つきがら》楽《たの》しう理《り》了《しま》い次第《しだい》と言《い》うてある。五月《がつ》五日《いつか》より始《はじ》まると言《い》うて、今《いま》見《み》えるというも何年《なんねん》以来《いらい》に伝《つた》えてある。多《おお》く話《はなし》伝《つた》えて居《い》る。一時《じ》早《はや》くの理《り》に人夫《にんぷ》と言《い》えば一寸《ちよつと》俺《おれ》も〱と言《い》う。これも道《みち》で一寸《ちよつと》には集《あつ》まる。今《いま》一時《じ》集《あつ》まり難《に》くい。一日《にち》迫《せま》り来《く》る事情《じじよう》お前《まえ》もな〱。一時《じ》の処《ところ》は応法《おうぼう》些《いささ》かなる印《しるし》までにして未《ま》だ〱治《おさ》まらん。どうでも治《おさ》めてみせる。遠《とお》く所《ところ》へ出《で》越《こ》す。大《おお》いの心《こころ》を働《はたら》くと言《い》う。難《むつか》しい理《り》を尋《たず》ねる。さしづの理《り》を以《もつ》て掛《か》かれば一《ひと》つの道明《みちあき》らかと言《い》う。これまでの話《はなし》の理《り》に心《こころ》を寄《よ》せ、一時《じ》一寸《ちよつと》の理《り》を運《はこ》び、一度《ど》二度《ど》未《ま》だ是非《ぜひ》〱の道《みち》があるで。それ〱話詳《はなしくわ》しく伝《つた》えて、一時《じ》の道《みち》を通《とお》ってくれるよう。

（**大意**）尋ねて出た事情については、どんなことが起こるのか、どういうことになってゆくのか、どんなことを聞くとも分からんぞ。聞いて、やれ怖い恐ろしいことになったと騒ぐであろうが、それでは何も分かっていないことになる。これまでも、怖い恐ろしいことがあるとは何度も諭してきているし、また、そのことはふでさきにも記してある通りである。それも、今日も見えるように伝えて、お前たちにしっかり思案するように言っていたのに、その親の思いを分かってくれないのは残念なことである。

そこで事の是非は別としても、この神の残念は何らかの姿で現して見せねばならんのである。どうもならんという事柄の中から、新しい道が見せかけてあるのだ。自分らとしてどうしたらよいこうしたらよいと考え及んだ事柄をよく思案し、こうしたらよかろうとさしづを仰いで運んでみよ。まずこのことが先決の問題であろう。そうしたら世間も「ほんにできたかいなあ」と心が治まるだろう。いずれここ暫《しばら》くのところは、怖い、恐ろしい道を通らねばなるまいから、柔らかに諭しておく。すなわち、人夫を差し出すことをもって、世の悪評を防ごうとする、押さえようというが、世間の者共はかえって、要らざることをするものと思うであろう。もとより一方では道のために果たすことにもなると言うが、噂《うわさ》通りの道ができてきたようなものである。この点については大概のことは諭してある。これまでに諭したことを、うかうかと聞き流していてはどうもならぬ。

　何月何日、田の修理しまい次第と言うてある。五月五日より始めかけると言うて、それも何年以来今にも見えてくるもののごとくに、いろいろと言い及ぼしてきてある。多くの話も伝えてある。だから、この際急いで集めると言えば、俺《おれ》も俺もと言うて出てくる者もあろう。言うなれば、そのことを通して道にも奉公させてもらえるという上から集まるように思われる。しかし、早急に集めるということは些《いささ》か難事になるにちがいない。いずれ日一日とその必要に迫られるようになれば、お前もお前もというふうに集まってこようが、差し当たってのところは、取りあえず世界の事情に心を寄せる印までにしたらよい。しかしなかなか治まりにくい事情であるが、お前たちが真剣に取り扱うのであれば、どうでも手際よく治めてはやろう。なにしろ遠方へ出向いて行くことであるから、大きな心をもって臨まねばならぬ。

まことにこのたびは、難しい事柄について尋ね出たものである。そのためにはすべてさしづをもって行動するようにすれば、そこになるほどという道も明らかに見えてこよう。これまでいろいろと諭してきた神意にしっかりと心を沿わせ、差し当たって少しばかりの実動を示したらそれでよかろう。この問題は今後なお、一度や二度は思案せねばならぬことができてくるであろうから。各自各自詳しい話を伝えて、当面の動きだけを見せておいたらよい。

又

さあ〳〵これ〳〵よう聞《き》かにゃならん。一盛《ひとさか》り俺《おれ》も〳〵と言《い》う。何《なん》でも無《な》きものなれど、今日《きょう》という日《ひ》が来《く》れば、一時《じ》の理《り》に早《はや》いと言《い》う。未《ま》だそれより些《いささ》かなものどんな事《こと》、談示《だんじ》もせにゃならん、さしづも貰《もら》わにゃならん、という。

（**大意**）次いでよく聞き分けてもらわねばならん。この話をすれば、その場の一時の血気にはやって、俺も俺もと言い出すであろう。事自体は何でもない事柄であるが、いざその場になってみると、時期尚早であるということにもなりかねない。そしてそれよりもまだ小さいことがよいのではないか、という談じ合いをせねばならんようにもなるであろう。そしてあらためてさしづを仰がねばならんことになるかもしれぬと言い加えておく。

又

さあ〳〵押《お》して尋《たず》ねる。話《はな》し掛《か》けるである。皆揃《みなそろ》うて尋《たず》ねば、連《つ》れて行《い》かねばならん。確《たし》かなる理《り》に及《およ》ぶやら、今《いま》一時《じ》の処《ところ》は世《せ》上《じょう》一《ひと》つの理《り》に持《も》って、じいとして居《い》るがよい。是非《ぜひ》と言《い》う、やれと言《い》えば又一《またひと》つ許《ゆる》さんでもない。

（**大意**）押して尋ね出る以上は、あらためて話をしておこう。皆心を揃《そろ》えて尋ねるならば、どんな所へも連れて行かねばならんようになる。しかしそれで確かな道の理が立つものかどうか、甚だ危ういことでもある。目下のところは世界の事情に協力するという気持ちで、じっくり構えておくがよい。先方から是非頼むと言い出し、それではとこちらも勇み立つなら、その時はその時で許さぬことはない。

兵站《へいたん》基地における雑役か、後方における雑役か、いずれにせよ軍用人夫五百名を提供しようという、一見いかにも義勇奉公の壮挙ではありましたが、おさしづの内容は、まことに慎重に考慮された親心に尽きたものと拝されるのであります。信仰者の立場から見る時は、国のため道のため一挙両得の御用に立つわけで、まさに千載一遇の好機として考えられ、恐らくこの話を聞いた者は、俺も俺もと志願したでありましょう。しかし、ただ大勢の者を集めてみても、その収拾は容易なことではなく、かえってそこに要らざる紛糾を巻き起こし、かえってほこりを上塗りする結果を招来するやも計り知れないことでした。

それに政府として、また軍当局として、民間団体のこのような申し出を受け入れる用意があったかどうか、これも一つの考慮すべきことでした。血気の勇に走って人数だけは揃えてみても、そこに確かな筋道がなければ、かえって邪魔物となり物笑いの種となるよりはなかったのであります。どこから眺められても、「ようやったなあ」と喜んでもらえてこそ初めて道の理に立つのであります。それがためには、あくまで人間思案はうち捨てて、さしづによる神意に沿うて通らねばならぬと仰せられたのであります。すなわち、決して大げさなことに扱うことは要らないし、従ってそんなに考えなくてもよい。いずれその時期が到来したなら、その時において世間が得心してくれるだけの働きを示したらそれでいいし、また、それ以上の価値は認められないと喝破されているのであります。

明治二十七年七月二十七日

朝鮮事件に付人夫五百人差し出し願

さあ〳〵尋《たず》ねる処《ところ》〳〵、一度《ど》二度《ど》事情諭《じじょうさと》したる処《ところ》、事情《じじょう》変《か》わると言《い》うは、よう聞《き》き分《わ》け。何名何人《なんめいなんにん》の理《り》は治《おさ》まろまい。事情改《じじょうあらた》め変《か》えてこうと言《い》う。世界《せかい》のため道《みち》のためと思《おも》うは一寸《ちょっと》は理《り》である。改《あらた》める処精神《ところせいしん》の理《り》、心《こころ》だけの理《り》に委《まか》せ置《お》こう。

（**大意**）尋ね出た件については、すでに一度ならず二度と、その治め方については諭した通り、その上で事情を改め変えると言うけれども、よくよく聞き分けた上で処理せねばならぬ。前にも言った通り、何名何人と人数を定めることは、なかなか難しいことである。そこでこのように事情を改めたと言うが、いずれにせよ、これが世界のため道のためと思う心があればこそ、道の仕事としてやれるのである。事情を改めるに至ったその根本精神について、その心根の程は許しておこう。

本部より取り締まりとして三名出越すの願

さあ〳〵他《た》に一《ひと》つ事情以《じじょうもっ》て三名《めい》と言《い》う。それはならんとは言《い》わん。又一《またひと》つの事情《じじょう》、その日待《ひま》って、改《あらた》めて事情《じじょう》と言《い》えば許《ゆる》し置《お》こう。

（**大意**）なお、本部より取り締まりという新たな理由から三名の者を派遣したいと願っているが、それは不可とは言わぬ。また、人夫派遣ということも、いざその日を待った上で、あらためてこうさせてもらいたいと願い出るなら許してやろう。

翌日、再び人夫派遣につき、本部より取り締まり三名を派遣することにつき願い出ておられますが、お話の要点はあくまでも人々の心一つにあることを明確にされています。人数の多少が問題ではなく、また、人夫派遣ということだけが仕事ではない旨も、お示しいただいているやに拝するのであります。どのような仕事にせよ、「世界のため道のためと思うは一寸は理である」という、理に立つべきであることを強調されている点を、とくと思案せねばなりますまい。

ところで、このお願いと同時に、別に軍資金一万円献納について願い出ておられるのでありますが、これは人夫派遣と並行したものと考えられもしますし、また、人夫派遣が不可能ならば、それに代わっての活動として予《あらかじ》め用意をされたものとも思案されるのです。もとより、その詮索《せんさく》は無意味なことでしかありますまい。銃後活動として前者は最も積極的なものであり、後者は消極的なものの差こそあれ、その理においては同等なものであるからであります。

明治二十七年七月二十七日

朝鮮事件に付軍資金として金一万円献上の願

さあ〳〵事情《じじょう》を以《もつ》て尋《たず》ねる処《ところ》〳〵、どんな事情《じじょう》もそれ〳〵集《あつ》まって、だん〳〵一日《にち》の日《ひ》を以《もつ》て協議《きょうぎ》とも言《い》う、談示《だんじ》とも言《い》う。されば事情《じじょう》にはよい事情《じじょう》と思《おも》うやろう。前々《ぜん〳〵》諭《さと》したる、些《いささ》かな理《り》と諭《さと》したる。一時《じ》の処《ところ》は用《もち》いるがよかろう。

（大意）このたびはまた新しい事情について尋ねてきた。どのようなことをするにも、皆の者が集まって、日々に変わるその日その日の事情を談じ合ってこそ真実のものである。だからその都度これが一番適したことと思うであろう。このたびの件も、前々から諭してきた通り、決して大きな理とは言えん些《いささ》かな理のものであると諭しておく。その時その場の事情によっては、この件も用いたらよいであろう。

押して

さあ〳〵尋《たず》ねる処《ところ》〳〵、それはまあ皆《み》んな揃《そろ》うた理《り》に委《まか》せ置《お》く。どうしたさかいどうと言《い》うやない。一寸《ちよつと》には愛想《あいそ》とも言《い》う。愛想《あいそ》より理《り》は無《な》い。これ一《ひと》つ諭《さと》し置《お》こう。

（大意）重ねて念を押して尋ねてきたが、そこは皆の心が揃うて一手に定まるなら、その一手の心に任せておこう。およそこの種の活動は、何をどうしたからといって、それでいいと済まされるものではない。ちょっとには世上への愛想尽くしのようなものである。いや、愛想をするというよりほかに何らの意味はないものである。

人夫派遣の対策と並行してなされたこの件についてのお話は、「愛想とも言う」と、ごく軽いものとして諭されています。恐らくこのお諭しによって、血気に猛り立っていた人々の心も落ち着きを取り戻し、厳しい現実の姿に戸惑うことなく通らせていただくことができたにちがいありません。

その後情勢に変化が生じてきました。変化が生じたというのではなく、それまでにまだ確定されていなかった義勇兵制度が確定されたのであります。義勇人夫の件もこれに準じて規定されたことは当然でありました。すなわち、政府筋の協議の結果、無賃または無報酬をもって奉仕を志願する義勇兵または義勇人夫は、一切採用せずと決められてしまったのであります。事ここに至りましては、いかに旺盛《おうせい》なるひ、、、い、、きしんの態度を堅持しましても、採用されない義勇人夫たるや、まさに画餅《がべい》に等しいものと化してしまいました。勢い強かった出鼻を叩《たた》かれたのであります。

明治二十七年八月十六日（陰暦七月十六日）

日清事件人夫事情に付願（日清事件につき当本部より人夫五百人寄附の次第陸軍大臣へ願い出の処、

当日義勇兵出願者に対して差し止めの大詔御煥発相成りし故、福家秘書官の意見を諒し、名古屋師団へ出願の処、普通人夫としてより採用これ無きに付、一先ず帰本して本部員会議を開き、義勇人夫として採用これ無き時は一先ず見合わし、金円にて一万円献納の願）

さあ〳〵だん〳〵の事情《じじょう》、この度《たび》一《ひと》つの事情《じじょう》容易《ようい》ならん事情《じじょう》、見《み》ても居《い》られん、放《ほ》っても置《お》けん。こういう理《り》を集《あつ》めたる処《ところ》は直《す》ぐに受《う》け取《と》る。自由《じうよう》という理《り》は知《し》ろまい〳〵。事情《じじょう》を変《か》えて尋《たず》ねる処《ところ》、いずれ〳〵の理《り》があるから、一時《じ》話《はなし》取《と》り替《か》え。一時《じ》の精神《せいしん》皆《みな》受《う》け取《と》る。一時《じ》尋《たず》ねる処《ところ》、ころっと取《と》り替《か》えて了《しま》うがよい。又々《また〳〵》後々《のち〳〵》あと〳〵どういう事《こと》あるとも知《し》れんとも言《い》う。その時《とき》は一《ひと》つの理《り》を定《さだ》めてくれにゃならん。もう長《なが》い間《あいだ》やないで〳〵。

（**大意**）だんだんと重ねてきたこのたびの願い事情は、まことに容易ならぬ事柄で、神ももはや見てはいられず、捨てておくわけにはいかなくなった。皆が一手一つに心を定めた真実はすぐにも受け取っている。これが神の自由自在《じゅうようじざい》の働きである。このたび人夫派遣を変えて尋ね出た件は、いずれもそれ相応の道の理があるから受け取っているのだ。時勢に即応して話を取り替えたことも、その場の皆の精神一つに定まった理を受け取ったもので、あらためて尋ね出た件については、ころりと変えてしまうがよい。これから後々どういうことが、また現れ出るとも限らないと諭しておこう。その時はあらためて、一つの心定めもしてくれねばならぬ。

押して

さあ〳〵人夫《にんぷ》出《だ》すと言《い》う。日々《にち〳〵》の与《あた》えを取《と》って出《で》るは、今《いま》までの事情《じじよう》、世界事情《せかいじじよう》、精神誠《せいしんまこと》の理《り》を以《もつ》て、たとい火《ひ》の中剣《なかつるぎ》の中《なか》とも言《い》う。与《あた》えを取《と》って出《で》るは、道《みち》に触《ふ》れると言《い》う。一時《じ》の処《ところ》は皆受《みなう》け取《と》る。皆受《みなう》け取《と》りてあるから自由《じうよう》と言《い》う。

（**大意**）さて、例の人夫を出すという件について言えば、日々の日当を取って出るということでは、今まで同様、世界並みのあり方である。道の者が出る場合は、真実誠の精神をもって、たとえ火の中でも剣の中でも、喜び勇んで出るのが本筋である。賃金をもらって出るということは、道の理に反することになる。それでもこの旬に臨んで定めた精神は受け取っている。皆受け取っているのが神の自由自在の働きである。

押して

さあ〳〵まあ〳〵愛想々々《あいそ〳〵》、未《ま》だ〳〵なか〳〵一寸《ちよつと》には行《い》こうまい。長《なが》い間《あいだ》ではない。大変《たいへん》な事件《じけん》であるが、ようまあという日《ひ》が、今《いま》に見《み》えるであろう。

（**大意**）まあ、言うなれば愛想と言うべきものである。実際問題としては、なかなかちょっとには実行に及ばぬであろう。それに戦争も決して長いことではない。事件そのものは大層なものである。「ようまあ結構になったなあ」と喜び合える日は、今に見えてくるであろう。

まことお話の中に感じる親神様のお気持ちも、晴れ晴れとされているように拝します。こうなってきたことも、明らかに一同のひたむきな、道を思う真実の心にお働きくだされたご守護の賜《たまもの》と言うほかはありません。事実、よくぞ官辺筋において、無賃軍夫の採用を許さないでくれたものでした。誰《だれ》も不足を言わずに、この一世一代のご奉公から手をひくことができたのであります。

全くお言葉の通り、日々の報酬を手にしての活動は、「今までの事情、世界事情」と同様のことで、信者たる者潔《いさぎよ》しとしなかったにちがいありませんし、従ってそれでは本教の名における活動とは言い得なかったのであります。そこで教会本部は直ちに軍夫派遣の懸案について協議を重ね、お言葉通り惜しみなく「ころっと取り替えて了う」ことにしたのでありました。さすがに親神様も人々の落胆した気持ちを励ましてやろうと、人夫派遣ができなかったからとそんなに口惜しんだり、力を落とすことはない、いずれまた、お役に立つ時もあろうから、その場合、日また改めて一つの目標《めど》を立ててもらいたいとお諭しくだされているのであります。

それから間もなく次のおさしづを拝しております。勢い立った五百人軍夫派遣の大望が、一万円献金でお流れになったことは、理由がいかがありましょうとも、さすがに心寂しいものがあったのでしょう。全教的なもどかしさが、じっと手を拱《こまぬ》いているに忍びなかったにちがいないのです。戦局の激しさが募るにつれて、出征軍人の武運長久が誰彼の胸に祈りこめられてきたことは当然のことでありました。教会本部としても、この国民の心情に沿うことこそ、銃後国民精神の作興に資するものであり、その職掌柄最も適切な動きであると思案されたものと推理されるのです。

明治二十七年七月三十日

朝鮮事件に付明日より三日間軍人健康祈禱執行願

さあ〳〵尋《たず》ねる処《ところ》〳〵、いかなる事《じ》情《じょう》も尋《たず》ねにゃなろまい。尋《たず》ねた処《ところ》たすけ一条《じょう》の事情《じじょう》、所々国々《ところ〳〵くに〴〵》遠《とお》く所《ところ》までもたすけ一条《じょう》で救《たす》ける救《たす》かる、というは皆説《みなと》いたる。早《はや》く〳〵それ〴〵皆《み》んな早《はや》く〳〵の心《こころ》に成《な》って、何《なん》でも彼《か》でも治《おさ》めにゃならん、治《おさ》まらにゃならん。所々《ところ〳〵》にては、それ〴〵心《こころ》の理《り》を以《もっ》て、早《はや》く救《たす》け下《くだ》されという願《ねがい》をして、治《おさ》め。一寸《ちょっと》には治《おさ》まろうまい。なれど、早《はや》く引《ひ》き戻《もど》して了《しま》う。大事件《だいじけん》あのくらいの事情《じじょう》、早《はや》く事情《じじょう》になったなあと、早《はや》く見《み》せにゃならん、見《み》にゃならん。

（**大意**）尋ね出た事情だが、どんなことも尋ねなければならぬ。このたびの願いの件は、道の者としては当然たすけ一条の精神からでなければならぬ。たすけ一条の道であればこそ、どんな遠く離れている者でもたすけてゆく、皆たすかるということは説いてある。それくらいのことは早くさせてもらいたいという心になって、世の人心を治めねばならない。また、治まらねばならんのである。

国々所々においても、それぞれ真実の心をもって早くたすけてくださいという祈願をして、所々の人の心を治めるがよい。もっともすぐにも治まるものではないが、早く心をこちらへ寄せるように守護する。国家の大事件と騒ぐけれども、そのくらいのことは、案外早く治まったものだなあと、世の人が感心するだけの守護を見せてやらねばならんし、また、自分たちも見なければならぬ。

押して明日よりつとめに掛かる事情

さあ〳〵力々《ちから〳〵》力々《ちから〳〵》。

（大意）それは精いっぱい、真実込めて掛かるがよい。

各分支教会出張所に於て同祈禱執行願

さあ〳〵早《はや》く〳〵、皆々《みな〳〵》つとめと言《い》う。治《おさ》め方《かた》のつとめと言《い》う。早《はや》く急《いそ》ぐ〳〵。

（大意）それは早く急いでやるがよい。それは皆としての勤め、土地所の人心を治めるための勤めと言わねばならぬ。早く急いで掛かるがよい。

出征軍人の武運長久は、国民として誰一人として願わぬ者はありません。ましてその父を、子を、夫を戦場に送り出している人々は不安と焦慮に駆られて、一日だに安らいだ日は無かったのであります。このような人々の心を少しでも落ち着かせ、少しでも安らぎを与えてやることこそ、たすけ一条の親心に通ずるものとして、親神様は快くお許しくだされ、かつ、お急《せ》き込みくだされているのであります。事実、国々所々の教会において、出征軍人の家族を招待し、真実込めた祈願祭を執行する時、人々の心に勇気と安心感・信頼感を与えることができ、同時に、本教に対する認識をも改めることができたにちがいありません。この真実をもって臨むことこそ、そのまま神意にも沿い得ることであり、それをもって他を治めると共に、内々もまた治まる所以《ゆえん》をお諭しくださったのであります。
このおさしづにより、教会本部をはじめ、地方の各教会においても、それぞれ祈願祭を執行しておりますが、その他、時節柄諸事にわたって自粛している模様が窺《うかが》われます。

明治二十七年十月十九日

東分教会これまで陽暦十月二十五日二十六日両日を以て大祭執行致し居る処、この度日清事件に付本年に限り一日だけにして成るだけひっそうにして御祭致し度きに付願

さあ〳〵尋《たず》ねる事情《じじょう》〳〵、一時《じ》何《なに》かの処《ところ》、それ〳〵談《だん》じ合《あ》い尋《たず》ねる処《ところ》、それはどうせいとは言《い》わん。それ〳〵心合《こころあ》わせ、成《な》るよう行《い》くよう一《ひと》つ事情《じじょう》、一日《にち》と言《い》えば、一時《じ》心《こころ》に許《ゆる》し置《お》こう〳〵〳〵。

（**大意**）尋ね出た件は、今日の情勢の上から、皆で談じ合ったところであろうが、それについて神はどうせにゃならんとは言わぬ。皆の者が心を合わせて、できるように運んだら、それも一日というならば、この際における皆の心に許しておこう。

時局柄大祭をひっそに執行したいという東分教会の願いでありますが、神意もその気持ちを十分汲《く》み取られて、皆がその心を一つにしてのことであるなら、この際のことであるから「一日と言えば、一時心に許し置こう」と快くお許しいただいております。まことに温かい思いやりの深い親心を拝するのであります。

第三節　世上の悪説

全教を沸かした五百人軍夫の派遣計画は、幸か不幸か、その筋の方針に沿いかねるものと採用されませんでしたが、その代わりとして軍資金一万円を献納しましたことは、共に世上の耳目を瞠若《どうじゃく》たらしめました。当時一万円といえば、並々ならぬ金額だったことにちがいないのであります。むしろ、それは一部世人の羨望《せんぼう》・嫉視《しっし》を買ったとしても、否めぬ事実であったでありましょう。

その故かあらぬか、明治二十八年には主務省筋からの干渉が目立っていることに気付くのであります。主務省筋といえば、単なる地方官憲とはその立場を異にし、そこにはそれ相当の確固たる資料証拠がもたらされていたにちがいありません。その結果の如何《いかん》によっては、直接本教の存亡死活に影響を及ぼすものとも考えられたでありましょう。まこと、戦争という国家・国民としての大きな事情の中にあり、国力のすべてが戦争目的遂行に向かって結集されねばならない時局下において、たとえ些少事《さしょうじ》たりとも、国家・国民に迷惑をかけるがごとき言動は、断じて許されなかったのであります。ですから、もしもそのようなことがあったとしますなら、ほかにどのような立派なことをしたとしましても、素直に受け取ってはくれなかったにちがいありません。さて、どのような世上の風が吹きつけてきたか、二、三の例を掲げて、その動きを思案してみたいと存じます。

【例一】

明治二十八年一月十四日

内務省社寺局より浪花新聞の件に付申し来たりしより、橋本清上京に付伺

さあ〳〵事情《じじょう》尋《たず》ねる処《ところ》、いかなる事情《じじょう》も尋《たず》ねる。事情《じじょう》もって尋《たず》ねる。事情《じじょう》一寸《ちょっと》どういう事《こと》であろう。何《なん》にも案《あん》じる事《こと》も要《い》らん。これだけ拡《ひろ》がり、世界《せかい》どんな事《こと》を言《い》う。訳《わけ》の分《わ》からん子供《こども》頑是無《がんぜな》い子供《こども》が、欲《ほし》うて〳〵ならん。怖《こ》わい事《こと》も何《なん》にも無《な》い。心《こころ》を悠《ゆ》っくり持《も》って、物《もの》をやるにも明日《あす》やる拵《こしら》えてやる心《こころ》ばえ。何程《なにほど》無理《むり》を言《い》う奴《やつ》言《い》わし、風吹《かぜふ》くようなもの。東風《ひがしかぜ》も吹《ふ》く、西風《にしかぜ》も吹《ふ》く。元々《もと〳〵》のぢば、元《もと》のをやが踏《ふ》ん張《ば》って居《い》るから、だん〳〵理《り》が聞《き》こえる。元《もと》を出《だ》して触《ふ》れ廻《まわ》る。こう言《い》えばこう。今《いま》一時《じ》出越《でこ》す処《ところ》諭《さと》しよう。物事《ものごと》急《せ》いていかん。おめも恐《おそ》れも要《い》らん。行《い》って談示《だんじ》をして善《よ》い〳〵と言《い》えば善《よ》いので、善《よ》いで一《ひと》つ理《り》が定《さだ》まる。それより理《り》が切《き》るもので

ある。理《り》を取《と》って了《しも》うたらそれ切《ぎ》り。事情《じじょう》一時《じ》に持《も》って、一《ひと》つの心治《こころおさ》めてくれるがよい。さあ〳〵遠《とお》い所《ところ》一《ひと》つ元々《もと〳〵》の理《り》を互《たが》いに、事情《じじょう》速《すみ》やか許《ゆる》そう〳〵。

（**大意**）いろいろと事情について尋ねてきているが、このたび尋ね出た事情は、一時はどうなることかと気を病んだであろうが、何もそれほどにも心配することはない。この道もここまで大きくなってみれば、世間の者たちはどのようなことも言い出してくる。言うなれば、訳の分からぬ子供、頑是ない子供が欲しくてならぬ物を得ようと、駄々をこねるようなものである。怖いことも恐ろしいこともない。心を大きく持って、物をやるにしても、明日になったらやろうという心構えでおるがよい。何時、どんな無理難題を吹き掛けてくるか分からんが、言いたい者には言わしておけばよい。ちょうど風が吹くようなもので、東風も吹けば西風も吹くようなものである。どんな風が吹いても、元のぢばに元のをやが踏ん張っているから、だんだんとその守護が見えてくる。どんな風も元の理を宣伝してくれるようなものであるから、先方がこう言えば、なるほどと言うておくがよい。

　今回出向いて行くについて諭しておこう。物事は急いではいかん。おめも恐れも要らん。出向いたら先方とよく談じ合いをして、先方の言うことには素直にはいはいと言うておくがよい。はいと言う心に守護の理が定まる。それよりほかは互いの心の繋《つな》がりを切ってしまうことになる。こちらが上手に出たらそれまでであるから、このたびの事情は一時の辛抱と心に治めて、皆心を合わせてもらいたい。遠い枝先の者たちにもこの事情をよく伝えて、互いに元の理に心を結ぶように取り計らってくれ。上京の件は速やかに許しておこう。

【例二】

明治二十八年二月八日　午前十時

社寺局より質問の点有之就ては神道本局へ証明書持参のため前川菊太郎、橋本清上京御許し願

さあ〳〵尋《たず》ねる事情《じじょう》〳〵、一度《ど》の処《ところ》はどうでもこうでも通《とお》らにゃならん。旬《しゅん》が来《き》たる旬《しゅん》が遅《おく》れてある。放《ほ》って置《お》いては世界《せかい》の理《り》が分《わ》からん。一寸《ちよつと》の掛《か》かりである。何《なに》も案《あん》じる事要《ことい》らんで。それはいかんこれはいかんと言《い》うやろう。曲《ま》がった時《とき》は曲《ま》がって置《お》くがよい。この世始《よはじ》めたる元《もと》なる所《ところ》を心《こころ》に持《も》って行《い》くがよい。世界《せかい》から日《にち》日言《にちい》い立《た》てる。元々《もと》〳〵掛《か》かりというは、何《なに》も分《わ》からん処《ところ》から一寸《ちよつと》付《つ》け掛《か》けたる。おめも恐《おそ》れる事《こと》は無《な》い。これも曲《ま》げあれも曲《ま》げ、理《り》を何処《どこ》まで曲《ま》げるやら知《し》れん。曲《ま》げたら何処《どこ》まで伸《の》びるとも分《わ》からん。すっきり取《と》り消《け》して了《しも》た日《ひ》もある。理《り》を曲《ま》げ掛《か》けたら何処《どこ》まで伸《の》びるやら知《し》れん。何《なに》も案《あん》じる事《こと》は要《い》らん。勇《いさ》んで行《ゆ》け〳〵。

（大意）尋ね出た事情については、一度はどうでも通らねばならん道筋である。そうした句が来たのである。否、むしろ旬は遅れている。放っておいては、世間がどう考えているか、その態度は分からぬ。今度の事情はその糸口であるから、何も心配することは要らん。恐らく先方からは、それはいかん、これはいかんと言うであろうが、向こうが曲がってくればこちらも曲がっておいたらよい。こちらにはこの世を創《はじ》めた元の神が踏ん張っていることを心に治めて行ったらよい。今に世間からは日々いろいろと言い立ててくるだろうが、この道も最初のうちは何も分からん中から、少しずつ付けかけたものである。決しておめ恐れることはない。恐らく、これも曲げ、あれも曲げて、教えの理をどこまで曲げてくるか分からんが、曲げたらその次はどこまで伸びるやら分からん。これまでの道中には、信仰を差し止められた日もあった事実、教えの理を曲げたら、どこまで伸びるとも分からんから、何も案じることは要らん。勇んで行け勇んで行け。

暫くして

さあ二人《ふたり》とも相談《そうだん》、又一人《またひとり》三名《めい》の理《り》を許《ゆる》す。

（大意）行くにしても二人とも相談の上、もう一人加えて三名行くようにしたらよい。

【例三】

明治二十八年四月十九日

内務省より鳴物の内三味線入れるのを喧しく言うによって、三味線に代え琵琶のようなものに御許しの願

さあ〱尋《たず》ねる処《ところ》〱、さあ〱どういう事《こと》こういう事《こと》、一時《じ》分《わ》かるまで心《こころ》が澄《す》まねば、許《ゆる》すという理《り》もならんという理《り》も、日々《にち〱》であろ。どんな事《こと》も出《で》る。出《で》ても何《なに》か見《み》るであろう。心《こころ》に持《も》って。

（**大意**）さて尋ね出ることは、どういうこともこういうことも、まずはよく分かるまでのことであるが、このたびの鳴物を替えることは、心が澄まねば許すも許さぬもない。これは日ごろでもその通りである。まあ、今にどんなことが出てくるか、出てきたら何かそこに具体的なものが見えてくるにちがいない。いずれその時は替えさせてもらうという心構えをもって通ってくれるよう。

【例二】は、その件名によって明らかなように、当時における報道機関の一つであった「浪花新聞」が連載した本教に対する非難攻撃の記事が原因となったものであります。な

にせ、天下の報道機関が一カ月にもわたって連載したというのでありますから、世間の人々も注目したでありましょうし、それはまた世論としてその筋には映り出されたにちがいありません。もっとも、このような新聞紙の論難は、明治二十四年にも経験したところでありますが、このたびは直接文部省社寺局からの申し入れでもありましたから、事は決して軽々しいものとは思えなかったのであります。従って教会本部でもだんだんと協議を重ねた上で、その質疑応答のため、橋本清氏を上京させることに決めて、その由を伺われたわけであります。

神意は、この道が「これだけ拡がり、世界どんな事を言う」てくると仰せられ、あたかも、

①頑是ない子供が、物が欲しくて駄々をこねているようなもの。

②ちょうど風の吹くようなもの。

と諭されながら、少しも、おめ恐れることはないと喝破されており、しかも、この教えの元を四方八方へ触れ回っているようなものと、むしろ自家薬籠の中におさめておられるのであります。

【例二】は恐らく【例一】と関連した新しい事態に基づいたものと思えますが、この中に

おいても、たとえ先方が教えの理について、「これも曲げあれも曲げ」てくるかも分からんが、それも教えの理が分からんからそうするので、決して心配することは要らぬと仰せられ、かつは「曲げたら何処まで伸びるとも分からん」と、この道はこのような外からの圧力によって一時圧縮されることはあっても、それは次の大飛躍への準備動作であると、明るく楽しい将来を示されているのであります。かつて「十分道と言えば、世界から付けに来る」（明治21・3・9）と喝破された親心をあらためて拝するのであります。

【例三】の場合は、具体的な件名を拝するのでありますが、いろいろと曲げてきた事情の中に、ついに鳴物にまで触れてきたことが判明します。すなわち、女鳴物のうち三味線があまりに通俗的なものとして、神事に仕えるには不都合であると、その変更を申し入れてきたわけであります。たしかにこの鳴物への干渉は、重大な問題として迫りました。神意もさすがにその重々の理のあるところを示されて、鳴物は人間一条の上からどうこうできるものではないこと、それを使わせてもらうには心澄み切った者でなければ許されぬことを仰せられ、その変更は一時見合わすようと諭されたのであります。

なお、明治二十八年頭初に見られました新聞紙上の本教論難については、教会本部としても相当に頭を痛められたと見え、間もなく、次のおさしづを拝しております。

明治二十八年三月二十九日

天理云々に付中山会長心得までに願

さあ〳〵尋《たず》ねる事情《じじょう》〳〵、さあ〳〵理《り》によって事情《じじょう》の理《り》、一に持《も》って尋《たず》ねる。未《ま》だ未《ま》だ一《ひと》つの理《り》が分《わ》からん。どうしてもこうしても初《はじ》めという、諭《さと》し掛《か》けた理《り》、この道《みち》が分《わ》からん。本元《ほんもと》を知《し》らん。一時《じ》分《わ》からん理《り》、だん〳〵に分《わ》かって来《く》る。道《みち》という、分《わ》からん者《もの》に言《い》うたて分《わ》からんなれど、日《ひ》が出《で》て来《く》る。どう言《い》うもこう言《い》うも、治《おさ》まる日《ひ》が出《で》て来《く》るから、皆心配《みなしんぱい》は要《い》らん。皆守護《みなしゅご》、さあと言《い》うたら出《で》るで。さあと言《い》うたら成《な》るで。

（**大意**）尋ねた事情については、心得までにという上から、自分一人の胸に持って尋ねたのであろう。どうしてもこうしても道の初めというものは、諭してやってもこの教えはなかなか分かるものじゃない。それは道の本元を知らぬのだ。しかし一時は分からぬ教えでも、だんだんに分かってくる。この道の話は分からぬ者に言い聞かしても分かるものではないが、やがて分かる日が来る。どう言ってもこう言っても、治まる日が出てくるのであるから、皆心配は要らぬ。どんなことでも神の守護である、いざという時には守護するぞ。守護したらどんなことも成り立つものである。

お話はまこと力強くありがたいものでありました。初代真柱様が、世の中の激しい風浪のさ中に、教えの責任者として千々と心を砕かれるご心情を親として多とされ、その労を犒《ねぎら》われ、かつ将来の心を励まされたことは、これを拝する者の胸に、同様、感奮興起の熱情を燃え立たすでありましょう。このお言葉によって爾後《じご》、いかなる事情に直面しても、些《いささ》かも心動じを見せられなかったことと推察するところであります。

第四節　「教長様」の身上お障り

内外共に煩《わずら》わしい折から、初代真柱様の身上お障りを拝するに至りましたことは、教会本部として寝耳に水の驚きでありました。なぜならば、道の芯《しん》としての初代真柱様の身上願いは、全く初めてのことだったからであります。しかも、その身上お障りはおやしきにおいてではなく、遠く離れた和歌山県新宮においてでありました。すなわち、当時初代真柱様は、同地所在の南海分教会における新築落成奉告祭に参列のため、高井猶吉・板倉槌三郎・橋本清の三名を随行として同教会に出向いておられたのでありますが、四月六日鎮座祭をすまされてから、突如ご不快を訴えられたのであります。激しい頭痛のため、余興として打ち上げられる花火の炸裂《さくれつ》音で、ついに一晩中寝付かれずに苦しまれたほどでした。あまりに突然のこととて、随行の方々もいかなる神意かと、鳩首《きゅうしゅ》談じ合われましたものの埒《らち》も明かず、といって教会本部へ人を派すにも、あまりに距離が離れてそれもならず、切羽詰まって、明日にはどうでも帰本させていただく旨、心に定めてお願い申したところ、さしものご苦痛も幾分か快くなられました。そこでその心定めの通り、翌四月七日新宮を出発され、道をわざわざ伊勢路へ迂回《うかい》して帰本されております。というのも、教会の多い紀州・大阪経由では、沿道の道の者たちに心配を掛けてはすまぬという親心からであったと拝承するところであります。

ご帰本後も、お身上は優れられず、時には危篤状態に拝することもありましたので、ようやく神意を伺われたのであります。

明治二十八年五月十日　午後

教長昨夜南海より帰部、御身上手足自由叶わぬ事情御願

さあ〳〵一時《じ》を以《もっ》て尋《たず》ねる処《ところ》〳〵、身《み》の障《さわ》りはいかなる事《こと》と皆思《みなおも》う処《ところ》、一時《じ》以《もっ》て障《さわ》りやあろうまい。前々《ぜん〳〵》事情《じじょう》一《ひと》つ、ならん処《ところ》どうなりこうなり治《おさ》め来《き》たる処《ところ》、中《なか》に変《か》わり、身《み》に堪《た》えられん処《ところ》、何《なん》でも彼《か》でも尋《たず》ね切《き》りて〳〵。身《み》に事情《じじょう》あれば放《ほ》って置《お》く事《こと》出来《でき》ん。一人《にん》掛《か》かる処《ところ》、今《いま》に今《いま》の理《り》ではあろうまい。短《みじか》い間《あいだ》と言《い》えば長《なが》い間《あいだ》である。めん〳〵事情《じじょう》尋《たず》ね掛《か》けるからは、さしづに及《およ》ぼう。身《み》に堪《た》えられん事情《じじょう》より改《あらた》め。あちらちょい〳〵こちらちょい〳〵の事情《じじょう》諭《さと》してある処《ところ》、ほんに成程《なるほど》と集《あつ》めて

くれ。放《ほ》って置《お》けば置《お》ける事《こと》もある。なれど身上《みじょう》に事情《じじょう》あれば放《ほ》って置《お》く事出来《ことでき》ようまい。ならん事情存命中《じじょうぞんめいちゅう》の事情《じじょう》なら、一人《ひとり》をやと見《み》て、ほんに頼《たよ》り治《おさ》めたる事情《じじょう》。又一《またひと》つ代《だい》かわりて事情《じじょう》と言《い》えば、さしづ一条《じょう》で運《はこ》び来《き》たる。これまで何《なん》ぼも幾重《いくえ》のさしづもしてある中《なか》に、そのまゝの事情《じじょう》もある。よう聞《き》き分《わ》け。人間心《にんげんごころ》の理《り》と又皆《またみ》んな双方頼《そうほうたの》もしい理《り》と聞《き》き分《わ》けてくれ。一人《ひとり》に掛《か》かれば一人《ひとり》に掛《か》かりてある。日々《にち〳〵》身上《みじょう》に事情《じじょう》あれば勤《つと》められようまい。一人《ひとり》の心《こころ》の理《り》という。人間《にんげん》の理《り》というは、よう聞《き》き分《わ》け。多《おお》くの中《なか》に、どんな理《り》もある。そのまゝにして置《お》ける理《り》と置《お》けん理《り》とある。皆《み》んなそれ〳〵そも〳〵の理《り》では治《おさ》まらん。人間一人《にんげんひとり》の理察《りさつ》してくれ。人間《にんげん》の心《こころ》を以《も》てこうという理《り》は、言《い》えば成程《なるほど》の事情《じじょう》もある。なれど、長《なご》う〳〵このまゝ放《ほ》って置《お》けば、どんな事情《じじょう》になるとも分《わ》からん。一時《じ》以《もつ》て心《こころ》の治《おさ》まる理諭《りさと》さにゃならん。安心《あんしん》さゝにゃならん。先《さき》は放《ほ》って置《お》かんと言《い》うても、一時《じ》の心無《こころな》くば、どんなたんのうさしても治《おさ》まろまい。追《お》い延《の》べ〳〵の理《り》は、今《いま》までは許《ゆる》し置《お》いたる。なれど、ころっと一時成程《じなるほど》の理《り》を治《おさ》めにゃならん。気《き》を休《やす》めさせ〳〵という理《り》は、これまで幾重《いくえ》にも聞《き》かしてある。今《いま》までさしづの理《り》を外《はず》したのやない、外《はず》さしたのや。これ一《ひと》つよう聞《き》き分《わ》けてくれにゃならん。

（大意）このたび尋ね出た件は、教長の身の障りはどんなことかと、皆々心配してのことであろうが、この身上は今日急に出たものではあるまい。前々からのいろいろな事情についても難しいところはどうなり治めてきたが、その中には身上には堪えられぬと、何でも尋ね出てはそれっ切りになってきたものもある。身に変わりがあれば、誰でもあらたまっておくことはできぬ。教長の身上についても、その理由は今に始まったことではあるまい。今日までの道すがらを短いことのように思う向きもあろうが、思えば長い間のことである。各自それぞれ心を寄せて尋ねるならさしづに及ぼう。

堪えられぬほどの身上なら、しっかり心を改めよ。今日までもあちらの事情、こちらの事情からちょっと諭してきた通り、皆もまことその通りとよく心を集めて聞き分けてくれ。事によっては放っておけるものもあるが、身に障りがあっては放っておけまい。教祖存命なら、難しい事情は教祖を頼って治めたであろうが、教祖がかくれてからはさしづを台として治めてきたのである。これまでも種々とさしづをしてきたのに、そのまま放っておいた事情もある。よく聞き分けてくれ。

人間思案と、皆の揃《そろ》った心に働く親神の働きとをよく聞き分けてもらいたい。なるほど一人の身上ならその者一人の問題であろう。そもそも人間の心の働きというものは、いろいろさまざまである。そのままにしておけるものと、おけないものとある。皆の中にちぐはぐがあっては治まらぬ。病む一人の心を察してくれ。

人間思案の上からこうと考えられることの中には、一応なるほどと納得されるものもある。といって、いつまでもこのまま放っておいては、どんなことになるか分からぬ。この際しかと心の治まるよう諭さねばならぬ。先方は放っておかぬと言っても、その場で真実の心が無いのなら、どんなたんのうをもってしても治まるものではない。心に掛かりながら、延び延びになってきた点は、今までは許してきたが、この際心からなるほどという心が治まらねばならぬ。

気養生させてやれという思いやりは、これまで幾度も聞かしてある。それを今日まで放ってきたのだが、それというのもお前たちがさしづを聞き外したというわけではなく、神の方から外さしてきたのである。この意をよく聞き分けねばならない。

お話は厳しいものでありました。初代真柱様の身上お障りは、やはり「教長様」お一人の身上ではなく、おやしきに勤める人々全体へのお仕込みでありました。多事多端な情勢の中に十年祭を一年後に控えて、その心構えについて、とくと思案させ得心させようとして、わざわざ初代真柱様のお身上に、しかも遠い所へご苦労くださっているさ中に、しるしを付けられたものと拝するのであります。

お話の中に明らかに仰せ出されましたように、教祖ご在世中はすべて教祖を親として頼り、その声に従って通って来たればこそ、どんな難儀なふしも乗り越えることができ、かつ、そのふしから新しい芽のご守護を頂いてきたのでありましたが、教祖おかくれ後は本席を通して示されたさしづを台として通ってきたし、また、これからも通らねばならぬことを強調されているのであります。つまり神一条の道は、いかなる人間思案をもってしても通れるものではないことを仰せられ、さしづに対しては絶対に従うべき所以《ゆえん》を明かされたのであります。このように、厳しいお仕込みをなさいましたのも、当時の人々の間には、飯降伊蔵様の人間像に捉《とら》われて、さしづがさしづでないように勝手な理をさしはさむ向きもありましたから、それではいざという時に際して、神は十分に働きができぬと、そのお気持ちを吐露されたものと拝するのであります。

お言葉中「一人に掛かれば一人に掛かりてある」の「一人」とは、直接初代真柱様を指されているかに拝しますが、お諭しの本旨から思案しますと、本席飯降伊蔵様のことのように拝します。教祖十年祭の一つのふしを無事に通らせていただき、そこからどんなことが現れ出ようとも、すべてさしづを台として運ぶようとのお諭しと拝するのであります。事実、それまではとかく、「本席」の理を軽くしてきた弊が目立っていましたので、その心得違いを再三にわたってお諭しくだされ、かつ督促されてきていたのであります。

お話は引き続いて次のように拝しますが、件名において明らかなように、右おさしづによって、本席飯降伊蔵様が非常に安心されたことが判然とするのであります。

押して、安心は本席

さあ〳〵皆《みな》尋《たず》ね掛《か》けたら一《ひと》つ〳〵分《わ》かるやろ。もうこうと言《い》えばこう治《おさ》め掛《か》けても、どうでも治《おさ》まらん。いずれ治《おさ》まると言《い》うて今《いま》まで捨《す》てゝ置《お》いたる。どうでも治《おさ》めてくれ。寄《よ》る寄《よ》らん戻《もど》る戻《もど》らん。戻《もど》ったかと思《おも》えば又《また》出《で》る〳〵。治《おさ》め方《かた》一《ひと》つで治《おさ》まる。こうしてこういう事《こと》になれば、先々《さき〳〵》治《おさ》まらん。先《さき》薄《うす》いという、先《さき》の理《り》ある。先《さき》の事《じ》情《じょう》があるで、早《はや》く取《と》り替《か》えてくれにゃならん。

（**大意**）尋ねかけたら、さしづをもって諭すから一つ一つ分かるであろう。人間思案の上から、こうと言えばこうなんだと一方的に治めかけても、なかなか治まるものではない。それをいずれ治まる日もあろうと、今日まで捨ててきているのだ。それではいけぬ、どうでも丸く治めてもらいたい。いつも人が寄るの寄らんのと不足したり、誰々は戻るの戻らんのと愚痴《ぐち》ったりするから、せっかく戻って来た者でも、また出て行ってしまうのだ。そこは治め方一つで治まるもの、そこを頭からこうだと一方的に言うと、遠く離れた先々の者の心は治まらぬ。先々の者には先々の者としての考え方もあれば、また、独自の事情もあるから、早くさしづの理に心を改めるようにしてくれねばならぬ。

又押して

さあ〳〵皆談《みなだん》じ合《お》うてくれ〳〵。一人《ひとり》も隠《かく》し包《つつ》みは要《い》らん。皆《み》んなそれ〴〵事情以《じじょうもっ》て話《はな》し掛《か》けたら、こうなったという。身上《みじょう》に切《せつ》なみ見《み》て居《い》られん。日々《にち〳〵》の曇《くも》り悩《なや》みは、なか〳〵大変長《たいへんなが》い間《あいだ》である。入《い》り込《こ》んでだん〳〵諭《さと》す理《り》から聞《き》き分《わ》け。こうと言《い》うても、又《また》そうやないという事情《じじょう》を以《もっ》て治《おさ》めにゃならん。

（**大意**）よく皆で談じ合ってくれ。一人でも包み隠しは要らぬもの。皆それぞれの立場から談じ合うようになれば、そこにはこうなったという一つの結果が出るものである。どうも教長の身上の苦しみは見ていられぬ。皆の日々の心の曇り、悩みは、なかなか長い間のことである。このたびのさしづをもってだんだん諭す神意の程は、よく聞き分けてもらいたい。たとえ頭からこうだと言っても、理に外れているなら、優しくそうじゃない、こうなんだと、思いやりの心をもって治めてくれねばならぬ。

お話の真意は、やはり人々がそれぞれの真実な心を寄せ集めて、その上での治め方を講じるように強調されております。ともするところだと、一方的に取り決めやすいところを深く戒めておられるかに拝します。事実、人間は我が身が可愛《かわい》い上から、何事も自分本位に考えがちであり、神一条の上にもとかくその調子に出てしまい、おさしづに対してさえ勝手の理を加えて解釈してしまう場合も少なくないのでありますが、そんなことでは、いざという時に一手一つの和を欠くことになり、親神様のご守護を自ら阻《はば》むことになってしまうのであります。

このおさしづはまさに惰眠の夢を覚ます天の警鐘となりました。さすがに人々も寄々《よりより》談じ合いを重ねておられますが、その結果がはっきりと定まらぬうちに、初代真柱様のお身上はだんだんと悪化していかれたのであります。

明治二十八年五月十三日　午後三時

教長御身上願

さあ／＼尋《たず》ねる処《ところ》／＼、身上《みじょう》々々これさあ／＼堪《た》えられん／＼。一時《じ》堪《た》えられん処《ところ》を尋《たず》ねる。双方《そうほう》の理《り》であるで〳〵。双方《そうほう》の理《り》というは、前々《ぜん〳〵》さしづどういうものと、それ一寸《ちよつと》には湧《わ》くであろう。旬《しゅん》という、一《ひと》つの理《り》を諭《さと》したる処《ところ》から、万事世界《ばんじせかい》にも一《ひと》つ理《り》がありて、今《いま》一時《じ》に掛《か》かるとは思《おも》わず〳〵、一寸《ちよつと》の事情《じじよう》ではない。案《あん》じる理《り》もあろ。身上《みじよう》に一《ひと》つどういうものと尋《たず》ねるも同《おな》じ事《こと》。早《はや》く万事《ばんじ》の処《ところ》、どれから眺《なが》めてもほんにそうやなあ、と明《あき》らか道《みち》を運《はこ》んでくれ。こう言《い》えばそんならどうなろうと又思《またおも》うやろう。身《み》の内障《うちさわ》る。今《いま》一時《じ》の事情《じじよう》やない。なか〳〵長《なが》い〳〵事情《じじよう》である。前々《ぜん〳〵》事情《じじよう》ありて、又遠《またとお》く所《ところ》で事情《じじよう》ありて、戻《もど》る道筋《みちすじ》の処《ところ》よりよう思《し》やんせよ。これ聞《き》き分《わ》けてくれねばならん。一人《ひとり》ではあろうまい。一《ひと》つの事情《じじよう》、一時《じ》世界《せかい》の処《ところ》も成《なる》程《ほど》という事情《じじよう》、重々《じゅう〳〵》さあ〳〵早《はや》く〳〵一《ひと》つ事情《じじよう》。

（**大意**）身上が堪えられぬほど苦しむので尋ね出たであろうが、これはお互いの心と心の問題である。お互いの心の問題ということは、前のさしづを思案すれば、どういうことであるかが、少しは胸に湧《わ》いてくるであろう。道には旬というものがあるし、また、万事世間にもいろいろと見方や考え方があるもの。このたびの身上も今急に見えたものとは思わぬよう、決して差し当たっての事情ではないのである。こう言えば心配する向きもあろう。

つまり教長の身上はどういうことかと尋ね出たのも同様である。そこで、どちらから眺められても本当にそうであったかと心治まるよう、明らかな態度を取ってもらいたい。こう言えば、それならどうすべきかと、また心に煩《わずら》うだろうが、教長の身上が迫るのも、今始まった事情ではない。なかなか長い間積もり重なった事情の上からである。前々にも事情があったし、また遠い所へ出向いての事情もあって、本部へ帰る道中の様子からよく思案してみるがよい。これをしっかり聞き分けてくれねばならない。教長一人の問題ではあるまい。教長身上という事情と目下世間における種々な事情とが、重なり合い立て合っているのだ。だから早く聞き取って皆の心に治まりをつけねばならないのである。

押して、院長でも招く事で御座りますや

さあ〳〵前々《ぜん〳〵》事情《じじよう》運《はこ》んだる処《ところ》、一時《じ》伝《つた》えて早《はや》く運《はこ》んでくれ。こうすればどうなると思《おも》うやろ。思《おも》たてならん。しっかり〳〵。

（**大意**）前々から事情解決のため諭してきた点を、この際しかと運んでもらいたい。そら皆としても自分の立場から、こうすればああなると考えるだろうが、人間思案でいくら考えてみたところで、決して成り立つものではない。この点をしっかり思案してもらいたい。

押して

さあ〳〵事情《じじょう》尋《たず》ねる。身上《みじょう》どうであろ。案《あん》じる処《ところ》の理《り》を尋《たず》ねる〳〵。案《あん》ぜる処《ところ》の理《り》は一寸《ちょっと》に諭《さと》し難《に》くい。よう聞《き》き分《わ》け。一段治《だんおさ》まったら治《おさ》まるであろ。これ一《ひと》つ諭《さと》し置《お》くによって。

（大意）教長の身上どうであろうと押して心配したところは、ちょっと諭しにくい。よく聞き分けるがよい。一段と皆の心が治まったら治まるであろう。この諭し、しっかり思案してもらいたい。

又押して、医者の事情願

さあ〳〵尋《たず》ねる処《ところ》、さあ〳〵よう聞《き》き分《わ》け。世上《せじょう》には皆《みな》これ何《なん》という〳〵、これ第《だい》一の道《みち》。今《いま》の一時《じ》やあろうまい。前々《ぜん〳〵》より諭《さと》したる。さあ〳〵早《はや》く〳〵事情運《じじょうはこ》んでくれ〳〵。

（大意）尋ね出た件よう聞き分けるがよい。世間の者たちは何と言い出すであろうか、道の者として何より思案せねばならぬところである。前々から諭してきた通り、早く心の治まり方を運んでもらいたい。

引き続いて御諭

さあ〱よう聞《き》き分《わ》けて置《お》かにゃならん。一時《じ》なるとは思《おも》うやない。これ聞《き》き分《わ》けたら強《つよ》い話《はなし》。聞《き》き分《わ》けなんだらどうもならん、弱《よわ》い話《はなし》。これよう聞《き》き分《わ》け。さあ〱幾度《いくど》思《し》やんしたとて、こういう時《とき》は思《し》やん付《つ》かん。又言《またい》えるものでもなし。それより、一時《じ》も早《はや》く順序世界明《じゅんじょせかいあき》らかという事情《じじょう》を運《はこ》んでくれ。内々《うち〱》もよう聞《き》き分《わ》け〱。よう定《さだ》めてくれ〱。定《さだ》めるというはどんな道《みち》、神《かみ》と言《い》う言《い》う。定《さだ》めるならよう聞《き》き分《わ》け。成《な》るも神《かみ》成《な》らんも神《かみ》、成《な》らん神《かみ》なら要《い》らん、と言《い》うやろ。さあ〱万事《ばんじ》神《かみ》一条《じょう》の道《みち》という理《り》を治《おさ》めてくれ。これ一《ひと》つ聞《き》き分《わ》けにゃならん。

（**大意**）さてよく聞き分けておかねばならぬ。すぐにも守護があると思うではないぞ。これよく聞き分けてくれたら、まことに頼もしい話となろうし、聞き分けができねば情けない話に終わるだろう。この理合いをしかと聞き分けてもらいたいのだ。

　幾度思案したとて、こういう時にはよい思案はできぬもの。それよりも一時も早く、さしづをもって示した通り素直に運んで、世間から眺めても、なるほどやなあと言われるだけの明るい道の姿を映さねばならぬ。内々の者もまた、よく聞き分けるがよい。その上でしっかり心を定めてもらいたい。心を定めるとはどんなことか、それでこそ神の道と言う。心定めるならよく聞き分けるがよい。身上たすかるも神の守護なら、たすからんも神の守護、たすからぬ神なら要らぬと言うであろう。万事神一条の道であるという信念を定めてもらいたい。この点をしっかりと聞き分けねばならぬ。

あらためてのお伺いに対しておさしづの神意は、あらためて初代真柱様のお身上は、今日にして初めて現れたものではなく、これまでの長い間におけるお互いの心遣いの現れであると繰り返し諭されております。しかもそのお身上は、ただ単に道の問題であるばかりではなく世間の注目するところであるから、世間の者たちがなるほどと得心するだけの明らかな道を運ぶようにと諭されております。すなわち「教長様」のお身上は、お一人のお身上ではなく、このお身上こそ「世界の処も成程という事情」であるから、この事情を通して、道の真の姿を世上にも映し出さねばならない旨を強調されているのであります。

そこで世界の事情という上から、病院の院長さんを招きたいと伺われておりますが、そんな人間思案はこの際必要ではなく、前々からおさしづをもって諭してきた通り、神一条の心を治めねばならぬと繰り返しておられるのであります。お言葉の中の「案ぜる処の理」

とは心に掛かっている姿――おそらくこのまま「教長様」のお身に万一のことがあっては大変だという心配を指されたものと思案いたします。もとより、そんなことがあっては一大事でありますから、「一時も早く順序世界明らかという事情を運んでくれ」と仰せられて、一時も早く人々の心が、おさしづの理に一手一つに結ばれることを督促されているのであります。そして最後には、特に内々の人々へもお諭しをされ、身上たすかるのもたすからんのも、すべて親神様のご守護によるものであるとの根本義を示され、それが分かるなら「万事神一条の道という理を治めてくれ」と、お心を砕かれているのであります。まこと、このお諭しこそ道の者にとって、日常最も心得るべきことと言わねばなりません。

午後三時のおさしづでありましたが、同日午後九時半になって、あらためてお伺いされています。

明治二十八年五月十三日　夜九時半

教長御身上大変迫りしに付御願

さあ／＼もうよい／＼。言《い》わんかて分《わ》かりてある。今夜《こんや》の事《こと》は分《わ》かろまい。いかなる事《こと》も神《かみ》一条《じょう》の道《みち》、神《かみ》一条《じょう》の理《り》を立《た》てるという事《こと》は、前々《ぜんぜん》諭《さと》したる。今日《きょう》になる、今日《きよう》になるとは更々《さら〳〵》思《おも》うやないで。一時《じ》の処《ところ》、身上迫《みじようせま》ればどうもならん。何《なに》が違《ちが》う、彼《か》が違《ちが》うとは、思《おも》うまで。これまでだん〳〵前々《ぜん〳〵》よりもくどう〳〵諭《さと》したる。今夜《こんや》になりて、どんな事《こと》も思《おも》い出《だ》してくれ〳〵。

（**大意**）もうよいもうよい、言わなくてもお前たちの胸のうちはよく分かっている。今夜どんなことになるのか、お前たちには分からぬだろうが、何事も神一条の道であるから、すべて神意に基づくべきであるとは前々から諭してある。教長の身上もとうとうこんなことになったと思ってはならぬ。差し当たって身上が迫ればどうもならぬ。何が違うの、かが違うのと言い合っているようだが、そんなことは胸にしまっておけ。これまでにも段々くどいほどにも諭してきたところ、今夜という今夜はしっかり思い出してもらいたい。

押して、詰員一同御詫び一心の願

さあ〳〵あってはならん〳〵。あっては気《き》の毒《どく》や。皆諭《みなさと》したる。一時《じ》を以《もつ》てどういう事《こと》と思《おも》う。よう事情《じじよう》を聞《き》き取《と》って悟《さと》ってくれ〳〵。一時《じ》の処《ところ》、事情《じじよう》は一寸《ちよつと》、一《ひと》つの理計《りはか》り難《がた》ない〳〵。これから心得《こころえ》のため諭《さと》すから、古《ふる》い者《もの》こんな事《こと》では〳〵と思《おも》うて通《とお》りて来《き》た。経《た》ったら安楽《あんらく》のようなもの。一時一《じひと》つの思《し》やん。思《し》やんというては、この上《うえ》の思《し》やんはあろうまい。一時《じ》どうなろうというようになれば、どうもなろうまい。早《はや》く〳〵と事情《じじょう》、これまで何遍諭《なんべんさと》したやら、これ知《し》れん。よう聞《き》き取《と》れ。一時《じ》の処《ところ》、どうなろうと思《おも》う。双方《そうほう》の心《こころ》にとって皆々《みな〳〵》高《たか》い低《ひく》いの理《り》は無《な》い。ろっくな道《みち》なれど、勝手《かって》の理《り》よりだん〳〵高低《たかひく》の理《り》を拵《こしら》え、あちらへこちらへ擦《す》れ、心《こころ》の理《り》は散乱《さんらん》。たった一《ひと》つの理《り》を、兄弟一《きょうだいひと》つの理《り》、後《あと》より出《で》けた理《り》もあろまい。先《さき》へ出《で》けたという理《り》は無《な》い。どうなろうと言《い》うようになりてからは、どうもならん。皆打《みなう》ち捨《す》てたる事情《じじょう》もある。よう聞《き》き分《わ》け。続《つづ》くだけは続《つづ》かす。続《つづ》かんようになれば、続《つづ》く理《り》を拵《こしら》えて置《お》くから、何《なに》も案《あん》じる事《こと》は要《い》らん。

（**大意**）万一のことがあってはならぬ。あっては気の毒である。今まで皆に諭してきたこと、この時に及んで何と思っているか。よく事情を聞き取って神意を悟ってもらいたい。差し当たってのことはちょっとのことだが、根本の理合いを分かり兼ねている。これから心得のため諭すからよく思案せよ。

古い者たちは、こんなことでは道はどうなるかと思って通ってきているが、そのまま通れるならまことに気安いようなものである。この際、真実の思案がなければならぬ。思案と言うてはこれ以上の思案はなかろう。差し当たり、どうなるだろうという状態に追い込まれたらどうもならないであろう。早く心を取り替えろと、これまでも何遍となく諭したことか、よく聞き取るがいい。今の様子では、どうなるだろうと思うだろう。お互いの心にとって皆々高い低いの差別はない。平等な道であるけれども、人間勝手な心から、だんだんと高低の差別を拵《こしら》え、あちらこちら擦れ合って心を乱し、兄弟という大切な関係を損ねているのだ。

兄弟という関係は、誰々は後になったといい、誰々は先へ出て行ったというようなことはない。どんなことになろうかと差し迫ってからでは手の付けようがない。皆そのまま放ってきた事情がそこにあるのだ。よく聞き分けてもらいたい。教長の身は続くだけ続かす。もし続かぬようになれば、続けるように守護をするから、何も心配することは要らない。

暫くして

道《みち》を案《あん》ぜるやないで。道《みち》と一《ひと》つの理《り》とは、ころりと間違《まちが》う。これだけ聞《き》かしたら、確《たし》かに〳〵。

（**大意**）何もこの道がどうなろうかなどと心配することはない。神一条の道と、人間思案とはころりと違うのである。これだけ聞かしたら、しっかりと心治まるであろう。

前おさしづのお諭しを頂きながら、なおも人々の心が一つに結ばれなかったとみえ、夜に入ってから初代真柱様のお身上は急激に迫られたのであります。さすがに驚いた人々が、早速と神意を伺われたのでありますが、親神様もさすがに人間の弱さを哀れまれて、「もうよい〳〵。言わんかて分かりてある」と優しく仰せられております。まことに温かいその親心が、拝する者の胸に染み渡るでありましょう。そして身上手入れという思案から、「何が違う」の「彼が違う」のというような詮索《せんさく》は人間心のなすことで、「教長様」のお身が迫ったのは、今日まで口説き詰めてきた点の急き込《せ》みだから、今夜という今夜は、それをしっかり思い出してもらいたいと、言葉も穏やかに諭されているのであります。「思い出してくれ」というお言葉にも、汲《く》めども尽きせぬ万斛《ばんこく》の親の慈悲を覚えずにいられないのは、筆者のみではありますまい。要は人々の心が神一条の上に一手に和することであると仰せられたのであります。

そこで詰員の人々は自分たちの不明をお詫《わ》び申し上げ、「教長様」のお身上のご守護を一心にお願いなされておりますが、冒頭のお言葉「あってはならん〳〵」は、そのようなことがあってはならぬ、つまり万一のことがあってはならぬと拝します。すなわち、親神様としても、そのようなことをお考えになっているのではなく、あくまでも人々の心の成人を促しておられる所以《ゆえん》を示唆されたものと拝されます。従って親神様のお目からすれば、「教長様」の身上を迫らせられたのも別に大げさなことではなく、人々がその心を治めさえすれば忽《たちま》ち解消するものとして、「事情は一寸」と仰せられたかに拝するのであります。

しかし人間心に閉ざされていたのでは、一手一つに心を治めるという根本の問題も、なかなか容易なこととは思えぬとして、「一つの理計り難ない」と一言嘆かれたにちがいありません。しかもそのまま時日が経《た》っていくうちには、それなりに別条ないこととして、安易に陥ってしまうであろうと喝破されて、ここで一つ、とくと思案せねばならんと諭されたのであります。その思案の内容は、皆親神様に仕える者として、その勤め向きに差異こそあっても、その価値は平等であるのに、人間勝手な心遣いから高低あるような通り方をしていると指摘され、それ故に、お互いは兄弟であるという真実を欠いて、とかく擦れ合っているではないかと口説き嘆いてもおられるのであります。

さらにそのほかにも、当然勤めねばならないのに、勝手な思案から、そのまま放置してきた事情もあると付け加えられながら、終わりには、「教長様」のお身上について引き受けていただいているかに拝するのであります。それにはどうでも神一条の道を心に取り戻すことであるとして、暫《しばら》くしてのお話の中に、「道と一つの理とは、ころりと間違う」と念を押されているのであります。

このように詰員一同の心からなるお詫びをお受け取りいただいたと見え、親神様は「道を案ぜるやない」と、明らかに将来の希望をお示しくださいました。それに勇んだ人々は一層真実の心を寄せ集めて、この上は親神様の思召の程を全教にも伝えて、全教一手一つの真実をお供えさせていただくに如《し》かずと談じ合われ、直ちに全国の分支教会長をぢばに招集されたのであります。

明治二十八年五月十九日　午後七時半

分支教会長一同帰部の上、教長御身上に付、本部員共に分支教会運び方将来心得事情願

さあ〳〵だん〳〵と事情《じじょう》運《はこ》び〳〵、又《また》事情《じじょう》に事情《じじょう》、皆《みな》それ〳〵遠《とお》く所《ところ》心《こころ》事情《じじょう》を以《もっ》て、一日《にち》の日《ひ》に尋《たず》ね出《で》る処《ところ》、よう皆《みな》一《ひと》つの事情《じじょう》から、心《こころ》という理《り》を持《も》ってくれにゃ分《わ》からん。もう穏《おだ》やか行《い》けば、穏《おだ》やか心《こころ》で、心《こころ》を沸《わ》かさんよう。よう聞《き》き分《わ》け。皆説《みなせつ》という理《り》がある。どういう説《せつ》もある。説《せつ》聞《き》いてだん〳〵事情《じじょう》出来《でき》たら説《せつ》だけやない。真《しん》の事情《じじょう》になる。真《しん》の事情《じじょう》になりたら、取《と》り返《か》やすに取《と》り返《か》やされん事《こと》になる。皆《みな》兄弟《きょうだい》連《つ》れ戻《もど》りたから、よう聞《き》いてくれ。長《なが》らくの道《みち》の事《こと》ならどんな日《ひ》もある。良《よ》き

日《ひ》ばかりなら良《よ》いなれど、そう〳〵は行《い》こうまい。よう聞《き》き分《わ》け。慎《つつし》みの心《こころ》が元《もと》である。明《あき》らかというは慎《つつし》みの心《こころ》。一先《ひとま》ずは、怖《こ》わき恐《おそ》ろしいという日《ひ》もありた。実《じつ》は天《てん》の理《り》、天《てん》の理《り》は誠一《まことひと》つの理《り》と言《い》う。一度《ど》二度《ど》三度《ど》は見許《みゆる》してある。可愛《かわい》一条《じょう》から許《ゆる》したる。なれど、心《こころ》の理《り》より起《お》こる事《こと》は、皆適《みなかな》わん。この道《みち》という、元《もと》は細《ほそ》い道《みち》、所《ところ》にどうという者《もの》も無《な》し、今《いま》の処《ところ》よう〳〵所々《ところ〳〵》道開《みちひら》けたる。これ一《ひと》つ台《だい》として拡《ひろ》めば、だん〳〵道《みち》と言《い》う。これまでの処追《ところお》い払《はら》われ取《と》り払《はら》われ、どんな事情《じじょう》もありたやろう。なれど今日《きょう》という、皆《みな》それ〳〵理《り》の治《おさ》まりたるは真実台《しんじつだい》と言《い》う。よう聞《き》き分《わ》け。これまで艱難《かんなん》の道《みち》を通《とお》したる。どんな日《ひ》もあったやろ。何《なん》でもというは、世界国々《せかいくに〳〵》それ〳〵多《おお》く道《みち》が付《つ》いて、一《ひと》つ〳〵兄弟《きょうだい》の元《もと》を拵《こしら》え掛《か》けたる。兄弟《きょうだい》という理《り》を聞《き》き分《わ》け。人間《にんげん》という、元々一《もと〳〵ひと》つの理《り》より始《はじ》めたる。兄弟《きょうだい》なら兄弟《きょうだい》という意味《いみ》が無《な》くばならん。なれど、中《なか》に兄弟心《きょうだいこころ》が合《あ》わん者《もの》もある。皆《みな》それ〳〵心《こころ》より合《あ》わせてくれ。聞《き》いたる者《もの》より合《あ》わせてやれ。そこで聞《き》いたる理《り》、神《かみ》の自由《じうよう》という。日々《にち〳〵》疑《うたが》いすっきり晴《は》れてこそ、理《り》と言《い》う。身《み》の内《うち》かりものの理《り》は日々《にち〳〵》説《と》いて居《い》る、日々《にち〳〵》

説《と》かしてある。日々《にち〱》世界理《せかいり》を出《だ》す。元《もと》分《わ》からんから皆《みな》寄《よ》せたる。それ〲心《こころ》の理《り》を合《あ》わすなら、どんな事《こと》も叶《かな》わんとは言《い》わん。兄弟《きようだい》というは、今《いま》一時《じ》諭《さと》す理《り》が兄弟《きようだい》の理《り》。成《な》るも神成《かみな》らんも神《かみ》という理《り》は、こうという精神《せいしん》を定《さだ》めるなら、受《う》け取《と》らんとは言《い》わん。受《う》け取《と》らにゃならん。受《う》け取《と》れば安心《あんしん》、皆改《みなあらた》めて定《さだ》めてくれ。今《いま》の一時《じ》どうなろうというようにならねば、後《あと》の理《り》が分《わ》からん。後《あと》の理《り》が分《わ》からねば、先《さき》の理《り》が分《わ》かりそうな事《こと》がない。よっく後々《あと〱》思《し》やんして、皆兄弟諭《みなきようだいさと》し合《お》うて定《さだ》めてくれるがよい。

（**大意**）これまでも数々の事情を通り、今また事情に事情を重ねきて、このたびはそれぞれ遠方の者も心を寄せ集め、今日という日に尋ね出たところは、教長の身上という上から真実の心をもって聞き分けてくれねば分からんぞ。万事穏やかに運ぶためには穏やかな心でなければならぬ。だから決して心を湧《わ》き立たさぬようにせねばならない。皆よく聞き分けるがよい。

世の中には風説という動きがある。いろいろな風説が流れる。風説を聞く中に、それに伴う事実が現れたなら、それはもはや単なる風説ではなくなってしまう。つまり真の事情となってくる。そうなったら取り返しもつかんようになる。今お前たち兄弟たる者皆呼び寄せた上、よう聞いてもらいたい。長い間の道すがらにはどんな日もある。良い日ばかりだったらいいけれども、そううまいことにはいくまい。よう聞き分けるがよい。大切なことは慎《つつし》みの心である。慎みの心で臨めば、万事明らかとなるのは慎みの心である。今日までは怖い恐ろしいと思われた日もあった。いずれも誠の心で通り抜けたが、この実こそ天の理であり、天の理は誠真実の働きとも言うものである。それも一度二度三度は見許してきている。反対するのも可愛《かわい》い子供であるからこそ、見許したのである。しかし心得違いの上から起こることは、皆天の理に適《かな》わんものである。

この道というものは、元初めは細い道で、所々にこれはと目立つ者も教会もなかった。今日の日になってようやく、あちらこちらに教会という道も開けてきている。この実績を台として広めていけば、だんだんと往還道になっていくであろう。これまでのところは、追い払われたり取り払われたり、どんな艱難《かんなん》苦労の道すがらもあったであろう。しかし今日という日に、皆談じ合いの上真実の心が治まったことは、これこそ真に道の台と言うことができる。

そこでよく聞き分けてもらいたい。これまではいろいろと艱難苦労の道を通してきた。その中にはどんな日もあったであろう。そこを何でもという精神をもって通ったればこそ、国々所々で多くの応法の道が許されて、それぞれが兄弟の元を拵《こしら》えかけたのである。この兄弟という理合いをよく聞き分けてもらいたい。そもそも人間というものは、親神の思わくによって創《はじ》めたものである以上、兄弟なら兄弟としての真実の繫《つな》がりがなければならない。けれども、大勢の中には兄弟として心の合わぬ者もあるから、互い互いの心をよく合わせてもらいたい。先に話を聞き分けた者から合わせてやってもらいたい。そこで聞いて心を治める真実にこそ、神が自由《じゅうよう》の働きを見せてやるのである。日々疑いの心がすっきり晴れてこそ、真実の姿である。

身の内かりものという教理は日々説いてもいるし説かせてもいる。その中に世間からはいろいろと風説を流してくる。それに心を奪われるのは、教えの元が分からんからで、そのために、こうして皆を招集したのである。各自がしっかり真実に心を結ぶなら、どんなこともできないとは言わん。兄弟というのは、差し当たって、その時その場で諭してやる心が兄弟としての真実である。その通りに成るのも神の守護なら、成らんのも神の守護であるから、こうと精神を定めるなら受け取らんでもない。否、受け取らねばなるまい。受け取ればどんな事情の中も安心できよう。だから皆心を改めてしっかり定めてもらいたい。

今、差し当たってどうなろうと思われるような事情も迫らなければ、心定めのきっかけもできないであろう。その心定めができないなら、その先の分別や処置についても分かりそうなことはあるまい。後々どうなるか、どうすべきか、皆兄弟の真実寄せて諭し合い、しっかりと心定めてくれるがよい。

押して
さあ〳〵尋《たず》ねる処《ところ》〳〵、どんな事情《じじょう》も諭《さと》してくれにゃならん。うっとしいような日《ひ》でも、又《また》照《て》る事《こと》もある。蔭《かげ》ばかりやない。これ一寸《ちょっと》諭《さと》して置《お》こう。

（**大意**）さあ尋ね出る件については、どんな事情も諭し合いをしてくれねばならぬ。その中にはうっとうしい日もあれば照る日もある。いつも陰の日ばかりではない。この点をちょっと諭しておこう。

おさしづの神意は、まことに砕心の親心に溢《あふ》れたものとして、読者の胸に迫るでありましょう。いろいろと耳にする風説も、風説だけですむことなら別に問題はないが、そこにそれを裏付ける事実が現れるならば、もはや風説として聞き流すわけにはいかぬ。どうでもそれはお互いの問題として対決していかねばならぬが、それにはお互いに兄弟としての真実に、一手一つに結び合うことが何より大切なことであると、その心得の根本についてお諭しくだされたのであります。そしてその根拠として、今日までの道すがらを回顧されつつ、その間にはどんな道もあったが、それを無事に通り越してきたというのも、この真実の心に一手一つに治めてきたからであるとして、「皆それ〳〵理の治まりたるは真実台と言う」と仰せられ、兄弟もだんだん大勢となると、中には兄弟として心の合わん者もできてくるから、そういう者には「聞いたる者より合わせてやれ」と、その台の定め方までもお示しくだされているのであります。すなわち、兄弟という真の理は、何か粗相や間違いがあったなら、すぐその時その場で諭し合うのが真の兄弟であると仰せられています。お互いはつい人間思案に流れて、その場を見逃し聞き逃してしまいがちでありますが、それでは真に心の結び合いはできないままになってしまうでしょう。

さらに「押して」の願いに対するお話では、緊張し過ぎた人々の心理をほぐすように、柔らかくなだめてくださる親心を感じずにはいられません。殊に最後のお言葉「蔭ばかりやない。これ一寸諭して置こう」には、先々安心の境地まで予約していただいているように拝されて、たとえどのような風が吹き、事態が現れてこようとも、敢然としてこれに立ち向かえる気構えが、おのずからできていく心強さを覚えずにはいられません。

この全教一手一つの祈願と一同の心からなる介抱によって、爾後《じご》初代真柱様のお身上は次第に回復されていきました。そして七月には本復祝いをされるまでにご守護を頂かれたのであります。

明治二十八年七月十二日

教長御全快に付、本復御祝の願
第一、各分支教会長を本部へ招待するものでありますや
第二、堅物で送りたものなるや
第三、日を延ばしたものなるや

さあ／＼尋《たず》ねる事情《じじょう》／＼、さあ／＼こゝまでの日《ひ》／＼、又一《またひと》つには心《こころ》に浮《う》かむ。余《よ》儀無《ぎな》くの理《り》であろ。遠《とお》く所皆《ところみな》事情《じじょう》思《おも》い、一《ひと》つの理《り》を運《はこ》んだる。又一《またひと》つ余儀無《よぎな》く運《はこ》んで居《い》る処《ところ》、又一《またひと》つには些《いささ》かなりと自由《じうよう》勇《いさ》む。これ思《おも》う処《ところ》事情《じじょう》、今《いま》の一時《じ》というは計《はか》り難《がた》ない、出来難《できがた》ない。そこで、あたゑで一《ひと》つ運《はこ》ぶがよかろう。

（**大意**）尋ね出た本復祝いの模様については、なるほど今日までいろいろと苦労を重ねてきたので、そのような考え方も浮かぶであろう。一応は余儀ない考え方ではある。遠方の者たちも教長の身上には心を遣い真実の心を運んでくれた。そこで皆としても、余儀ないこととしていろいろ考えているし、これも多少でも自由《じゅうよう》の守護を得たと心勇んでのことであろうが、皆が考えている事柄は、今直ちにそうは計りにくいし、また、できにくいことにちがいない。そこででき得る範囲において運んだらよいであろう。

本部内内祝の事情

さあ〳〵まあ一寸《ちよつと》、内々《うちうち》だけの事情《じじよう》なら敢《あえ》て構《かま》わん。遠《とお》く所《ところ》は与《あた》えて事情《じじよう》尽《つく》してやるがよい。内々《うちうち》は内々《うちうち》だけの事《こと》、多分《たぶん》の事要《ことい》らん。やれ〳〵よかったという理《り》、ほんに結構《けつこう》やなあ、という理《り》さえ治《おさ》まれば、それで十分《ぶん》である。

（**大意**）内々の祝いだけというのなら、あえて構わぬ。遠い所の者たちには無理をせず、できる範囲にしてやるがよい。内に対しては内々のことだけにしておくがよい。大層なことはする必要はない。やれやれ良かったという気持ち、本当に結構だったなあという気持ちが治まるなら、それで十分である。

一時はどうなるかと危ぶまれたほどのお身上、それも全教の一致団結を促されたお身上であったことを思えば思うほど、人々はできるだけの本復祝いをさせていただきたい気持ちでいっぱいだったのであります。その気持ちは親神様も諒《りよう》とされながら、何も大げさなことを考える必要はなく、「あたゑ」だけのことなら許してやろうとお諭しくださったのであります。事実、初代真柱様のお身上は、最も厳粛な神意の発動であったことを強調されて、その喜びは華やかなお祝い行事をもって表現されるべきものではなく、むしろ、つつましやかな中に心を治めることが、何よりの喜びであることを示唆されたものと拝するのであります。

こうして七月二十二日、めでたく本復祝いの祝宴が張られたのであります。

第五節　教祖御住居の新築事情

教祖十年祭が近づくにつれて、おやしきの人々、心ある信者たちの間には、一つの気掛かりな問題が台頭してきました。それは教祖のお住まいがあまりにもお粗末に過ぎて、そのままで御年祭をお迎えすることは、どう考えても申し訳なく思われたのであります。なるほど教祖のお住まいは、明治十六年に建てられた御休息所のままで、それは四畳の上段の間と、八畳の次の間の二間で、それにささやかな風呂場と便所が付いているだけのものでありました。ですから、おかくれ後十年も経《た》つというのに、お住まいが十年前と同じものではあまりにももったいない、という気持ちが、それらの人々の胸を痛め始めたのであります。

その上、明治二十五年には教祖の墓地の改葬が、全教的感銘のうちに施行されたことを思います時、ただ単なる古着を脱ぎ捨てる場所としての豊田山墓地の偉容と比べ、現に存命同様にお働きくださっている教祖のお住まいはあまりにもお粗末に過ぎたのであります。事実、教祖はお姿こそおかくしになりましたものの、お魂は元のやしきに留《とど》まられ、世界たすけの上に存命同様にお働きくだされているのでありますから、そのお墓地の改葬もさることながら、そのお住まいをこそ一日も早く新築させてもらわねばならなかったと思われたのであります。思えば明治二十年以来わずか十年にして教勢は著しく発展し、すでに沖縄県を除く一道三府四十二県に教会の設立を見るに至りましたのも、「日々の道を見て思やんしてくれねばならん」（明治23・3・17）と仰せられましたように、教祖の存命同様のお働きの賜《たまもの》と言わねばならないのであります。すなわち、ここに教祖お住まいの新築願いを拝するのは当然のことでありますが、それに対して神意はどのようにお示しくださったか、その二、三の事例を列記してみたいと思います。

明治二十八年三月十日

教祖御霊殿本部北寄りで六間に八間の建物建築致し度きにより願

さあ〳〵だん〳〵事情《じじょう》以《もつ》て尋《たず》ねる処《ところ》、一時《じ》はこうせにゃならん、又《また》事情《じじょう》によって無《な》くばならん。皆《みな》それ〳〵事情急《じじょういそ》ぐ処《ところ》受《う》け取《と》る〳〵。年明《としあ》けたら十年《ねん》という、何《なん》でもという事情《じじょう》の処《ところ》、急《せ》く事《こと》要《い》らん。未《ま》だ〳〵地所急《ちしょいそ》ぐ処《ところ》ある〳〵。又広《またひろ》く建《た》て出《だ》す処《ところ》、日柄何時《ひがらなんどき》でも出《で》ける。地所《ちしょ》は一寸今《ちょっといま》に言《い》うて今《いま》に集《あつ》める事《こと》は出《で》けん。これでなら大《たい》抵《てえ》なあ〳〵というは、一時《じ》の道《みち》という。地所《ぢしょ》から定《さだ》めてくれ。

（**大意**）このたび教祖殿の新築についてだんだん尋ね出ているが、差し当たってこうせねばならんとは言わんが、事情によってはそうなければならんとも考えられ、皆の者が互いに談じ合い急いでくれる気持ちは十分に受け取っている。たしかに年が明けたら教祖の十年祭を迎うべき日柄となったが、それ故に、どうでもこうでも新築しようと心急いでいる様子だが、新築事情については決して急がなくてもよい。建物を急ぐよりも、急がねばならぬことはやしきの地所を拡張することにある。また、新築できねば、広く増築しようと考えるが、これもその日柄が来ればいつでもできることである。地所を拡張することは、今に言うて直ちに買い集めることはできぬ。これまで施設したり、まずは間に合おうだけの用意ができたら、その場を通れる道ができたと同じことであるから、地所拡張から取り掛かってもらいたい。

押して願

さあ〳〵尋《たず》ね返《か》やす処《ところ》〳〵、一《ひと》つ一寸話《ちょっとはなし》に及《およ》ぼう。これ聞《き》き分《わ》けて定《さだ》めてくれ。どういう話《はなし》なら、たゞ一《ひと》つ世界事情《せかいじじょう》、これは教祖《おやさま》という。それは十分《ぶん》受《う》け取《と》りてある。なれど内々《うち〳〵》治《おさ》まる処《ところ》急《せ》くやない。末《ま》だ〳〵扉開《とびらひら》いてある〳〵。めん〳〵の処《ところ》、こうしたのにと言《い》う。その処《ところ》、一寸《ちょっと》気兼《きがね》は更《さら》に要《い》らん。遠慮《えんりょ》は要《い》らん。たゞ事情世界理《じじょうせかいり》が集《あつ》まれば、十分《ぶん》受《う》け取《と》りてある。そこで扉開《とびらひら》いて居《い》る。

（大意）さあ、尋ね返して尋ね出たからは、ちょっと角目《かどめ》について諭しておく。この点はよく聞き分けて、神の言う通りに心定めてもらいたい。どういう話であろうかと思案もしようが、どのような世界の事情となろうとも、すべては教祖存命の理であると言わねばならぬ。それならば十分受け取ってある。しかし内々の安心だけのことなら急ぐ必要はない。否、急いではならん。まだまだしっかりと働かねばならぬ時である。

なるほど、お前たちの中では住家普請の話もあるのに、教祖の普請ができないとすれば、気兼ねしたり遠慮したりするだろう。そんな気兼ね、遠慮は要らぬもの。要するに世界の気持ちが、こちらに集まるようにさえなれば、十分受け取ってある。そのためにこそ、扉は開いて日々働いている。

続いて願

さあ〳〵いつまで仮家《かりや》ではどもならん〳〵。これだけという処定《ところさだ》めたら、建家事情《たちやじじょう》理《り》を諭《さと》す。それまで建家《たちや》一条《じょう》、未《ま》だ〳〵早《はや》いとさしづして置《お》こう。世界理《せかいり》を集《あつ》めてぢばこれだけという処《ところ》、それは構《かま》わん。世界《せかい》十分《ぶん》なりたら、ぢばは十分出《ぶんで》けてあるのや〳〵。

さあ〳〵まあ〳〵十年《ねん》経《た》っても、未《ま》だ教祖建家《おやさまたちやな》無いとは更々《さら〳〵》思《おも》うな。心掛《こころが》けるまで親里《おやさと》という〳〵。親《おや》は子思《こおも》うは一《ひと》つの理《り》、子《こ》は親《おや》を思《おも》うは理《り》。この理《り》聞《き》き分《わ》け。何《なん》でもぢばという理《り》が集《あつ》まりて道《みち》という。親《おや》の内《うち》は地所《ぢしょ》さい拡《ひろ》がりたら十分《ぶん》。建家《たちや》住家《すみか》して居《お》りても、多《おお》くの子供《こども》戻《もど》るぢば無《の》うてはどむならん。


（大意）さあさあ、ほかの者たちはいつまでも仮家住まいではどうもならぬ。これだけのものと思わく定まったら、建築事情について諭してやろう。それまでは教祖住家に関する話はまだまだ早い。世間の者たちが、これがぢばかと、どのように言おうが、それは一向構わない。世間の者たちに、十分道の理が分かるようになった時には、ぢばはすでに成り立っている。だから十年経っても教祖殿が無いのか、というようなことはさらに思ってはならぬ。心に掛けておくがよい。

　親里と言っているのは、どこにその理があるか？　親は子供可愛《かわい》い一条から、何事につけても子供の成人を思うのがその心情である。子供はその親心を思い、親のためできるだけのことを運ぶのがその心情である。この理をよく聞き分けて、何でもぢばのおかげという真実が集まってこそこの道の姿である。親の思わくは地所さえ拡張できたらそれでよい。

年祭に際して多くの子供が帰ってくるのに、肝心なぢばが狭かったらどうもならんじゃないか。

教祖十年祭をお迎えするための準備の一つとして、教祖殿の新築についてお願いされたのでありますが、神意は、人々の親を思う真実は受け取られながら、教祖殿の新築は急ぐ必要はない、むしろ急がねばならぬことは、やしきの拡張であると明示されたのであります。すなわち十年祭には、いずれ全国津々浦々から大勢の子供たちが、親里ぢばを慕って帰ってくるにちがいなく、せっかく帰ってきた子供たちが、心身ともに寛《くつろ》ぐことができるように、その施設をこそ急いで掛からねば間に合わぬと仰せ出されたのであります。事実、そのためにはやしきが狭くては十分の準備もできるわけはなく、こちらの受け入れ態勢の不備によって、たとえ一人の子供にでも不足不満を与えるようなことがあっては、それでは親里とは言えないではないか、と喝破されているのです。その親心には誰か感銘を深くせずにいられましょうか！「多くの子供戻るぢば無うてはどむならん」のお言葉こそ、教祖年祭に仰ぐ親心であります。

お言葉中「めん〳〵の処、こうしたのにと言う」は、当時はおやしきに住み込んで勤めておられた方々の住居建築について話も持ち上がっており、それについてはお許しがありましたので、先生方は教祖殿の新築をさし控えてまで、自分たちの普請を先にしてはと気兼ねしたり、遠慮されたり、気を病んでおられたものと思案されるのであります。その心中を洞察されて、人々の心をなだめられながら、そんなことで気兼ね、遠慮したのでは、せっかくの親の思わくが反古《ほご》になるとお諭しくだされています。あるいはまた一面、信者の受け入れの準備として、主なる直属教会では信者の宿泊施設――信者詰所の建築を用意している所もありましたので、そのことに対して気兼ね、遠慮をする者もあったのかもしれません。

　とまれ、神意のお急《せ》き込みは、おやしきの拡張でありました。それは教祖五年祭に際してお示しくだされたことでもあり、その時すでにできる限りの地所を購入されてきたのでありますが、教勢のひとしお発展した十年祭には、さらに広い地所の必要をお示しくださったのであります。しかしながら教祖殿新築の念願また捨て難いものがあったと見え、あらためてお願いをされているのであります。

明治二十八年十一月十四日

教祖の御普請御許し願

さあ〳〵尋《たず》ねる処《ところ》〳〵、さあ事情諭《じじょうさと》そう。これ〳〵よう聞《き》き分《わ》け。もうこれ十年祭《ねんさい》十年祭《ねんさい》、十年祭《ねんさい》と思《おも》うも一《ひと》つの理思《りおも》わにゃなろうまい。よう聞《き》き分《わ》け。元《もと》という、どういうもの。元《もと》の普請出《ふしんで》けん。どういうもの。これが世界《せかい》の大道《おおみち》やで。先々《さき〳〵》育《そだ》て成人《せいじん》したら、どんな所《ところ》からどういう事出《ことで》けるやら知《し》れやせん。何《なん》にも分《わ》からせん。もう十分子供成人《ぶんこどもせいじん》したなら思《おも》うようになる。成人半《せいじんなか》ばで思案《しあん》という理出掛《りでか》けたらどうもならん。所々《ところ〳〵》成程《なるほど》の理治《りおさ》まりたら、一時《とき》に成《な》る成《な》らんとも言《い》わん。をやという、子供《こども》という、子供十分《こどもぶん》さしてをやが楽《たの》しむ。子《こ》が成人《せいじん》してをやが大切《たいせつ》、楽《たの》しみと楽《たの》しみと、という。世上治《せじょうおさ》まりの理《り》、十分《ぶん》の事《こと》が一時《とき》に治《おさ》まる。仮家々々《かりや〳〵》日々《にち〳〵》の理《り》に要《い》る。どうしてこうして不足《ふそく》とも言《い》わん、思《おも》わせんで。世界子供成人《せかいこどもせいじん》を待《ま》ち兼《か》ねる。案《あん》じも無《な》きいつの間《ま》になったというようになる。内々《うち〳〵》の処《ところ》どうでもこうでも、地所《ぢしょ》集《あつ》め掛《か》けたる処《ところ》、大抵々々《たいてい〳〵》もう少《すこ》しの処《ところ》、直《じ》きに集《あつ》めさして了《しま》う〳〵。又一《またひと》つ皆《み》んな存命中《ぞんめいちゅう》の建家《たちや》、風呂《ふろ》もそのまゝ、便所《べんじょ》もそのまゝ。日々《にち〳〵》守《もり》を付《つ》けて居《い》る処《ところ》、存命《ぞんめい》も同《おな》じ事《こと》やで。又内々《またうち〳〵》働《はたら》き居《い》る者《もの》だけ、仮家々々《かりや〳〵》建《た》て掛《か》けるがよい。許《ゆる》し置《お》くで許《ゆる》し置《お》くで。

（大意）教祖殿建築について、あらためて願い出ているが、その事情についてはあらためて諭しておくから、とくと聞き分けてもらいたい。もう十年祭が目前に迫って、この十年祭にはどうでも教祖殿を新築したいと思わずにはいられないお前たちの気持ちはよく分かっている。しかしよく聞き分けるがよい。

　親というものはどういうものか。親の普請ができぬとはどうしたことかと気を病んでいるようだが、この際、親の普請を後回しにしたという親心あってこそ、この道がやがて世界たすけの大道となる所以《ゆえん》である。先々の子供たちを育て上げ、成人してくれたなら、どんな方法でどんなに大きなことが成り立つものか知れやせん。この親心が少しも分からんとは情けない。子供さえ十分に成人してくれたなら、思うようにできてくるもの。成人の途中で迷い心や疑い心を出すようなことになったら、どうにもならんことになるだけである。あちらでもこちらでも、親の思わくをなるほどと納得してくれるようになれば、教祖殿などは一時に出来上がってしまうであろう。だいたい、親といい子供という間柄は、子供に十分満足を与えるのが親の楽しみであり、子供は成人した上で親の思いに報いるのが子供としての楽しみなのである。そうあってこそ、互いに楽しみ合える世界となるであろう。世間の人々になるほどなあという心が治まるなら、立派なことがその場で成り立ってしまう。今日自分は仮家に住んでいるが、日々何不足なく通っているのだ。どこから見られても、どうしてこうして少しも不足など言わないし、不足とも思ってはいない。ただ世界の子供たちが、早く親の思わくが分かってくれるよう、その成人を待ち兼ねている。子供さえ成人すれば何の不安もなく、いつの間にできたのだろうと思われるようにできてくる。

やしき内のところは、どうでもこうでも地所を拡張しようと手掛けた所は、大抵買い取ったが、もう少し残っている所もじきに買い取ってしまう。また、やしき内に残っている教祖在世中からの建物――風呂もそのまま、便所もそのままにしておくがいい。日々当番を付けている所もそのままにしておけ。それが存命同様の姿である。また、やしき内に働いている者の建家だけは、早く建てかけたらよい。その方は許しておく。

押して願

未《ま》だ不都合《ふつごう》やで〱。よう聞《き》き分《わ》け。どういうもの。十年祭《ねんさい》が切《き》りやという心《こころ》、どうもならんで〱。

（**大意**）教祖殿の建築だけは、まだ不都合である。よく聞き分けるがよい。この道が、この十年祭でおしまいにでもなるような考え方をしているのは、いったいどうしたわけか？そんな考え方をしていてはどうもならん。

押して、教長御普請願

仮家々々《かりや〱》、仮家《かりや》に掛《か》かりて仮家《かりや》の心《こころ》を以《もつ》てするがよい〳〵。仮家々々《かりや〱》、その日《ひ》〳〵に要《い》るものや。よう聞《き》き分《わ》けてくれ〳〵。

（**大意**）仮家として、仮家として取り掛かり、仮家を建てる心でするがよい。大層なことは要らん。仮家仮家、つまりその日の暮らしに事欠かぬ程度にするのである。

あらためてのお願いに対して、神意もまた、あらためて明確にお示しくださったのであります。十年祭に「元の普請」ができないということで、人々が気を病む点を指摘され、その気持ちはまるで「十年祭が切りや」という考え方だと叱咤《しった》され、親が自分の普請は後回しにして、子供のために心を配っているからこそ、そこに「世界の大道」が開けてゆくのだと諭されたのであります。

親の普請というものは、親からとやかく言わずとも、子供さえ成人したならば、いつ、どこから、こんな立派なものができたのか、というようにできてくると、先々の楽しみさえ明示されて、どうでも帰ってくる子供たちが、「やれ親里や、結構や、ありがたや」と手足を伸ばし、信仰の喜びの中に寛《くつろ》げるように取り計らえと繰り返し仰せられたのであります。親と子が、共に楽しみ合える陽気ぐらしの実相について、言葉やさしくお諭しくださったおさしづとして、このおさしづこそ今後の御年祭ごとに拝読玩味《がんみ》せねばならないものと拝するでありましょう。

明治二十八年十二月二日

来年教祖十年祭に付、多人数参集するに付、教祖仮殿を裏の地所へ設け、当日教祖は御出張りを願い祭式執行致し度き願

さあ〳〵尋《たず》ねる事情《じじょう》〳〵、さあ〳〵前々《ぜん〳〵》から尋《たず》ねる事情《じじょう》皆《みな》諭《さと》したる。多《おお》くの人戻《ひともど》る〳〵、広《ひろ》く地所要《ちしょい》る、と諭《さと》したる。どれだけありても未《ま》だ狭《せま》い、と諭《さと》したる。未《ま》だこんなこっちゃない〳〵、前々《ぜん〳〵》諭《さと》したる。地所《ちしょ》は遅《おそ》なりたる。何程大《なにほどおお》き成《な》るとも分《わ》からん。扱《あつか》い地所《ちしょ》に求《もと》めさしたる。取扱《とりあつか》いは万事扱《ばんじあつか》い地所《ちしょ》、こうしたらよかろ、あしたらよかろ、万事集《ばんじあつ》まる地所《ちしょ》という中《なか》に、事情扱《じじょうあつか》えばこうしたらよかろ、どうしたらよかろ、皆々《みな〳〵》の談示精神一《だんじせいしんひと》つの理《り》に万事委《ばんじまか》せ置《お》こう。

（**大意**）尋ね出た事情については、前から尋ねてきた事情の中にすべて諭してある。この

たびの十年祭には、多くの子供たちが親里へ帰ってくる。その多くの子供たちが一様にやしきの地が踏めたと喜び合えるようにするためには、なかなか広い場所が必要である。どれだけあってもやしきは狭いのだ、と諭してある通りである。まだ、こんなことでは間に合わんのである。この点は前々から諭してあるように、地所拡張については時がすでに遅れている。事実、やしきはどんなに大きなるか分かるもんじゃない。だから、地所はその取扱人に探させている。取扱人たる者はすべて、これと思われる地所については、ああしたらよかろうか、こうしたらよかろうかと心迷うであろうが、事実、必要な地所はご守護いただけるという真実をもって事に当たるならば、こうしたらよかろうか、どうしたらよかろうかという具体的な事項も、皆の談じ合う精神に任せておいてやろう。

いよいよ明治二十八年も押し詰まった上から十年祭祭式の場所についてお伺いをされておりますが、おさしづの要旨はお伺いの事項には直接関連したお話ではなく、ここにおいても地所について念を押してお話しされているやに拝します。せっかく教祖仮殿を設けられても、その周囲が手狭であっては、大勢の子供たちに十分満足を与えることはできぬ所以を強調されているのであります。地所さえ広ければ、一人でも多くの子供たちが、やしきの土を踏めたと喜べるにちがいなく、親の思わくは祭場や祭式がどうあろうとも、この子供たちの喜ぶ姿こそ望ましいとの親心をお示しくださったものと拝せましょう。

お言葉中「扱い」「取扱い」とは、当時地所購入の実務に従っていた人々、つまり、地所購入係といった役割の人々のことを言われたものと思考しました。すなわち親神様は一々どこの地所をこうせい、ああせいとのおさしづはなさらず、万事その人たちの真実の談じ合いにお任せくださっている点は、これまた、年祭活動に従事する係員の人たちのあり方について明示されたものとして、年祭ごとに心から味わわねばならぬものと思案するのであります。

以上三件のおさしづを拝しましたが、親里へ帰り来る子供たちのために、親神様が親として、どのように温かい親心をもってお臨みくださったかに思い当たるのであります。この親心は今日なおも、些《いささ》かの変わりもなくお示しくだされていることを思わねばなりません。すなわちこの親心によって、やしきは年祭ごとに拡張されてきましたし、同時に、子供たちを十分満足さしてやりたいとの親里の施設も、年祭ごとに増設されてきたのであります。事実、それらの施設を増設するためには、それに必要なる地所を求めることが先決問題となることは言うまでもありません。また、親里における施設の意義も、ここに明確にお示しくだされているのであります。

十年祭における特性は、元のふしんは後回しにされて、信者たちのために、その寛《くつろ》ぎの場として信者詰所が設備されたということであります。『稿本中山眞之亮伝』の中には、次のように記してあります。

「……教祖殿の普請はお許しにならない。そして子供大切との思召《おぼしめし》により、帰って来る子供を受け入れる詰所、即ち、当時、事務所と呼んだものが、次々と建てられた。

開筵式《かいえんしき》、五年祭、御改葬と、多くの信者の帰参に、近村の民家を借り廻《まわ》った苦い経験の当然の産物とも思えるが、これをお許しになった親神様の親心には、可愛《かわ》いゝ子供に満足させてやりたいとの暖い思いが溢れて居る。この時事務所を新築したのは、郡山、兵神、船場、北、河原町、山名、高安、中河の八分教会である。外に高知と南海は、広い仮小屋を用意した」（201ページ）

この中でも、郡山分教会事務所は堂々たる建物を建築し、その威容が中空に聳《そび》えて望まれたため、初めて親里へ帰る信者たちの中には、それを教会本部と間違えて、そこを拝んで引き返す者もあったとは、今日も残されている古老の一口話であります。

爾来《じらい》、信者詰所は各直属教会がそれぞれ建築していきましたから、親里の周辺はこれらの信者詰所で埋められましたが、昭和三十一年に迎えた教祖七十年祭をふしとして親里を飾り始めたのが「おやさとやかた」の建築であります。

将来は、かんろだいのぢばを中心として、八町四方を取り囲むべきこの「おやさとやかた」の宏壮な建物も、親里における施設の一つとして、すべて帰参する子供たちに十分な満足を与えるものであることは言うまでもありません。殊に昭和四十一年に執り行われました教祖八十年祭に際し、存命の教祖にご覧いただきました全教の成人の姿としての「おやさとやかた」西右第二棟・三棟は、世界から見ますと立派な一大病院と、その名実を共に備えたものですが、「憩《いこい》の家」と命名されましたように、親里へ帰った病める人たちのための施設なのであります。これまではそれだけの施設が無かったので、連れて帰りたくても連れて帰れなかった病人を、安心して連れて帰れるようにとの親心の姿とも言えましょう。つまり病人さんを連れて帰るのは、あくまでも親里ぢばなのでありますが、このたびは病人本人はもとより、連れて帰る人も共に安心でき、満足するようにと優秀な医療施設を設けてくださったのであります。言い換えますと、このたびは新たに親の家に立派な病室ができたようなもので、連れ帰った病人は、その病室で安心して医療の手当てを受けながら、心の成人に努めることができるようになったのであります。まことに親里ならでは見られぬ素晴らしい施設であると言わねばならず、これからは安心して病人の親里帰りができるようになったのであります。

「子供十分さしてをやが楽しむ」と仰せられた親心を、しみじみと感じずにはいられません。

第六節　年祭執行の具体案

こうして明治二十八年も暮れようとするころ、教祖十年祭を二カ月後に控えて、まことに気忙しい思いに駆られながらも、年祭執行に関する諸般につき、その具体案に関するお願いを拝するに至りました。

それはまず、前節でも触れましたように、教祖十年祭には全国津々浦々から大勢の信者が帰参することが予想されましたので、その一人でも多く祭典に列席せしめたいとの親心から、教祖仮殿を設けたいということでありました。そのために、教祖殿の新築まで延期され、極力おやしきの拡張を強調されてきたわけでありますが、親神様のお目からしますと、地所は買い求めておやしきの拡張は見ましたものの、まだまだ狭くて十分なものではなかったのであります。その点は、教祖殿新築のお願いをなさった時、すでにはっきりとお示しくださった神意であったのであります。はるばる帰ってくる大勢の子供たち全部の者に、十分満足させねばならぬ上から、おやしきはできる限り広くすべきであるとは、「前々諭したる」と仰せになっているところ、それが「地所は遅なりたる」結果になってしまったのであります。親心のもどかしさをはっきりとお示しくだされていることは、まことに恐れ入ったことであります。ですから、拡張した裏の空き地に教祖仮殿を設けて、そこへ教祖にお移り願い、その御前で祭式を執り行いたいという願いについては、「皆々の談示精神一つの理に万事委せ置こう」と仰せられたのであります。

次いで人々の胸におのずから湧《わ》いたのが、祭式に引き続くかぐらづとめも、できれば広い場所で勤めさせていただき、大勢の者たちに拝ませてやりたいという念願でありました。かぐらづとめを直接拝むことができれば、信者としてこれ以上の喜びはなかったからでありますが、元々かぐらづとめは「ぢば一つに限る」（明治22・3・31）とお聞かせいただいたことでありましたから、その念願はお聞き入れくださるまいとは思いながらも、十年祭という特別な場合でありますので、あるいはお許しくださるかもしれないと考えられたのかもしれません。次のようにそれとなく伺われたように見受けるのであります。

明治二十八年十二月十六日

十年祭かぐらづとめは、かんろだいにて致しますや伺

さあ／＼尋《たず》ねる処《ところ》／＼、元々《もと／＼》一《ひと》つ掛《か》かり掛《か》けたる所《ところ》がある。所《ところ》が変《か》えてこうという。

広《ひろ》くと思《おも》う処《ところ》、一《ひと》つ始《はじ》め掛《か》けたる所《ところ》がある。皆《み》んなそれ〳〵分《わ》からんながらの話《はなし》伝《つた》えたる。あちらも一寸《ちよつと》聞《き》き分《わ》け、こちらも聞《き》き分《わ》け。よう〳〵の理《り》に成《な》り掛《か》けたる。結構《けつこう》やなあと言《い》う。よう〳〵出《で》け掛《か》けただけ所《ところ》を変《か》えてこうという処始《ところはじ》め掛《か》け。元《もと》元芯《もとしん》という理《り》は変《か》える事出来《ことでき》ん。広《ひろ》い所《ところ》でしたら、と思《おも》うは理《り》なれど、元《もと》〳〵狭《せま》い所《ところ》より始《はじ》まりた。十年《ねん》祭《さい》と言《い》えば、仕舞《しまい》のように思《おも》う。未《ま》だ〳〵掛《か》かり、広《ひろ》い所一寸《ところちよつと》拵《こしら》えた。同《おな》じやしきと言《い》えば満足《まんぞく》するやろ。

（**大意**）さあ尋ね出た件については、元々始めかけた所がある。このたびその所を変えてかぐらづとめをしようと言うているが、なるほど広い所で勤めたい気持ちはよく分かる。しかしこの道には、元始めかけたぢばという所があるぞ。皆もそれぞれその理を分からぬながらも人には伝えてきている。あちらの者もこちらの者もよく聞き分けてもらいたい。

道も漸《ようや》く今日の隆昌を見るに至った。皆結構なことと言っているが、事実漸く成り立ったところである。その元の場所を変えて勤めようと考えているが、つとめは元の場所ぢばで掛かるがよい。元々の芯《しん》の場所は変えられない。お前たちが広い場所を望むのは当然だが、元々狭い所から始めかけた道である。十年祭と言えば道の終わりとでも思っているのか。道はまだまだ始めかけたところであるぞ。このたびは広い場所を拵《こしら》えたが、そこも同じやしきであると言えば、来た者はみな満足してくれるだろう。

押して、祭式だけ北裏空地にて行う事

さあ〳〵それは構《かま》わん〳〵。一《ひと》つの芯《しん》の理《り》にかゝわらん。身分相応《みぶんそうおう》の理《り》もあるやろ。それは構《かま》わん。

（大意）それは差し支えはない。直接芯には関係がないことである。また、今日の道としては、力相当のことをせねばなるまいから、祭典をするのは構わない。

同時、本部十年祭より一箇月あとにて各分支教会十年祭行う事

さあ〳〵それはもうこれ話《はなし》の通《とお》り理《り》である。身分相応《みぶんそうおう》と言《い》うたる理《り》で分《わ》かるやろ。何処其処《どこそこ》はどうしたさかいにどうせんならん、と思《おも》わんよう、言《い》わんよう。治《おさ》まる処真《ところしん》の理《り》だけ受《う》け取《と》る。

（大意）それはもはや言うまでもないことである。それぞれ力相当の勤めをするということで分かるであろう。どこそこではどうしたから、こちらでもそうせねばならぬとは思わぬよう。また、言わぬよう。皆の心が治まることなら、その真実の心だけ受け取ってやろう。

かぐらづとめは親神様の十全のご守護を発動くださる本教根本のつとめであり、たとえおやしき内においても、ぢばを離れては勤められないのであります。お言葉の「元々一つ掛かり掛けたる所」また「一つ始め掛けたる所」とは、人間世界をお創《はじ》めくださった元初まりの場、すなわち、かんろだいのぢばを指されているのであります。また「所を変えてこうという処」も、変えようと思っている場所、すなわちぢばと拝するのであります。親神様はあくまでも、かぐらづとめはぢばを芯として勤めねばならぬことを強調され、ぢばの理の尊厳さを明らかにされたのであります。

そこで、せっかく用意した北裏の広場では、十年祭祭式だけでも執り行わせていただきたいと、押して願われたのでありますが、祭式は直接ぢばと関係ない儀式であるから、それは一向差し支えないし、今日の道の力量相当の祭式とせねばなるまいと仰せられているのであります。さらに部下分支教会における十年祭執行の件も、この時併せてお伺いされたのでしたが、これも「身分相応の理」にお許しくださっております。殊に、人間思案に走らぬよう戒められて、「何処其処はどうしたさかいにどうせんならん、と思わんよう」と諭されておりますことは、今日においても心得べき事柄であります。

こうしてまことに多事多端な明治二十八年は暮れ、二十九年を迎えましたが、いよいよ目前に迫った教祖十年祭の準備には一層拍車がかけられました。

明治二十九年二月四日

来年教祖十年祭に付御居間の処存命の通り火鉢なり其他つくらい致し度きに付願

さあ〳〵尋《たず》ぬる事情《じじょう》〳〵、尋《たず》ねにゃなろうまい〳〵。存命《ぞんめい》々々と言《い》うであろう。存《ぞん》命《めい》でありゃこそ日々《にち〳〵》働《はたら》きという。働《はたら》き一《ひと》つありゃこそ又一《またひと》つ道《みち》という。存命一《ぞんめいひと》つとんと計《はか》り難《がた》ない道《みち》なれど、又日々《またにち〳〵》世界映《せかいうつ》す事情聞《じじょうき》き分《わ》け。尋《たず》ね掛《か》けば諭《さと》す。どんな事《こと》も諭《さと》さにゃならん。まあ今日《きょう》はこれで治《おさ》めて置《お》け。又後々《またあと〳〵》十分話伝《ぶんはなしつた》えるによって。

（**大意**）尋ね出た件は当然尋ね出ねばなるまい。教祖存命とは口でこそ言うているが、教祖存命であればこそ、日々どんな働きも見せている。その働きがあればこそ、この道も続いている。まことこの存命の理というものはなかなか計り難いものであるが、日々世間の姿を映し出していることをよく聞き分けてもらいたい。尋ねかければ諭してやる。どのようなことも諭さねばならぬが、まあ今日はこの辺で分かってもらいたい。いずれまた後々から十分に話もしてやるほどに。

件名に「来年」とありますのは、この日が陰暦明治二十八年十二月二十二日に当たるからであります。お話は、直接お伺い申した件についてのご指示は拝しませんが、教祖存命の理について、それがこの道の台である所以《ゆえん》を強調されております。従って事細かい具体的なお伺いの件については、存命の理が治まるなら、皆の心通りにお任せくださっていることと拝するのであります。件名の「つくらい」は修繕することと解すべきで、御居間の様子は、できる限りご在世当時の姿を残しておかれたものと拝するのであります。

かくていよいよ十年祭の式場とすべき教祖仮殿についてのお伺いとなりました。

明治二十九年二月十八日

教祖十年祭に付仮屋二十間に二十五間の願

さあ〱尋《たず》ねる事情《じじょう》〱、もう程無《ほどの》う日柄《ひがら》の処《ところ》も追々《おいおい》の事情《じじょう》になりたる。まあ仮家《かりや》という、一寸《ちょっと》の事情《じじょう》仮家《かりや》々々《〱》。仮家一《かりやひと》つとすればなか〱大層《たいそう》。あちらもこちらもすれば事易《ことやす》く出来《でき》る。治《おさ》まる。思《おも》い立《た》ったる処大層大《ところたいそうおお》きな事《こと》は随分大層《ずいぶんたいそう》でなろまい。まああちらへこちらへという事情《じじょう》にすれば、事易《ことやす》い事情《じじょう》にしてくれ。皆《み》んな真《ま》っこと思《おも》い過《す》ぎて大層《たいそう》になりてならん。建家《たちや》でさえ仮家《かりや》と言《い》うたる。未《ま》だほんの仮家《かりや》の仮家《かりや》、これからこれという縄張《なわば》りでもよい〱。よぎせん事情《じじょう》はせにゃならん。大《たい》望《もう》は受《う》け取《と》り難《に》くい、何《なに》するも仮家《かりや》、未《ま》だ〳〵仮家《かりや》、一棟《ひとむね》に一《ひと》つにすれば大層《たいそう》であろ。あれからあれと印《しるし》打《う》て。縄張《なわば》りでもよい。又天災雨思《またてんさいあめおも》う処《ところ》これは受《う》け取《と》る。大《おお》きい事《こと》したさかいにどういう事《こと》は無《な》い。随分《ずいぶん》これまで話通《はなしどお》り、仮家《かりや》々々《〳〵》縄張《なわば》りでも仮家《かりや》。天災思《てんさいおも》うなら、あちらこちら一《ひと》つ治《おさ》めてくれ。どうせいこうせい堅《かた》くさしづ無《な》い程《ほど》に。その心持《こころも》って掛《か》かりてくれるよう。

（**大意**）尋ね出た件については、十年祭ももはや追い迫ってきた。まあ建てるなら仮家でよい、ちょっとした仮家でよい。その仮家も一棟とすると大層なものだから、あちらに一つ、こちらに一つとすれば、しやすいこととなる。それなら治まる。お前たちが思いつくような大きなものでは、大層なことでなろうまい。まああちらへ一つ、こちらへ一つというようにすれば、容易なことになろうから、そのようにしてもらいたい。皆あまりに思い過ぎて大層になっては困る。

教祖の住居でさえ仮家と言ってある。それもまだほんの仮家でよいのだ。これからこれと縄張りで示してもよい。必要なことはせねばならないが、大げさなことは受け取りにくい。何するにも仮家、まだまだ仮家でよい。それも一棟に纏《まと》めようとすると大層なことになるから、あれからあれと印を打って、縄張りだけでもよい。なるほど天災や雨降りを考慮する気持ちは受け取るが、何も大きいことをしたからと言って、どうということはないのだ。これまでも話をした通り仮家でよい。縄張りでも仮家となる。天災を思うなら、あちらこちらに建て分けることを心得てもらいたい。神としてはどうせい、こうせいと堅苦しいさしづはしないから、その心を持って取り掛かってくれ。

押して

さあ／＼成《な》るよう／＼軽《かる》く／＼、とかく軽《かる》くして、そうして皆《み》んな一《ひと》つの心《こころ》を治《おさ》めたい／＼。その日《ひ》／＼の心《こころ》だけではどうもならん。将来《しょうらい》の心《こころ》を治《おさ》めてくれ。世《せ》上《じょう》一《ひと》つの理《り》がある、世界《せかい》いかなる事情《じじょう》、前《ぜん》々／＼より知《し》らしたる。その日《ひ》が来《く》る。心《こころ》の理《り》を繋《つな》いでくれ。さあと言《い》うたらさあ。順序《じゅんじょ》治《おさ》めてくれ。何《なん》ぼ賢《かしこ》うても人間《にんげん》思《し》やんはその場《ば》だけより治《おさ》まらん。とかく一《ひと》つの心《こころ》で成程《なるほど》という。あちらの事情《じじょう》こちらの事情《じじょう》はどうもむさくろしてならん。

（**大意**）さあ、できる範囲で軽く扱ってくれ。ともかく軽いものとして、皆の心だけしっかり一つに治めたいものである。その日だけの心だけではどうもならぬ。将来変わらぬ心を治めてくれ。世間も注目をしているし、また世の情勢がどんなものか、前々から知らせてある。世間から言うてくる日も来るだろうから、しっかり心を繋《つな》いでもらいたい。さあと言うたらさあと神が守護するから、万事神の言うことに従うと心を治めてくれ。いくら賢くても人間考えは、その場だけしか治まるものではない。一つ心に治まってこそ、なるほどということになる。あちらでぼやき、こちらで文句を言うようでは、まことにむさくるしくてならぬことだ。

教祖十年祭は、誰《だれ》でも盛大に勤めさせていただきたいと思って、その祭場も大きなものが望ましく、実に二十間に二十五間の計画が立てられたのであります。これに対する神意は、教祖自身のお住まいさえほんの仮家であるのに、一時の祭場としてそのような大げさなことは要らぬと仰せられ、あくまでも仮家として考えるようにお諭しくだされています。極端に言えば、縄張りをしただけでも仮家として使用できるとまで仰せになっており、それも一棟建てにしようとすれば勢い大きなものになるから、用途によって二棟ないし三棟と分けるようにすれば、小さなもので事足りるとまでお話しくださっているのであります。

というのも、世間の目はうるさくて、それも戦後の緊縮した社会情勢の上から、あまり派手に流れては、どのような風説が流れてくるかもしれないから、その時になって慌てるよりも、一同の心を堅固なものに繋ぎ合わせるよう諭されたのであります。事実、とかくの風説が近来とみに流れている実情を、洞察されてのお諭しであったのであります。

かくていよいよ教祖十年祭が目睫《もくしょう》の間に迫り、まだ確定を見ずにいた年祭の日取りについて神意を伺っておられることが目立ちます。それもいろいろと協議を重ねられた上で、五年前の教祖五年祭の場合の記録などもよく照合されて、十年祭も五年祭の場合と同様、三日間にわたって勤めたいこと、その三日間を陰暦正月二十五、六、七日とするか、陰暦正月二十六、七、八日とするか、と甲論乙駁《こうろんおつばく》が行われたかに見えるのであります。つまり正月二十六日を中に挟むか、その日より始めるかが問題となったようであります。

明治二十九年二月二十九日（陰暦正月十六日）

教祖十年祭の事に付、日取りは二十五六の積りの処、五年祭は二十六七八の三日間に有之に付如何にさして頂きまして宜しきや伺

さあ〳〵尋《たず》ねる処《ところ》〳〵、まあ一日《にち》の日《ひ》を以《もつ》て〳〵、万事《ばんじ》の事《こと》に一《ひと》つの理《り》を諭《さと》そう。まあ二十六日《にち》という、六七八という、又一《またひと》つには五六七という。一《ひと》つの理《り》がある。これまでの定《さだ》まった理《り》に変《か》わらんようにするがよかろう。

（大意）さて尋ね出た年祭日取りについては、二十六日という一日の日の理を通して、万事取り扱いの順序の理を諭しておこう。二十六日という、二十六、七、八の三日間という。また一つには二十五、六、七の三日間勤めた例もあるというが、いずれもそこにはそれだけの意義があってのことである。いずれにしても一向差し支えはないことであるが、これまで定めてきたことは変わらぬようにするがよい。

二十六七八の三日にさして頂きます

さあ〳〵まあ前以《ぜんもつ》て事情《じじょう》、事安《ことやす》く治《おさ》まり又《また》五年経《ねんた》つ。変《か》わらんように、いつ〳〵までも変《か》わらんよう。この理《り》を一《ひと》つ諭《さと》し置《お》く。

（大意）なるほど五年祭の場合は、二十六、七、八の三日間、無事に勤めることができたが……といって、そうせねばならぬことはない。要はこれまで通り定めてきた理を曲げぬようにせねばならぬ。

二十六日の日に大祭勤めさして頂きますや願

さあ〳〵何《なに》もこれ御殿《ごてん》を持《も》って出《で》る、社《やしろ》を出《だ》すのやない。心《こころ》を遷《うつ》すのや。どんな事《こと》すれども、心《こころ》は皆《み》んなそれへ遷《うつ》りてある〳〵。

（大意）その通りだが、といって何も御殿を持って出る、社を出すというわけではない。心を遷《うつ》すのである。どんなことをしたとしても、そこに各自の心を遷すのである。

式場

さあ〳〵大望《たいもう》な事《こと》やない。もう一日《にち》の事情《じじょう》で十分《ぶん》である。何《なん》ぼ返《か》やしたとて同《おな》じ事《こと》。

（大意）式場については大げさな構えは要らぬ。一日の用に耐えればそれでよい。何回繰り返しても同じことである。

二十七日一日だけ式場で勤める事

さあ〳〵六日《にち》はこれ存命《ぞんめい》からつとめをして居《い》る。二十七日《にち》々々々々、皆《み》んな心《こころ》を合《あ》わせにゃならんで〳〵。これ一寸《ちょっと》諭《さと》し置《お》こう。皆《み》んなしっかりと〳〵。

（大意）さてよく聞き分けるがよい。月々二十六日は教祖在世中よりつとめを勤めてきている大切な日柄である。年祭を別にするなら二十七日がよい。皆その心を合わせてくれねばならんぞ。この点をちょっとさしづしておくから、皆しっかり心を治めてもらいたい。

十年祭の日取りについては、五年祭がこうであったから、そうせねばならぬというようなことはないと諭され、その期間内に二十六日という日を加える場合には、その二十六日という日はどんな日柄であるか、従って二十六日は何を勤むべきかについて、だんだんとお諭しくださったのであります。お言葉中「これまでの定まった理」とは、後段で仰せられた通り、教祖ご在世中から、毎月二十六日は元初まりに由縁ある日柄として、つとめをお急《せ》き込みになってきた理合いが思案されるのであります。ですから二十六日という日は、たすけ一条のお急き込みの上から当然つとめをなさねばならぬ、すなわち、大祭を執り行うべき日であるわけであります。

　ところで、人々の間にはなお釈然としないものがあったのでしょう。同日夕刻、再びおさしづを拝しているのであります。それは五年祭における記録と、相違するところがあったからのようであります。人々の気持ちとしては、非常に盛大に行われた五年祭の記憶はなお新たなるものがあり、十年祭もまた五年祭同様の順序形式をもって行わせてもらうべきであるという考え方が強かったのかもしれません。

明治二十九年二月二十九日（陰暦正月十六日）夕方

今日昼のおさしづは二十七日に十年祭というさしづの処、五年祭の日記を調べたれば、二十六

日は五年祭、二十七日は大祭執行の事に記してありましたから、如何にして勤めまして宜しき
や伺

さあ〳〵尋《たず》ね返《か》やさにゃなろまい〳〵。分《わ》かろまい〳〵。さあ〳〵これまあ〳〵、今《いま》の処《ところ》変《か》わらんようと言《い》うて話《はな》したる。二十六日《にち》々々々々というは今《いま》の今《いま》には変《か》わろまい。十年祭《ねんさい》月々《つき〴〵》大祭《だいさい》々々〳〵、これ一《ひと》つ聞《き》いて理《り》を治《おさ》めて居《い》る処《ところ》、今《いま》の処《ところ》一《ひと》つの理《り》に集《あつ》めるというは分《わ》からんから、諭《さと》したる。月々《つき〴〵》二十六日《にち》として月次祭《つきなみさい》もあれば大《だい》祭《さい》もある。一日《にち》あいを空《あ》けて十年祭《ねんさい》と言《い》うてさしづしたる処《ところ》分《わ》かろうまい。二十六日《にち》という、月々《つき〴〵》理《り》と理《り》とをあらためて、事情《じじょう》のあったのは生涯《しょうがい》の理《り》。よう聞《き》き分《わ》け。又《また》一《ひと》つ二十六日《にち》というは、始《はじ》めた理《り》と治《おさ》まりた理《り》と、理《り》は一《ひと》つである。後先《あとさき》二十七日《にち》と又《また》一《ひと》つの理《り》を諭《さと》したるは、二十六日《にち》は年々《ねん〳〵》の大祭《だいさい》として、前々《まえ〳〵》変《か》わらんと言《い》うたるは分《わ》かろうまい。五年祭《ねんさい》の理《り》と、十年祭《ねんさい》の理《り》とはなか〳〵の理《り》。さあ〳〵二十六日《にち》は夜《よる》に出《で》て昼《ひる》に治《おさ》まりた理《り》。十年祭《ねんさい》は後《あと》でも先《さき》でもだんない〳〵。いずれも一《ひと》つの理《り》に治《おさ》まりて了《しま》うのやで。分《わ》かりたやろ〳〵。

（大意）なるほどそれは尋ね返さねばなるまい。なかなか分かりにくい問題である。当分のところ定まってきた理は変わらんようにと言ってきたのだ。第一、二十六日という日柄は、今さら変わるべきものではない。十年祭といい、月々の月次祭または大祭と、いろいろ祭典は勤めねばならないが、それぞれその理を治めてある。それをこの際、一つの事柄のように取り扱うというのは、その根本の理が分からんからで、分からんから諭してきた。

月々の二十六日には、月次祭も勤めれば大祭も勤めている。一日間を置いて十年祭を勤めると諭した意味は、おそらく分からぬであろう。二十六日という日柄には、月々その理をあらためていろいろと事情を見せてきたのは、生涯末代の勤め方を示したもの、よく聞き分けてもらいたい。また二十六日という日柄は、神がこの世に現れ出た理と、教祖がその現身《うつしみ》をかくした理と、全く同じである。その前後二十七日と、また二十五日の理は別な理を諭したものである。なかんずく正月二十六日は、年々の大祭として勤めてこそ従来勤めてきた理と変わらんと諭してきたのだが、それがはっきり分からんのであろう。

もとより五年祭の理と十年祭の理とは、なかなか重大な理ではあるが、二十六日は世界一れつをたすけるために神が夜に出たこと、さらに世界一れつをたすけるために教祖の身を昼かくしたという最大最高の理があることを思わねばならない。だから十年祭は後でも先でも一向差し支えない。どちらにしても神の思わく通りに治まってしまうのである。これで分かったであろう。

押して、鉄道会社より新聞紙へ広告せし事情もありますから、十年祭を二十五日に勤めさして頂きても宜しう御座りますや

さあ〳〵尋《たず》ねる処《ところ》〳〵、それ尋《たず》ねゝばなろまい。それやから後《あと》でも先《さき》でもだんない。夜《よる》に出《で》て昼《ひる》に治《おさ》まる。これ台《だい》であるから、これ一《ひと》つ諭《さと》し置《お》こう。

（**大意**）尋ね出た件、当然尋ね出ねばなるまい。そういうこともあろうから、後でも先でも一向差し支えない。夜に出て昼に治まった理をしっかり立てたらよい。これが一切の台である。この点諭しておく。

又押して

さあ〳〵尋《たず》ねる処《ところ》〳〵、前以《まえもつ》て尋《たず》ねさえすれば事情《じじょう》は無《な》い。後々《あと〳〵》の事情《じじょう》は前後《ぜんご》するからどんならん。そこで先《さき》に尋《たず》ね出《で》ようと言《い》うたる。世界運《せかいはこ》んだる事情《じじょう》あろうから、後《あと》やからどう先《さき》やからどう、どうしたのがいかんと言《い》うのやない。子供《こども》のした事《こと》やから、どんな事《こと》したからいかんと言《い》うのやない。いかんとは言《い》わん。とかく心《こころ》の理《り》を合《あ》わせて通《とお》りてくれば受《う》け取《と》る。これ一《ひと》つ諭《さと》し置《お》く。

（大意）また尋ね出たが、前もって尋ねてさえおけば、何の不都合もないことだ。後々いろいろな事柄が前後するから、どうもならなくなる。そこで前々から尋ね出るように言ってあるじゃないか。世間に対していろいろと交渉も進めてあるだろうから、どれが後だからどう、先だからどう、どうしたのがいかんと言うのではない。どんなことも子供のしたことだから、どんなことをしたからいかんと言うてはいない。よろしく皆心一つに得心して通ってくれるなら、どうなろうと受け取ってやる。この点も諭しておく。

当日出張警官の小屋掛五箇所願

さあ〳〵尋《たず》ねる処《ところ》〳〵、そういう事《こと》は、どうがよかろうこうがよかろうという談示《だんじ》の理《り》に委《まか》せ置《お》こう。

（大意）尋ね出た件については、どうがよかろう、こうがよかろうとは言わん。万事お前たちの話し合いの決に任せておこう。

神意は明らかに、十年祭の日取りは銘々の談じ合いの上なら二十六日の前後いずれになっても構わないとされ、要は二十六日という一日の日の日柄をよく治めねばならぬとお諭しくださっています。この点について『稿本中山眞之亮伝』の中には、次のように明快に記されております。

「二十六日という一日の日の理について、懇々とお諭し下された。神は幽冥《ゆうめい》であると言うて居たが、元なる親神様が、教祖のお身体をやしろとして、初めてこの世の表にお現われ下された理と、月日の心が、教祖のお身体から、やしろの扉を開いて、広い世界をろくぢに均らすべく踏み出し給うた理とは、一つの理であると、諭された」

（207～208ページ）

すなわち、これに基づいて二十六日は大祭を執行されねばならぬことが明確になったわけであります。そこで十年祭は、鉄道会社との契約もあり、新聞紙上に発表する必要もあって、つまり「世界運んだる事情」もあるから、二十五日でも二十七日でもよいと、大きな親心を示されているのであります。

こうしていよいよ十年祭は三月九日（陰暦正月二十五日）執行され、翌三月十日（陰暦正月二十六日）には春季大祭及び三月十一日（陰暦正月二十七日）には戦勝奉告祭が執行され、三日間を通しての親里は帰参信者に埋もれて、その盛況は五年祭以上のものがありました。その詳細な状況は『稿本中山眞之亮伝』の中に、次のように記されています。

「……この連日十万を越える参拝者を迎えて、事務所を準備した以外の分支教会は、三島は申すに及ばず、布留、豊井、豊田、丹波市、川原城、田部、別所、石上、等の民家を借り受けて、事務所又は信者の宿泊所に充てた。ために、三島では、旅宿十数戸は申す迄《まで》もなく、全民家人で溢れ、櫟本、奈良辺の宿まで、平常に十倍した。

何分、百数十万信者の指折り数えた教祖の十年祭であってみれば、老幼男女の区別なく、東西南北から群がる者、連日引きも切らず、ために大阪鉄道会社は、七日から十日まで通用の往復割引切符を発売した。又、汽車に乗れないため、旗を立てゝ徒歩で来る団体も数々あった。

たま〳〵、奈良鉄道は玉水まで開通して居たので、東や北からの信者は、こゝで下車して徒歩で奈良へ出た。三島は、昼も夜も、帰参する信者が引きも切らなかった」

（213～214ページ）

まことに盛大な十年祭の親里風景でありますが、この華やかな陰に一つの不安な事情が現れていたことに気が付かなかったようであります。それは本席飯降伊蔵様の身上障りでありました。すなわち飯降伊蔵様は、十年祭の最終日より突然身上となられ、ために本席のお運びは中止されねばならなくなりました。それも十年祭に帰参した別席人は四、五千、満席者は五、六百人もあったとされており、いかに盛大なものであったかがこの一事をもってさえ窺い知れるのでありますが、それらの満席者の大部分が、いつおさづけの理を拝《はい》戴《たい》できるかと、不安な気持ちで待たされたのであります。

果たして、どのような理が現れてくるか――？　このおぢばにおける一部の人々の不安をよそに、教内では早速と部下教会における教祖十年祭執行の動きが見えてきました。その一、二の例を拾って見ることにしたいと思います。

【例一】

明治二十九年三月十三日

各部内分支教会に於て教祖十年祭の節広き場所へ御遷りの願

さあ〳〵尋《たず》ねる処《ところ》〳〵、所々《ところ〳〵》には皆心《みなこころ》があろう。心遷《こころうつ》してある。地所狭《ちしょせま》い処《ところ》は取扱《とりあつか》いだけ出来《でき》るようにせにゃならん。ほんの心《こころ》だけ勤《つと》めてくれ。又一《またひと》つ諭《さと》して置《お》く。所《ところ》によって掛《か》け出《だ》しもせにゃなろまい。それは心《こころ》の理《り》だけに許《ゆる》し置《お》こう。心《こころ》だけ遷《うつ》すのやで。日限《にちげん》の処《ところ》も早《はや》い遅《おそ》いは無《な》い。

（**大意**）尋ねた教祖十年祭執行については、所々の教会として、各自考えるところがあるであろう。その気持ちの程はよく見届けている。地所が実際に狭い所は、祭事ができるだけの広さに広げねばならん。しかし心だけでよい。また、もう一つ諭しておこう。所によっては掛け出しもせねばなるまいが、それは心だけのことで許しておこう。心だけ遷したらよい。日柄も早いの遅いのということはない。

教祖御霊御遷りの願

さあ〳〵心々《こころ〳〵》、心《こころ》だけ遷《うつ》す〳〵。

（**大意**）それも心だけのことでよい。心だけ遷すのだ。

同、日限の事情

さあ〳〵もう一度《ど》の話《はなし》に許《ゆる》し置《お》くから、それ〳〵の事情《じじょう》、日限《にちげん》早《はや》い遅《おそ》いは無《な》い。大《たい》層《そう》は要《い》らん。心《こころ》だけ受《う》け取《と》るのやで。

（**大意**）日限のことはもう一度話をもって許しておく。それぞれの十年祭は、日取りの早い遅いは言わぬ。いつでもよいが大儀大層なことは要らぬ。心だけを受け取るのである。

部下教会の教祖十年祭は、教会本部における御年祭後一カ月を経てからするようにとお許しを頂いておりましたが、その一日の日も待ちかねたように、部下教会からその準備に関して種々と願い出たものと思案されます。そしてその共通した点は、年祭執行のために境内地を拡張したり、教祖殿を拡張したり、またはわざわざ祭場を建築したりすることでした。いずれも十年祭を盛大に勤めさせていただきたいという子供の真情に溢《あふ》れたものでありましたが、神意は、必要な拡張は許すが大儀大層は受け取れぬと、ともするとそう流れやすい気勢に、ブレーキをかけられたのであります。

【例二】

明治二十九年三月十三日

高安分教会教祖十年祭陰暦二月二十三日今回教会移転する地所に於て仮小屋を設け勤める事情願

さあ〳〵尋《たず》ねる処《ところ》〳〵、地所《ちしょ》一《ひと》つ事《じ》情《じょう》の処尋《ところたず》ねる処《ところ》、それは何処《どこ》でどう、彼処《かしこ》でどうと言《い》うやない。思《おも》う所《ところ》でするがよい。なれど、よう聞《き》き分《わ》け。何処《どこ》がどうやから、あちらがこうやから、どうもせにゃならんという理《り》は、受《う》け取《と》る事《こと》は出来《でき》ん。所々《ところ〴〵》銘々《めい〳〵》心《こころ》だけ〳〵。大望大層《たいもうたいそう》は受《う》け取《と》れん。心《こころ》だけなら思《おも》う処《ところ》で許《ゆる》し置《お》こう。

（**大意**）尋ね出た地所の問題については、どこでどう、かしこでこうというさしづはしない。皆がここでいいと思う所で勤めたらよいだろう。よく聞き分けてもらいたい。どこがどうしたから、かしこではこうしたからといって、こちらもこうせねばならんという筋のものではない。そのような人間思案は受け取ることができぬ。所々により銘々によって、その気持ちだけのことをしたらそれでよい。大望大層なことは受け取ることができない。真実の心を寄せるなら、思うところで許しておこう。

当日教祖の御霊御殿を仮小屋へ持参致すべきや御遷り下さる事情願

さあ〳〵尋《たず》ねる処《ところ》〳〵、それはもう心《こころ》だけ遷《うつ》そう〳〵。

（**大意**）尋ね出た件は、どうせこうせと言わぬ。お前たちの心だけ遷したらそれでよい。

御幣にて遥拝する事情

さあ〳〵心《こころ》だけ遷《うつ》そう〳〵。

（**大意**）これも心だけで運んだらよい。

当日信徒へ御供御神酒弁当施与の事情

さあ〳〵心《こころ》だけ〳〵。心《こころ》だけと言《い》うたる一《ひと》つの理《り》を、よう聞《き》き分《わ》け。これだけこうしたらよかろうという、心《こころ》だけの理《り》は十分《ぶん》受《う》け取《と》る。なれど、何処《どこ》がどうやからという理《り》は受《う》け取《と》れん。大層《たいそう》の事情《じじょう》は大《おお》いの事情《じじょう》、ほっという理《り》無《な》いとも言《い》えん。心《こころ》だけなら皆受《みなう》け取《と》る。

（**大意**）これも心だけのことでよい。心だけと言う根本の理をよく聞き分けてもらいたい。誰しも、これだけこうしたらよかろうと思うであろう。その思う心だけの理は十分受け取る。しかし、どこがどうしたから、という考え方は受け取れぬ。大儀大層なことをすれば、心重い事情となろう。ため息つく者もないとも言えまい。ただその真実の心だけは皆受け取ってやる。

高安分教会では、現在地の狭い地所建物において年祭を勤めることよりも、すでに移転地として用意されていた広い地所に、仮祭場を設けて勤めさせてもらう方が、教祖にもお喜びいただけようし、また帰参信者たちも、ゆっくりと参拝できて喜ぶにちがいないという思わくから、そのお許しを願い出たにちがいありません。しかしこれに対しても、年祭のためにといって特別に考えることは要らぬ、あくまでも心だけのことでよい、「大層の事情は大いの事情」になると戒めておられるのであります。殊にあそこの教会があれだけのことをしたなら、こちらもこのくらいのことをせねば面子《メンツ》が立たぬというような人間思案は絶対なすべきではないとお諭しくださっています。とかく教勢が大きくなればなるほど、このような競争心理は知らず知らずのうちにも動くのが常でありますが、この点、十分気をつけねばならぬことと、今日なお新たなるおさしづとして拝すべきでありましょう。

　以上二件のおさしづは、いずれも三月十三日に拝したもので、十年祭終了の翌々日にあたります。部下分支教会の十年祭は一カ月後に勤めるようとのことでありましたのに、早くもこのようなお願いがあったことは、単に高安分教会のみならず各分支教会も、共にそれぞれの十年祭を行うべく張り切っていたものと推察されるのであります。事実、本教教線が最も高潮を示していた時でありました。

第二章　内務省訓令とその影響

第一節　十年祭直後の事情

盛大裡《り》に終了した教祖十年祭は、全教を感激一色に塗りつぶしましたが、ふとその直後、本席飯降伊蔵様が身上お障りを頂かれたためか、七日間もおさづけのお運びを休止されていますことは、一つの珍しい現象でありました。

ためにこのように、五百人もの満席者が、いつおさづけの理を戴《いただ》けることかと、不安の一週間を過ごしたというのであります。まこと、このような出来事は初めてのことであり、不安は一層不安を生じていきましたが、といって、この間、本席身上に関するお伺いが見られないことも、何かそぐわぬ気持ちが持たれるのであります。あるいは身上お障りではなくて、何か別に重々の神意があったものとも拝察されるのであります。すなわち、親神様のお気持ちからしますなら、遠い国々の先々から帰参した子供たちには、一人残らず一日も早く天の宝を授け、一日も早く国許へ帰してやりたいと思召《おぼしめ》されたでありましょうに、それを阻止するような事情が起きてきたのでありますから、そこには何か一つの理が示されていたものと拝するのであります。

果たせるかな、その事情については、明治二十九年三月二十四日になって初めて、それも珍しい刻限話として拝したのであります。

明治二十九年三月二十四日　夜十二時半

刻限（教祖十年祭の後にて別席四五千人程もあり本席五六百人もある時、七日間本席御休みになりし時の事情）

びっくりしなよ〳〵。びっくりする事《こと》出《で》けるで〳〵。あちらへ連《つ》れて往《い》ね〳〵〳〵。あちらへ往《い》ぬ〳〵。あちらへ往《い》ぬで。水《みず》一杯《ぱい》汲《く》んでくれる舵《かじ》を取《と》る者《もの》も無《な》いのか。あゝ、一言話《ひとことはなし》して置《お》く。いつも同《おな》じように思《おも》て居《い》たら違《ちが》うで。思《おも》うようにならんから話《はなし》は一寸《ちよつと》もさゝん、長《なが》い間《あいだ》さゝん。一日《にち》の日《ひ》も気休《きやす》めさゝん。草生《くさば》えから通《とお》り越《こ》した者《もの》なら、一日《にち》の日《ひ》も待《ま》たずして、満足与《まんぞくあた》えてこそ、三十年《ねん》の道《みち》の効《こう》があるのや。もうこれだけ言《い》うたら何《なに》も言《い》わん。何処《どこ》とも身上《みじよう》も迫《せま》り切《き》ってある〳〵。どうもならん。後《あと》で後悔無《こうかいな》いように。一時《じ》ではない。今《いま》までこんな話《はなし》は無《な》い。今《いま》までの話何《はなしなに》も効《こう》が無《の》うて潰《つぶ》れて来《き》た。なれど一寸終《ちよつとおわり》の話《はなし》が効《こう》になるかも分《わ》からん。明日日《あすにち》から席《せき》や〳〵と必《かなら》ず言《い》うてくれな。言《い》うのなら言《い》うだけの楽《たの》しみを付《つ》けてから運《はこ》ばせ。勝手《かって》のよい時《とき》には重大《じゅうだい》の荷《に》を負《お》わせ、勝手《かって》の悪《わる》い事《こと》はそのまゝ。楽《たの》しみの道《みち》を運《はこ》ぶなら、又々《また〳〵》話《はなし》もせんやない。遠《とお》く来《き》て居《い》る者《もの》も帰《か》やさにゃならん。こう言《い》うたら一日《にち》やない。一時《とき》一時間《じかん》も待《ま》たんで。

（**大意**）びっくりしてはならぬ、びっくりしてはならぬ。びっくりするようなことができるぞ。その時は席をあちらへ連れて行け。席はあちらへ行く。あちらへ行くぞ。水を飲ましてくれる者、舵《かじ》を取ってくれる者、世話取りしてくれる者はいないのか。この際一言話をしておく。いつも同じように思っていたら違うから、よう聞き分けてもらいたい。

お前たちは自分の思うようにならぬからといって、席に少しも話はささぬではないか。それももう長い間のこと、一日の日も気休めさえささぬ。この道がまだどうなるか分からん時から、今日までついてきてくれた者ならば、一日も早く席に満足させてやってこそ、三十年道を通った者として値打ちがあるというもの。ここまで話をしたら何も言うことはない。どこも身上が迫り切ってあるではないか。このままではどうもならぬ。後で後悔ないようにしっかり心治めねばならぬ。今差し当たってのことではない。今までこのように差し迫った話はしたことはない。今までいろいろと話してきたことは、何の効き目もなく潰《つぶ》れてきたようなもの。しかし終わりの話はちょっと効き目があるかも分からんから、よく聞き分けてもらいたい。
さあ、もう明日からは本席さん、本席さんなどとは必ず言うてくれるな。言うのだったら言えるだけの楽しみを用意して、席を運ばすようにせよ。自分らの勝手のよい時は、本席さん、本席さんと大きな荷物を負わせ、勝手が悪くなるとそのまま見逃し聞き逃しているじゃないか。本席の理を立てるなら、また話をせんわけはない。それに何はさておき、遠方から帰って来ている者は、一日も早く帰してやらねばならぬ。ここまで言うた以上は、一日じゃない。一時間の猶予も待たんぞ！

いつもの刻限のお話とすっかり調子の違ったことからして、人々は内心愕然《がくぜん》たるものがあったでしょう。十年祭後のこととて、往還道を謳歌《おうか》する洋々たる雰囲気が、親里いっぱいに充ち満ちていたことでしょうから、このお話は人々の胸を刺したにちがいありません。いきなり「びっくりしなよ〳〵。びっくりする事出けるで〳〵」と一喝され、あたかも陶然と潤んだ人々の眼を瞠若《どうじゃく》たらしめられたものの、それがどのようなものであるかについては何も明かされず、人々の心構えが本席の理を立てずに、ばらばらになっている点を指摘されたのであります。それも、人々の心が神のさしづに対して勝手な理を付けて、「勝手のよい時には重大の荷を負わせ、勝手の悪い事はそのま丶」にしていると、ずばり狂いの中心を抉出《けっしゅつ》しておられるのであります。全くそのような状況・態度でありましては、どのようなふしに立ち合いましょうとも、肝要な対策は樹立できず、乗り越えて行くことはおぼつかないと戒められたものと拝するのであります。確かにお言葉通り、お話の終わりの部分は、人々の心を動かすのに効き目があったにちがいありません。

　ところで、人々はなお釈然としなかったと見え、押して神意を伺っておられますが、それに対しては一層詳《つまび》らかにお諭しをされたのであります。

　押して

さあ〳〵なあ万筋《まんすじ》の糸《いと》でも、口《くち》は一筋《ひとすじ》という理《り》を聞《き》かそう。万筋《まんすじ》の糸《いと》、一口《ひとくち》の理《り》を聞《き》き分《わ》けるなら、どんな事《こと》も口《くち》が開《あ》くやろう。聞《き》いたら理《り》が分《わ》かるやろう。口《くち》という理《り》を聞《き》き分《わ》けるなら皆《み》んな糸《いと》に成《な》る。口《くち》というは二《ふた》つも三《みっ》つも無《な》い。早《はよ》うにも言《い》うたる。一寸《ちよつと》掛《か》かりに教会《きょうかい》という。あちらにも本部《ほんぶ》や、こちらにも本部《ほんぶ》や〳〵。偽《にせ》や〳〵、本部《ほんぶ》や〳〵と言《い》うたる。なれど、これも今《いま》ではよう〳〵一《ひと》つの理《り》に集《あつ》まりたるやろ。これから話《はなし》するからしっかり聞《き》き分《わ》け。もうさしづ止《と》めようかと思《おも》うて居《い》る。用《もち》いんさしづなら、したとて何《なん》の役《やく》にも立《た》とまい。さしづは人間心《にんげんごころ》ですると思《おも》う心《こころ》が違《ちが》う。心《こころ》が合《あ》わんから疑《うたが》わんならん。何処《どこ》の者《もの》も彼処《かしこ》の者《もの》も居《い》る。どういう理《り》から居《い》るのぞ。この理《り》が分《わ》かりたらそれ万筋《まんすじ》の糸《いと》の理《り》が出《で》てくるやろう。好《よ》いと悪《わる》いとのさしづを取《と》りて、勝手《かって》の好《よ》いさしづは用《もち》いるなれど、勝手《かって》の悪《わる》いさしづは潰《つぶ》して了《しま》う。第《だい》一これが残念《ざんねん》でならん。これがどうもならん台《だい》である。台《だい》の話《はなし》もして置《お》こう。けつまずく台《だい》にもなるやろう。有《あ》るやら無《な》いやらと思《おも》て居《い》る者《もの》がけつまずく。心《こころ》に持《も》って通《とお》る者《もの》はけつまずかん。皆《みな》一寸《すん》の虫《むし》にも五分《ぶ》の魂《たましい》、と、皆言《みない》うたる。人間《にんげん》と人間《にんげん》とどうこう言《い》うならさしづは要《い》らんものや。これだけ諭《さと》したら皆《みな》分《わ》かる。今日《きょう》に今日来《きょうき》ても、所《ところ》の充足《じゅうそく》ぐらいは出来《でき》る。充足《じゅうそく》と言《い》えばほんのその所《ところ》に居《い》るというだけのものやないか。こゝに居《い》るという印《しるし》だけのものや。それと三十年余《ねんよ》の道筋《みちすじ》の理《り》と照《て》り合《あ》わしてみよ。男女《おとこおんな》にはよらんと言《い》うてある。心次第《こころしだい》で何処《どこ》までもと言《い》うたる〳〵。それを皆潰《みなつぶ》してある。これも勝手《かって》の道《みち》を通《とお》るからどうもならん。これ十年祭《ねんさい》々々と言《い》うて、詰員《つめいん》や本部員《ほんぶいん》や、所々国々《ところ〴〵くに〴〵》待《ま》ち兼《か》ねた。十年祭《ねんさい》もよう勤《つと》めてくれた〳〵。十年祭《ねんさい》と言《い》うて些《いささ》かのものでも、覗《のぞ》き歩《ある》いてゞも、それそれたった一人《ひとり》を頼《たよ》りにしたもの。当番《とうばん》というはこういう時《とき》の当番《とうばん》、物々《もの〳〵》の時《とき》に当《とう》番《ばん》も無《な》く、もう、明日日《あすにち》から当番《とうばん》は要《い》らん、すっきり要《い》らん。この理《り》を答《こた》えよ。十年祭《ねんさい》に席々《せき〳〵》と言《い》うて、あちらこちら、これだけの人体《にんたい》は無《な》いと言《い》うてくれたから治《おさ》まったもの。誰《だれ》も、今日《きょう》はどうしなさったか、と言《い》うて尋《たず》ねてくれた者《もの》は無《な》い。どうもこれ三十年《ねん》、前々《ぜん〳〵》より連《つ》れて来《き》た理《り》が治《おさ》めるに治《おさ》められん。もうそれで当番《とうばん》も何《なに》も要《い》らん。何万《なんまん》とも帰《かえ》る者《もの》が、何《なん》でもないもの、ほんの口先《くちさき》で説《と》いて居《い》るのも同《おな》じ事《こと》や。もうこれですっきり何《なに》も言《い》うな〳〵。もう、えいわ〳〵。明日日《あすにち》から思《おも》う所《ところ》へ遊《あす》ぶがよい。遊《あす》べ〳〵。

（**大意**）さあ幾筋の糸もその口は一筋であるということを諭そう。この理さえ聞き分けるなら、どんなことも口が開くであろう。糸口さえ見つかれば、どんなもつれも治まるものである。そうなればはっきりと理が分かるし、それが分かれば、どんな者も立派な役に立つ者になる。その口というものは二つも三つもあるものではない。早くにも言ってある通り、この道を表へ出そうとして教会というものを考えた。すると、あちらでも本部、こちらでも本部と言い出す者もあった。あれは偽で、こちらが本物だと言う者もあったが、それもようやくぢばという一つの理に治まることができた。これから話をするからしっかり聞き分けてくれ。

もはやさしづは止めようかと思っているところだ。用いないさしづなら、いくらしたところで何の役にも立つまい。さしづを人間心でしているように思いなしているが、そもそもそこに根本的な間違いがある。この理が分かってくれるなら、万筋の糸の理もよく分かってくれるだろう。これまでというもの、お前たちはさしづに良い悪いをつけて、勝手の良いさしづは用いるけれど、勝手の悪いさしづは潰《つぶ》してしまう。第一これが残念でならぬ。これがどうにもならん事情の台となっている。

台の話もせねばならんが、つまり、けつまずく台にもなるだろう。そんなこと有るやら無いやら分かるものかと思っている者がけつまずく。しっかり心に治めている者はけつまずかぬ。皆も一寸の虫にも五分の魂と言うだろう。人間と人間との話し合いならさしづは要らぬものだ。これだけ話したら皆分かるであろう。なるほど、今日初めて来た者でも、その場の間に合いぐらいには役に立つ。充足といえば、ただその場にいるというだけの者ではないか。その者と三十余年道一筋に通ってきた者とを比べてみよ。男女に区別はないと言うてある。真実の心次第ではいつまでもいつまでもと言うてある。その者の理を皆潰している。これも皆勝手の道を通るからどうもならん。

これ十年祭十年祭と言って詰員も本部員も、国々所々の者たちも待ち兼ねて来て、十年祭もよくぞ勤めてくれた。全くのところ、十年祭と言うてどんな者でも、できるだけの心尽くしで、たった一人の者を頼りとしてくれたのである。当番という者は、このような時に心働かすのが当番。物々しい時に当番もなく、まったく不自由なことだった。こんな調子なら明日からでも当番は要らんものである。すっきり要らん。この理に対して答えてみよ。

十年祭に席々と言うて、あちらの者もこちらの者も、これだけの人間は世にないと言うてくれたから、つまりその理を立ててくれたから治まってきたものである。それに今日は誰《だれ》も、今日はどうなさったか、と言うて尋ねてくれた者もない。これではこれまで三十年、前々から連れて来たこうのうの理が治めるに治められんではないか。それでもう当番など要らんと言うのだ。何万とも知れず帰って来る者を、何でもないもののように軽く扱うてどうなるぞ。仕方なく、ただ口先で教えを説いていると同じである。もうこれですっきりした。何も言うてくれるな。もういいもういい。明日から気の向く所へ遊びに行ったらよかろう。遊べ遊べ。

お話の骨子は変わりませんが、いかにくどくどしく、思い切りの気持ちを吐露された親心のもどかしさが、一言半句の中から、にじみ出ていることに気が付くでありましょう。

　ここでも要旨は、あくまでもおさしづには沿い切るべきこと、それがすなわちぢばの理に立つことであり、神の道はぢばの理を離れては万事成り立たん所以《ゆえん》を、十年前における教会設置の実例を挙げてお諭しくださっております。そしてそうなるのも「心が合わんから疑わんならん」とて、人々の心がそもぞもでいるから、おさしづの神意もそもぞもに映って、そこに全く余計な疑心暗鬼が横行し、それがけつまずく台にもなると戒められています。さらに、いつまでもその調子であるなら、もはやさしづは要らんものとなり、日々付けてくれている当番も無用の長物と化してしまうから、どこぞ勝手のいい所へ行って遊んだらいいと振り切られ、その代わり、いざという時には泣きべそかくなというまでの厳しさを、その陰に示されているかに拝するのであります。

　さすがにこのお話には、本部員一同よりお詫《わ》びのお願いをされています。

明治二十九年三月二十六日　夜

本部員一同より御詫び願

さあ〳〵一寸《ちよつと》始《はじ》め掛《か》けたら始《はじ》まるやろ。話《はな》し掛《か》けたら分《わ》かるやろ。これ一《ひと》つ事情《じじよう》、一寸《ちよつと》事情《じじよう》、これどうであろ。変《か》わりた事《こと》、こんな事《こと》どうもこれが分《わ》からん。思《おも》わにやならん。又思《またおも》うから分《わ》かる。明日《あす》から席《せき》は要《い》らんものと言《い》うたる。言《い》い訳立《わけた》たんようなもの。道理《どうり》これ一《ひと》つ聞《き》き分《わ》けたら分《わ》かり来《く》る。どうも言《い》わせん、言《い》わして置《お》けん、言《い》うて置《お》かせん。十年祭《ねんさい》々々《〱》々働《はたら》き出来《でき》た。一《ひと》つの不足《ふそく》あってもどうもならなんだやろ。世上聞《せじようき》き損《ぞこな》い称《とな》え損《ぞこな》い。そら狂《ふ》れる。一《ひと》つ今苦《いまくる》しんだ理《り》はいつ〱まで。又《また》、いつ〱までも苦《くる》しめとは言《い》わん。なれど、苦《くる》しんだ理《り》は忘《わす》れんよう。いつ〱まで持《も》って行《ゆ》けば、何処《どこ》までも席一《せきひと》つ。剥《は》げるか剥《は》げんか、よう思《し》やんせ。万事《ばんじ》の理《り》を治《おさ》めるなら聞《き》き取《と》ろう。どんな事《こと》も皆聞《みなき》き取《と》ろう。

（**大意**）何事も始めかけたら始まるものである。話も、しかけたら分かってくる。このたびの事情は、ちょっと変わった事情で、どんなことであろうと言うている。全く変わったことでさっぱり分からぬと、いろいろ思案もするだろう。いや、思案するからやがて分かるようになる。明日から、もはや席は要らんものと言うたが、それには言い訳も立たぬであろう。その道理が分かりさえすれば、すべてがだんだん分かってくる。それなのにどうしても言わないし、言わせようともしない。

十年祭の勤めはよくできた。中に一人でも不足言う者があったとしても、どうもならなかっただろう。なるほど世間ではいろいろと聞き違い、言い違いする者もあり、その結果は道の理を狂わす者もあった。その苦しみを受けたことは末代の理であるが、神は何もいつまでも苦しめとは言ってない。しかし苦しんだ理は忘れぬようにせねばならぬ。その理を忘れさえせねば、本席の理を立てて通れるはずである。よく思案せよ。万事さしづに基づいて治めていくならば、お前たちの言い分も、とくと聞き取ってやろう。

まことに、噛《か》んで含めてのお諭しでありました。手を取ってお導きくださろうとする真実の親心を拝するのであります。親神様は徹頭徹尾、親のさしづを中心として、皆の者が一手一つに心を繋《つな》ぎ合うことが最も大切なことであり、かつ望ましいことであると明かされたのでありますが、そこには何らかの大きな事情が迫りつつあることを暗にお示しくだされつつ、その通り方を示されたもののようにも拝察されるのであります。すなわち、十年祭が皆々の真実によって盛大に勤められた点は、お心も明るくお受け取りくださってありますが、その感激に溺《おぼ》れていたのでは、言い換えますと、たとえ一人の者でも不平・不満があったり、自信過剰になっていては理の道筋を踏み違えることになる、と戒められてもいるように拝するのであります。なぜなら、本教隆盛の姿に関して、ともすると世間一般の者たちの中には、「世上聞き損い称え損い」があって、それらに心奪われるようなことがあっては、心に狂いを生じることにもなりかねないからであります。

果たせるかな、その後において厳しい刻限のお話を拝したのであります。

明治二十九年三月三十一日　夜九時

刻限

さあ〳〵水《みず》が出《で》る〳〵〳〵。ごもく引《ひ》っ掛《か》かって錆水《さびみず》もあれば悪水《あくすい》もある。すっきり出《だ》すで〳〵。抜《ぬ》ける処《ところ》はすっきり聞《き》いて置《お》け〳〵。さあ〳〵書《か》き取《と》れ〳〵。悪水《あくすい》も出《で》る、錆水《さびみず》も出《で》る、泥水《どろみず》も出《で》る。どんな道《みち》に付《つ》けるやら分《わ》からん。一時以《じもつ》て洗《あら》い切《き》ったら、一時《じ》に救《たす》かる程《ほど》に。席《せき》の身上《みじょう》もう救《たす》かるか〳〵と言《い》うたとて、何程譬《なにほどたとえ》の話《はなし》もある。けれど今《いま》の話《はなし》は更《さら》に悟《さと》りは無《な》い。これよりすっきり一時《じ》に話《はなし》を付《つ》け。談《だん》じ合《お》うて話《はなし》を付《つ》けて喜《よろこ》ばさにゃならん。隅《すみ》から隅《すみ》までどんな事《こと》も皆《みな》知《し》らす。これも一言《ひとこと》説《と》いて置《お》くで。これを早《はや》く聞《き》いて、皆《みな》の者《もの》も早《はや》く呼《よ》び寄《よ》せて通《つう》じてくれ。通《つう》じる理《り》が分《わ》かりたら鮮《あざ》やかやで。あちらこちら人《ひと》が出《で》る。籠《こも》らん道《みち》もある。道《みち》に流《なが》るる水《みず》を、途中《とちゅう》で理《り》を揚《あ》げて了《しま》えば、育《そだ》つ事出《ことで》けん。いかなる者《もの》でもこの話《はなし》を聞《き》いたら改良《かいりょう》せねばならんで。又《また》一時《じ》さんげもするであろ。いかなる事《こと》とは思《おも》うなよ。さあ〳〵この話《はなし》を聞《き》いて何《なん》と思《おも》てる。草生《くさば》え話《はなし》、草生《くさば》えの時《とき》の話《はなし》はとんと分《わ》からなんだやろう。聞《き》き応《こた》え無《な》く、とんと仕様無《しような》い時《とき》の話《はなし》、言葉《ことば》を楽《たの》しめよ〳〵。話《はなし》を楽《たの》しませ〳〵、長《なが》い道中《どうちゅう》連《つ》れて通《とお》りて、三十年来寒《ねんらいさ》ぶい晩《ばん》にあたるものも無《な》かった。あちらの枝《えだ》を折《お》りくべ、こちらの葉《は》を取《と》り寄《よ》せ、通《とお》り越《こ》して来《き》た。神《かみ》の話《はなし》に嘘《うそ》は有《あ》ろまい。さあ〳〵あちらが出《で》て来《く》る、こちらが出《で》て来《く》る、国《くに》を隔《へだ》てゝ出《で》て来《く》る。三十年以来仕込《ねんいらいしこ》んである処《ところ》、提燈《ちょうちん》や旗《はた》やこれは分《わ》からん。国《くに》の柱《はしら》か〳〵と人《ひと》が満足《まんぞく》する。中《なか》の中《なか》、中《なか》の理分《りわ》からん。明日日分《あすにちわ》からん。よう聞《き》き分《わ》け。一時《じ》も早《はや》くあちらの穴《あな》も破《やぶ》り、こちらの穴《あな》も小突《こつ》き廻《まわ》し、水《みず》をどろ〳〵流《なが》るゝならば、錆《さび》も一時《じ》に除《と》れる。一時除《じと》れたなら、いかな勇《いさ》みも付《つ》くやろ。ほんに成程《なるほど》やと、道中道筋《どうちゅうみちすじ》は付《つ》いて来《き》たのやろ。七八年《ねん》このかたの事情見《じじょうみ》たなれば、疑《うたが》いはあろうまい。

さあ〳〵行《い》こう〳〵。早《はや》く救《たす》けにゃならんで〳〵。急《いそ》ぐ〳〵。席《せき》の身《み》の内《うち》、これは急《いそ》ぐ〳〵。談示《だんじ》や〳〵、改革《かいかく》や〳〵と夜《よ》の目《め》も寝《ね》ずに、あちらも談示《だんじ》、こちらも談《だん》示《じ》、やはり元《もと》の清水《せいすい》、水《みず》の穴《あな》がとんと分《わ》からんから、すっきり井手《いで》を流《なが》して了《しま》うで。

（**大意**）さあしっかり聞き取れ。今に水が出るぞ。それも塵埃《ちりほこり》にまみれた錆《さび》水もあれば悪水もあるが、一切を洗い流して掃除をするぞ。どこから水が抜け出るか、それはよく聞いておかねばならん。そこでさあしっかりと書き取るがよい。悪水も出れば錆水も出れば泥水も出る。その上でどのような道となすか分からぬ。この際しかと洗い切ったら、直ちにたすかることになろう。本席の身上も、もうたすけてもらえるかと言ったところで、譬《たと》えの話もしてきたが、このたびの刻限一条の神意は悟れまい。しかしこの話はこの際すっきりと話を付けねばならぬ。

それにはよく談じ合いをした上で、本席を喜ばしてやらねばならぬ。隅から隅の者たちは、どんなことになっているのか知った者はなく、この者たちにも一言説いておいてやろう。だからこのたびの神の思わくについては、関係する皆の者を呼び寄せて、話を通じるようにしてもらいたい。話を治めさえしたら、すべてが判然とするだろう。あちらからも、こちらからも大勢の子供たちが出てくる。中には浅い者もある。道に流れている水を途中で汲《く》み取ってしまえば、何も育つわけにはゆくまい。どんな者もこの話の理を弁《わきま》えたら改良していかねばなるまい。またその場でさんげもするであろう。いったい何のことかなどと思ってはならぬ。

さて、この話を聞いて何と悟ったか。この道の草創時代の話は、少しも分からなかったであろう。聞いて何の応えもない。全く仕様のないと思われた当時の話は、思い出話として楽しんでもらいたい。その話で楽しませてもらいたい。長い道中三十年来の道すがらには、寒い晩にあたる火の種もなく、あちらの枯れ枝をくべ、こちらの枯れ葉を集めてはようやく凌《しの》いできたが、神の言うた話には嘘《うそ》はない。さあ、あちらから出てくる。こちらから出てくる。遠い国を隔て、大勢の者たちが帰ってくる。それというのも三十年来神が仕込んできたればこそで、やしきに堤燈や旗が飾られたのも、神の働きによる所以が分かるまい。神の働きあればこそ、国の柱かと人が満足する。この中心の根本義が分からないのである。

人間心では明日の日のことでも分からないもの。よく聞き分けてもらいたい。一時も早くあちらの穴も破り、こちらの穴も小突き回して、水がどろどろと流れ出るなら、錆も直ちに取れる。そしたら心も勇みついてくるだろう。まことにその通りと、心が治まればこそ、今日までの道筋に付いてきたのであろう。ここ七、八年の事情を顧みれば疑う余地もあるまい。

さあ行こう行こう。早くたすけにゃならんぞ。本席の身の内はどうでも急いで掛からねばならぬ。ここ暫《しばら》く、談示だとか改革だとか、夜も眠らずに、あちらでこちらで談じ合いばかりしているが、やはり元の清水に戻さねばならぬ。ところが、泥水を流し出そうにも、水の口が分からんので、セキを流してしまうかもしれぬ。

まこと、厳しいお話でありました。それも本部員一同がお詫びを申し出られ、その心構えのほどは、お快くお受け取りいただいて、ようやく愁眉《しゅうび》を開いた矢先の刻限のお話でありましたから、人々はより一層緊張したにちがいありません。神意は冒頭に示されたお言葉通り、近く内々の大掃除をして、溜まっていた錆水・悪水・泥水を押し流し、後は清々とした清水にするということであり、それでなければ、たすかる道は拓《ひら》かれぬと、容易ならぬ事態の出来を仰せ出されたかに拝するのであります。では、錆水・悪水・泥水とは何を言われたものでしょうか？　もとよりほこりにまみれた人間心を指摘されたものと思案され、その具体的な実体は、これまでのおさしづを通して思案しますと、さしづをさしづとしないもの、本席の理を立てないもの、不足不満の絶えないもの等々が思い当たるのであります。お言葉中「道に流るゝ水を、途中で理を揚げて了えば」は、まことに軽妙な表現をもって、天の理——親の理の流れを人間勝手の理で阻止する意味をお諭しくだされたものと拝します。しかもそれらがあちこちに溜まっていて、早く流し出さないと全体がたすからぬことになるまでになっている実情にあることを、「あちらの穴も破り、こちらの穴も小突き廻し」と仰せられているかに拝するのであります。そして、これらの泥水事情が、神意を汚して神一条の理を曇らせ、本席の運びを阻止したものである、と示されたものと拝するのであります。

第二節　訓令の発布と改革の断行

教祖十年祭直後における事情は、まことに切迫しているかに見えました。おそらくおやしきでは、さらに談示が重ねられたにちがいありません。もはや誰《だれ》がどう彼がこうというような詮《せん》議《ぎ》立ては許されず、各自がそれぞれ真実の心を寄せ合って、一手一つの態勢を整えることが緊急なことでありました。己の心に触れる者は、潔くさんげして心構えを改めることが、先決の問題とされました。しかしそうは分かっていても、人間の賢さが、なかなかそのようには運ばなかったのではないでしょうか。いえ、事態はそれよりも速やかに進展していったという方が適当かもしれません。

間もなく次のおさしづを拝したのであります。

明治二十九年四月四日　夜一時

刻限御話

もうどんならんで。あかせんで。ウ、、、、。

さあ／＼筆《ふで》に付《つ》け掛《か》け、筆《ふで》に付《つ》け掛《か》け。どういう事《こと》を説《と》き掛《か》けるなら、長《なが》い間《あいだ》、今《きよ》日《う》に言《い》うて今日来《きようき》た者《もの》でもあろうまい。万事《ばんじ》の処手《ところて》を繋《つな》いで行《い》かにゃならん。今日《きよう》の処《ところ》でこれだけの人衆《にんじゆう》で行《い》く訳《わけ》もあろまい。さんげをせずに行《い》ってはならん。人衆《にんじゆう》の処《ところ》も、七十五人《にん》まで要《い》るという事《こと》は、これまでにも言《い》うてある。どういうものなら、多《おお》く出《で》て来《く》る者《もの》に、僅《わず》かの人《ひと》で送《おく》れるものか。もう席《せき》を仕掛《しか》けては休《やす》み／＼、これまでの処《ところ》は一寸《ちよつと》にさんげはし難《に》くかろ。何《なん》ぼう言《い》うても取次人衆《とりつぎにんじゆう》増《ふ》やす事出《ことで》けん。なむ／＼で送《おく》って居《い》る。どういう事《こと》で増《ふ》やす事出《ことで》けんか。明日日《あすにち》になりたら皆《みな》談《だん》じ合《お》うて、明日日席《あすにちせき》に返答《へんとう》せにゃならん。さんげだけでは受《う》け取《と》れん。それを運《はこ》んでこそさんげという。今夜《こんや》のさしづはえぐいさしづ、えぐいさしづやなけにゃ効《き》かせん。もうこれ幾名何人《いくめいなんにん》はこれまでに埋《うも》れたった。この道《みち》は会議《かいぎ》から成《な》り立《た》った道《みち》か。会議《かいぎ》するから遅《おく》れる。出《で》て居《い》る者《もの》も明日日《あすにち》に早《はや》く皆呼《みなよ》び取《と》って了《しま》え。このまま送《おく》れば、びっくりするような事出《ことで》ける。出来《でき》てから何《なん》にもならせんで。

（**大意**）もはやどうもならなくなった。いけなくなった。

さあしっかり筆に付けておけ。どういうことを説きかけるかと言えば、ここ長い間のことで、今日に言って今日始まったことではなかろう。いかなる事態にせよ、一手一つの態勢をもって望まねばならぬ。今日の実情ではこれだけの人間で万事処理できるわけもあるまい。さんげをせずに行ってはならぬ。人衆の件も、七十五人まで要るということは、これまでにも教えてきている。どういうわけかと言うなら、国々所々から大勢出てくる者に、わずかの人数で円満に取り扱うことができるわけがないからである。本席を運びかけては休み休みしているではないか。

　とはいえ、これまでのところでは、ちょっとにさんげせよと言っても、しにくいであろう。しかし、いくら言うても取次人を増員することはできぬ。そこをその場を繕って通っている。どういう理由で増員できないか。明日日《あすにち》になったら皆よく談じ合って、かつ本席に返答せねばならんぞ。口先だけのさんげでは受け取ることはできぬ。その実行をしてこそ真のさんげという。今夜のさしづはむごいさしづと思うだろうが、むごいさしづでないとその効き目がない。今日までにはもはや、何人かの者がそのこうのうの理に報われずに埋もれている。この道は会議で成り立つ道か。会議するから、かえって遅れるのだ。外へ出向いている者も、明日中には皆呼び戻してしまえ。このままでは、びっくりするようなことが起きるぞ。それが起きてから慌ててもどうにもならんぞ。

まことに、積もり積もってきた胸の中を、一時に吐露された親心のもどかしさが、お言葉の端々に偲《しの》ばれます。しっかりと神意に沿い切れなかった事実が、種々と重なってきているかに拝されるのであります。その中には「つとめ人衆」に関する人事問題をも指摘されておりますように、そこには相当の人間思案の動きがあったかに感じられるのであります。確かにそれでは神一条の道は立たず、いざという場合になって、本教としての態度や施策が支離滅裂となってしまうことが憂慮されたのでありましょう。「もうどんならんで」のお言葉で始まり、「このまま送れば、びっくりするような事出ける。出来てから何にもならせんで」のお言葉で結ばれたこのおさしづは、まことお言葉通り「えぐいさしづ」だったのであります。

果たせるかな、それから間もない四月六日、寝耳に水にも等しい大事件の突発を見たのであります。それは、実に苦々しい、時の内務大臣芳川顕正によって秘密裡《り》に公布された天理教取り締まりに関する訓令だったのであります。すなわち、いわゆる秘密訓令として騒がれた内務省訓令第十二号がそれであり、その全文は次の通りであります。

近来天理教ノ信徒ヲ一堂ニ集メ、男女混淆《コンコウ》動《ヤヤ》モスレバ輒《スナハ》チ風俗ヲ紊《ミダ》ルノ所為ニ出デ、或ハ神水神符ヲ付与シテ愚昧ヲ狂惑シ、遂ニ医薬ヲ廃セシメ、若クハ紊リニ寄付ヲ為サシムル等、其ノ弊害漸次蔓莚ノ傾向有之、之レヲ今日ニ制圧スルハ最モ必要ノ事ニ候条、将来ハ一層警察ノ視察ヲ厳密ニシ、時宜ニ依ツテハ公然会場ニ臨ミ、若クハ陰密ノ手段ヲ以テ非行ヲ抉摘シ、其刑法警察令ニ触ルルモノハ直チニ相当ノ処分ヲ為シ、又其ノ然ラザルモノハ、必要ニヨリテハ祈禱説教ヲ差止メ、若クハ制限スル等臨機適宜ノ方法ヲ用ヒテ、其取締ヲ厳重ニシテ殊ニ金銭募集ノ方法ニ付テハ最モ注意ヲ周密ニシ、且其ノ状況ハ時々報告スベシ、尚神仏各宗派ニシテ禁厭《エン》祈禱、風紀並ニ寄付金ニ関シ天理教会ニ譲ラザル弊害アルモノモ可有之、是亦同様ノ取締ヲ為スベシ

右訓令ス

明治二十九年四月六日

内務大臣　芳　川　顕　正

全くのところ、本教を目の敵にでもしたような冷酷な訓令でありました。その結果、全国の警察網は俄然《がぜん》活動を開始し、本教の教会・布教師の言動は厳しい視察下に置かれたのであります。教会の月次祭には警官が臨席し、刑事が信者を装うて説教を聞いてはとかく

申し立て、布教者は布教先々まで尾行されて、何を説くか一々干渉圧迫を加えられました。その結果布教活動は抑圧せられ、教勢は日々に衰退の色を濃くしていくかに見えました。

まことに由々しき事態が発生したのであります。もとより本教に対する反抗的風潮は、教祖おかくれ直後よりその台頭の兆候を見せていましたし、教祖五年祭以後はそれが社会的運動の形態となって所々方々に見られるようになり、それが明治二十八年初頭においては社会的真論として、天下の公論機関たるべき新聞紙上に歴然として発表されるに至ったのでありますから、監督官庁としても一言無かるべからざる状態に立ち至ったものと推理されるのであります。そのいずれもが、本教教勢の伸展に驚愕《きょうがく》した徒輩の為した業でありましょうが、それを真《ま》に受けた監督官庁がこのような誤解・曲解に立って、秘密訓令を公布しようとは、誰しも思いもよらなかったことにちがいありません。この辺の事情については『稿本中山眞之亮伝』の中にも、次のように記してあります。

「この事は、前年来、数箇月に亙《わた》って東京の中央新聞、万朝報、二六新聞、その他が筆を揃えて、本教に対する悪罵《あくば》毒筆の限りを尽して居たことからすれば、必ずしも先触の無い出来事とは、言えなかったが、まさか、これ程に全国的な大弾圧が、眼前に落下しようとは、誰しも予期しなかった事である」（216～217ページ）

まことに予期どころが夢想だにしなかったが、その素地はすでに十年以前から、塵《ちり》の積もるように音もなく匂《にお》いもなく固められていたと言えるでしょう。

訓令文に明らかなように、その取り締まりの対象となったのは、次の三点でありました。

（1）医薬妨害
（2）風紀紊乱《びんらん》
（3）金銭強要

（1）は明らかに、本教の本領たるさづけの理による病たすけに対する誤解であります。本教教理の中には、医者と薬の不要を説かれたものは一つもありません。むしろ「修理肥」として、早く医師の診断を受け、適当な手当をするようにと教えられており、医師の手余りとなった者をたすけるのがたすけの台であると仰せられているのです。しかし大勢の布教者の中には、どうでもたすかってもらいたいという熱情のあまり、誤解されやすい言動を弄《ろう》したことはあったかもしれません。この点は今日におきましても、とくと注意すべき事柄であります。

（2）は、本教の祭典の模様からして生じた曲解としか思えません。なるほど本教のおつとめは、男女のつとめ人衆・鳴物人衆が、それぞれ役割を分担して勤められるのですから、訳の分からぬ眼からすれば、男女入り乱れて怪しげな踊りに狂うためと映ったのかもしれません。その上鳴物を見ましても、俗間酒席を賑《にぎ》わすものとして知られている三味線・太鼓等があり、祭典後はいよいよ乱痴気騒ぎをするものとも見なされたのかもしれません。

（3）については、最も痛烈な反対攻撃を受けたものと言えます。本教信仰の根幹とも言うべきつくし運びに対する誤解であり、それがいんねん切り替えから、すすんでは積徳に進む道であることを知らない眼には、無理矢理に寄付を強要するものと見なしたにちがいありません。

ともあれ、いずれにしてもまことに残念なことでしたが、誤解・曲解だといくら説明してみても、すでに賽《さい》は投ぜられた後で、もはや手遅れでしかなかったのであります。

奈良県庁からは再三呼び出しもあり、説明を求められ、その折衝には前川菊太郎・橋本清の両氏が当たられていますが、両氏があまりの情けなさに心をいずませ、本教の前途を悲観されたという説も残されています。おそらく県庁側からは、種々さまざまな事例が示されて、その責任を問われたことでしょうし、それについていろいろと協議が重ねられたにちがいありません。おさしづ通り心をしっかり結ばねばならぬとする人々の中に混じって、一部の人々は心を離す者さえあったようであります。何かそぐわぬものの動きがあったのではないかと感じられてなりません。なぜならば、この一大事件に直面しながら、これに対する願い・伺いが、直ちに見えていないという事実を見るからであります。ようやく同年四月二十一日に及んで初めて、「心得まで伺」をされていますが、これは珍しいことのように思案されるのです。おそらく平常の状態でありますなら、直ちに事情願をされていると思案されるところでありますが、およそ半月の間、沈黙されているかに見えるのはどうしたことでしたか？　おそらくおやしきでは、県庁からの通達事項に関して、人間思案が先に立たれて、まず談じ合いを重ねられ、その対策を講ずるのに追われておられたのかもしれません。同時に、奈良県との折衝そのものが難行して、お言葉通り心一つに澄み切れなかった点が、むしろ、はっきりと表面化してきたのではないかとも推察されるのであります。

明治二十九年四月二十一日

内務省訓令発布相成りしに付、心得まで伺

さあ〳〵いかな事《こと》も言《い》うて来《く》る〳〵。皆《みな》これまで十分《ぶん》話《はなし》伝《つた》えたる。どんな事《こと》しようと思《おも》うて成《な》るやない。今《いま》一時《じ》尋《たず》ぬる処《ところ》、どういう事《こと》もある〳〵。尋《たず》ねる処《ところ》、どんな事《こと》もすっきり取《と》り調《しら》べさす。取《と》り調《しら》べさすと言《い》えば、おかし思《おも》うやろ。地方庁《ちほうちょう》や、願《ねが》う〳〵、却下《きやっか》や〳〵。どうしてもならん。時々《とき〴》の処《ところ》にてはどうもならん。皆《みな》すっきり寄《よ》せて了《しま》う〳〵。尋《たず》ねにゃなろまい。一時見《じみ》れば怖《こ》わいようなもの。怖《こ》わい中《なか》にうまい事《こと》がある。水《みず》が浸《つ》く、山《やま》が崩《くず》れる。大雨《おおあめ》や〳〵。行《い》く所《ところ》が無《な》いなれど、後《あと》はすっきりする。今《いま》一時《じ》どうなろと思《おも》う。心《こころ》さえしっかりして居《い》れば、働《はたら》きをするわ〳〵。反対《はんたい》する者《もの》も可愛《かわい》我《わ》が子《こ》、念《ねん》ずる者《もの》は尚《なお》の事《こと》。なれど、念《ねん》ずる者《もの》でも、用《もち》いねば反対同様《はんたいどうよう》のもの。これまでほんの言葉々々《ことば〱》でさしづしてある。これはというようなものは、さしづがさしづやないと言《い》う。世界《せかい》の反対《はんたい》は言《い》うまでやない。道《みち》の中《なか》の反対《はんたい》、道《みち》の中《なか》の反対《はんたい》は、肥《こ》えをする処《ところ》を流《なが》して了《しま》うようなもの。こんな所《ところ》にこんな事《こと》があったかと、鮮《あざ》やか分《わ》かる程《ほど》に〳〵。必《かなら》ず〳〵悔《くや》むやない。悔《くや》むだけ心《こころ》を繋《つな》げ〳〵。これからは、どうでも皆集《みなあつ》める程《ほど》に〳〵。山《やま》が崩《くず》れる、水《みず》が浸《つ》く。雨風《あめかぜ》や。何処《どこ》へ駈《か》け付《つ》く所《ところ》も無《な》いというようなもの。泥水《どろみず》すっきり流《なが》して了《しま》う。泥水《どろみず》の間《あいだ》は、どんな思《し》やんしてもどうもならん。心一《こころひと》つの理《り》を繋《つな》げ〳〵。いかんと言《い》えば、はいと言《い》え。ならんと言《い》えば、はいと言《い》え。どんな事《こと》も見《み》て居《い》る程《ほど》に〳〵。

（**大意**）さあ、どんなことも言うてくる。このようなことになるとは、これまで十分に話をしておいたはず。しかし、世上からどのようなことをしようとしたところで、その通りできるものではない。尋ね出た事情についても、向こうが必要だと言うので、どのようなことも調べさせてやったのである。

そう言うと、そりゃ不可解なことのように思うであろう。なるほど、あちこちと教会設立を願い出ても、地方庁ではいずれも却下して、どうしても成功しない。その時その時の糊塗《こと》策を講じただけでは解決できぬ。そこでこの際、一切をひっくるめて解決しようと思う。それは尋ね出ねばならぬであろう。一時見た目には恐ろしいことのように思われようが、その怖いなかにも、うまい話もあるものだ。ちょうど水が浸《つ》き、山が崩れ、その上大雨で行き着く所がないけれども、しかしその後はさっぱりと治まってくる。

今のところどうなろうと心配になろうが、心さえしっかり結んでおれば、後は神が働いてやるぞ。反対する者も可愛《かわい》いわが子なら、信じてくれる者はなおさらのこと。たとえ信者といえども、神のさしづを用いないとすれば、反対する者と同じことになろう。ところで、これこれの者たちは、さしづがさしづではないように言っている。世間の者の反対はまず当たり前のことだが、信者の反対は、せっかく肥をするところを自分で流してしまうようなものである。今にこんなところにこんなことがあったのかと、鮮やかに分かるであろうから、どんなことが現れ出ようとも、決して悔やんではならぬ。悔やむ心があるなら、それだけ心を繋《つな》ぎ合うてくれ。
　これからは、どうでもぢばへ一つの理に心を寄せてゆかねばならぬ。山が崩れる。水が浸く。雨風や。まことどこへ駆けつける所もないというようなものだが、この事情から、泥水はすっきり流してしまうのである。やしきが曇っている間は、どんな考えをしてみても何にもならない。要は真実の心を一つに結ぶことである。もし、そこがいかんと言うたらはいと言え。ならんと言えばはいと言っておけ。どのようなことになっても、神はしっかりと見ているから安心せよ。

神意は、まことに親心に満ち溢《あふ》れたありがたいお諭しでありました。一同の人々がどれほど心勇まれたであろうかは想像に難くありません。立教以来の一大ふしとも言うべきこのたびの内務省訓令であり、それに基づく全国的な本教弾圧の厳しい動きでありましたが、これらはすべて「調べさす」ことである。言い換えれば、すべて神の為す業であると仰せられたのでありますから、もはやそこには人間的な不安も不可解も霧消したにちがいありません。

かつて明治二十一年陰暦正月二十六日、教祖一年祭の最中に警官の侵入するところとなり、祭式は遂に不首尾に終わり、人々は何たる不祥事として恐縮し、お詫びも申し上げましたが、その不祥事と思われた事件も決して不祥事ではなく、それも「俺《おれ》がするのやで」と喝破されたことを思い起こさずにはおられません。その上、悪は一時はびこらすけれども、これは一つのふしであって、ふしから新しい芽が出るように、やがて善悪は、はっきりと仕分けて見せるとまで仰せられたことを思いますと、このたびの一大事件も、新しい大きな芽が吹くための大きなふしをお示しくださったものと、しみじみと思い至るのであります。

しかもこのたびは、「反対する者も可愛我が子」と、世間の者たちがこの道に反対攻撃を加えてくるというのも、この教えの真の理が分からんからするもので、いわば、頑是ない子供たちが無理を言い、駄々をこねるのにも等しいものであるから、一々これに逆らうことはせず、むしろ大きく抱きかかえて通るようにと、親として大いなるたんのうの治め方をお示しくださっているのであります。この親心にこそ、どのような子供も育てられていくにちがいありません。

それよりも大切なことは、「道の中の反対は、肥えをする処を流して了うようなもの」

と戒められている点であります。おそらく当時おやしきの人々の中には、前にも記しましたように、不平不満を抱いたり面白くないと心を腐らせたりしていた人もあったのでしょう。それらの曇りが、おやしきを汚す「泥水」「錆水」「悪水」となって、ぢば一つの理を汚していたものと思案されてまいります。ぢばを汚すほこりは、常に払わねばなりません。それを払い去り、ぢば一つの理をすっきり洗いかえるふしとして、このたびの事情をお示しくださったものと拝するのであります。

まこと、「十分道と言えば、世界から付けに来る」（明治21・3・9）というお言葉を、再びここに思い起こすのであります。

一方おやしきでは、協議を重ねられており、先方が「いかん」「ならん」と言う点はどこにあるか、それを改めるにはどうすべきか等々、その具体的な問題に関する真剣な協議が重ねられたにちがいありません。そしてその決として九点が取り上げられましたので、引き続きこれについてお伺いをされているのです。

会議の決を願（会議の点九点）

さあ／＼前以《ぜんもつ》て事情諭《じじょうさと》したる。泥水《どろみず》の中《なか》というは、何処《どこ》へ駈《か》け付《つ》こうかというようなもの。一時泥水《じどろみず》の中《なか》やから見《み》て居《い》る。尋《たず》ねる処《ところ》は皆《みな》こうしたらよかろうという処《ところ》、それはいかんとは言《い》わん。落《お》ちて了《しも》てからどうもならん。無《な》くなってからはどうもならん。泥水《どろみず》の中《なか》でもあちらへ這《は》い上《あ》がり、こちらへ這《は》い上《あ》がりすれば、どうなり道《みち》が付《つ》く。これがいかんと言《い》えば、はいと言《い》え。これより這《は》い上《あ》がる道《みち》は無《な》い。もう安心《あんしん》の言葉《ことば》を下《さ》げて置《お》こう。これがならんと言《い》えばはい、いかんと言《い》えばはい、と、答《こた》えて置《お》け。

（大意）その点については、前もってどうしたらよいかについては諭してある。心濁っている間は、どこへ駆けつけたらよかろうかと迷うだけである。目下のところ濁り濁っているからこそ、じいっと見守っているのである。尋ね出た件々は、皆で相談した上こうしたらよかろうと纏《まと》まったところであろうから、それはいかんとは言わぬ。ただ茫然《ぼうぜん》自失して皆が泥水の中に落ち込んでしまってからでは、どうにもなるまい。何も失うてからではどうにもなるまい。だから濁り水の中でも、何とかして這《は》い上がろうと努力するならば、どうなりとそこには救われる道が付いてくる。それには心素直に持ち直して、これがいかんと言うてくれば、はいと答えるがよい。これより這い上がる道は無い。もう安心の言葉を下げておこうから、これがならんと言うてくればはい、いかんと言うてくればはいと答えておくがよい。

神意は、繰り返し繰り返し、親としてたんのうを治めるより道はないことを指示されております。血の気の多い者にとっては、全く切歯扼腕《せっしやくわん》すべき事態でありましたから、ともすると官憲の専横を憤り、ひいては教会本部として腰がなさすぎるとか、堂々と戦えとか、余計な興奮に駆り立てられる向きもあったにちがいありません。もとより神意は、長い物には巻かれろというような卑屈なものではないのであり、親なればこそ一歩譲られている親心をこそ、しっかりと胸に治めることが肝心なことだったのです。

ところで会議の点九点と註記してありますが、その具体的な要点が何であったか、この場合は明記されておりませんので、何かそぐわぬ思いもしないではありません。おそらく先生方の協議事項としては、それぞれ取り決められていたでありましょうが、なお、考慮さるべき余地があって、その明細を申し上げられなかったのではないでしょうか。つまりこの問題は、全教的な問題である限り、一応は全直轄教会長とも談じ合う必要があり、その一致した方策とした上でお伺いされるお考えであったかに推察するものであります。

内務省訓令に基づく官憲の干渉圧迫は、本教教義の内容から祭儀式に至るまで、本教としてはまことに空前の大ふしに直面したと言えました。教会本部ではおさしづに従い、その申し入れに対しては、あくまでも謙虚な態度の中に、慎重な協議を重ねて、その対策を講じねばなりませんでした。この辺の事情については『稿本中山眞之亮伝』の中には、次のように述べられています。

「それにしても、具体的な対策のために、一刻も早く本教としての方針を決定せねばならぬ。殊に、この訓令と共に、本局を通して儀式についても強制して来る処があり、もし聞き入れないならば解散さすぞ、という勢《いきおい》で迫って来たので、本部では、五月十八日から二十一日に亙《わた》って、連日役員会議を開いた。そして、二十日に、一同の心のまとまった点を、一々申上げておさしづを仰いだ」　（220～221ページ）

まことに強権の発動であったのであります。初代真柱様をはじめ、主立った方々のご心痛がいかばかりであったかは容易に想像されるでありましょう。この会議の開催までの間にも、おそらく寄々《よりより》協議をされては当局との折衝を重ねられたでありましょう。その間の難行もいかばかりであったか、四月六日訓令が発布されてから、ようやく五月十八日に至って最後的な会議が開かれたのであります。しかも、直接奈良県当局との折衝の任に当たられた前川菊太郎と橋本清の二本部員の苦衷もいかばかりだったでしょうか！　その鋭い矢面に立たされて、時々は人間心の嵐の中に自暴自棄的な境地をさまよわれたとしても、無理ではなかったでしょう。

明治二十九年五月二十日

五月十八日会議案の点に付願

第一、朝夕の御勤今日より「あしきはらい」二十一遍を止め、「ちよとはなし」一条と「かんろだい」の勤三三九遍とに改めさして頂き度く願

さあ〳〵だん〳〵事情《じじょう》以《もつ》て尋《たず》ねる。それは余儀《よぎ》無《な》く事情《じじょう》から尋《たず》ぬるやろ。なれど、一《ひと》つの理《り》抜《ぬ》くに抜《ぬ》かれん。又一《またひと》つ事情《じじょう》無理《むり》にせいと言《い》えば、心《こころ》の事情《じじょう》大変《たいへん》と思《おも》うやろ。なれど、一《ひと》つ方法《ほうほう》というものは、天《てん》にある〳〵。子供《こども》可愛《かわい》から、どのような事《じ》情《じょう》も受《う》け取《と》ってやろう〳〵。

（**大意**）さて、このたびはいろいろと問題をもって尋ね出るというが、それは全く余儀ない事情からのことであろう。しかしぢば一つの理は抜くに抜かれぬものであるから、よく治めておかねばならぬ。といって、どうでも曲げてはならぬと言えば、お前たちの心労も大変なものと思われる。だが、万事方法というものは天にあるから安心せよ。子供可愛い

親心故にこそ、どのような事柄も受け取ってやろう。

第二、月次祭には御面を据えて、男ばかりで「ちよとはなし云々」、「かんろだい」二十一遍とを勤めさして頂き度く、次に十二下りを勤めさして頂き度く、鳴物は男ばかりにて、女の分は改器なるまで当分見合わせ度く願

さあ〳〵だん〳〵に尋《たず》ねる処《ところ》、理《り》は一《ひと》つの許《ゆる》ししよう。同《おな》じ事《こと》〳〵どうせにゃならんと言《い》うた処《ところ》が、人々《にん〳〵》の心《こころ》の合《あ》わん事《こと》した分《ぶん》にはどうもならん。理《り》は子供《こども》可愛《かわい》〳〵の理《り》から、皆許《みなゆる》したるのや、許《ゆる》したるのや。

（**大意**）次々と尋ね出る件については、親の思いは同じこと、許してやろう。どうこうせねばならんと言うてみても、お前たちの心が一手に治まらんようなことをしたのでは、どうにもならぬことになる。親の思わくは、ただ子供可愛いという一条から許したものである。この親心をしかと治めて掛かってくれ。

第三、守札これまで出しましたが、この度政府より喧しき故、鏡に致して宜しきや、御幣に致して宜しきや願

さあ〳〵尋《たず》ねる処《ところ》、道《みち》の上《うえ》から見《み》れば、道《みち》の上《うえ》からの事情《じじょう》に治《おさ》めてやってくれ。聞《き》く理《り》は治《おさ》めて、一《ひと》つ重々《じゅう〳〵》の理《り》に治《おさ》まるようにして、治《おさ》めてやってくれ。台《だい》は許《ゆる》したる。

（大意） 尋ね出た件は、道の上からするならば、道としてのあり方に治めてくれ。いろいろと聞こえてくる事柄は十分胸に治めて、この際、根本的な治め方に治めてくれ。この心根の程は許してある。

押して、神鏡にさして頂き度く願

それは、その心《こころ》に一《ひと》つ委《まか》せ置《お》こう〳〵。

第四、天理王命の御名、天理大神と称する事願

さあ〳〵万事皆方法《ばんじみなほうほう》の変《か》わりた事《こと》で、当惑《とうわく》して居《い》るやろ。暗《くら》い道《みち》になりたると思《おも》う。暗《くら》い所《ところ》は暗《くら》いだけの理《り》に許《ゆる》してやる。自由《じゆう》の理《り》に許《ゆる》してやる。これだけ話《はな》したら皆《みな》分《わ》かるやろう。そうして一《ひと》つ話《はなし》がある。皆兄弟集《みなきょうだいあつ》まりた。今《いま》が一《ひと》つの理《り》の台《だい》である程《ほど》に〳〵。真実《しんじつ》より怖《こ》わい道《みち》は無《な》い程《ほど》に〳〵。心《こころ》の散乱思《さんらんおも》うから、これまでの処皆《ところみな》見許《みゆる》したる。並《なら》んで居《い》る顔《かお》、実々兄弟治《じつ〳〵きょうだいおさ》めるなら、明《あか》るい道《みち》は今《いま》にある程《ほど》に〳〵。

皆《み》んな一《ひと》つの心《こころ》の理《り》を以《もっ》て、一《ひと》つの物《もの》も分《わ》けてやるという心《こころ》を定《さだ》めるなら、成程《なるほど》という日《ひ》はある程《ほど》に〳〵。

さあ〳〵又一《またひと》つ話《はな》して置《お》く。これまでの処《ところ》に何度《なんど》の理《り》に諭《さと》してある。大道《おおみち》で怪我《けが》はしなよ〳〵と諭《さと》したる。細《ほそ》い道《みち》は怪我《けが》はせん。皆《み》んな仲好《なかよ》くが神《かみ》の道《みち》、妬《ねた》み合《あ》いは世界《せかい》にも数《かず》は無《な》い〳〵、思《おも》い〳〵なりて来《き》た。今日限《きょうかぎ》り前刻話《ぜんこくはなし》してある。一《ひと》つの物《もの》は分《わ》け合《お》うて〳〵、又《また》そちらへもこちらへも分《わ》け合《お》うて、楽《たの》しんで通《とお》るが一《ひと》つの理《り》の台《だい》〳〵。よう聞《き》き分《わ》け。諭《さと》した理《り》は、裏《うら》も取《と》るから、横《よこ》も取《と》るから、治《おさ》まり兼《か》ねる。聞《き》き損《そこな》いあってはどうもならん。万事《ばんじ》の理《り》を治《おさ》まり兼《か》ねる〳〵。よう〳〵の道《みち》治《おさ》まり始《はじ》め掛《か》けたる処《ところ》から取《と》れば、今日《きょう》はどういうものと思《おも》う。これは一《ひと》つのふしと思《おも》てくれ。これより小《ちい》そうなると思《おも》たら、いかんで。一《ひと》つのふし〳〵、ならん処《ところ》はあちらへ廻《まわ》りこちらへ廻《まわ》り、心《こころ》さえ繋《つな》ぎ合《あ》えば、実々《じつ〳〵》一《ひと》つの理《り》はある程《ほど》に〳〵。又先々《またさき〳〵》の処《ところ》、繋《つな》ぎ合《お》うて通《とお》れば、天《てん》の理《り》がある程《ほど》に〳〵。

（**大意**）すべてのことに方法が変わったということで戸惑っていることであろう。急に暗い道になったように思うであろうが、暗い所はそれなりに許してやろう。これも自由自在の守護として許してやろう。これだけ話をしてやれば皆も、なるほどそうであったかと、得心するだろう。その上で話をしておかねばならぬことがある。ここに集まっている者は、皆兄弟も同じ者ばかりだが、この事情こそ根本の理の台となるであろうから、しかと治めてくれねばならぬことである。どんな場合でも、真実ほど強い道はないから、よく思案せよ。お前たちの心が乱れるから、これまでのいろいろな事柄も見許してきた。ここに顔を並べているお前たちが、真に兄弟であるという理を心に治めるなら、今に明るい道も見えてこよう。皆一手一つの心に結び合い助け合い、一つの物なら分けてやろうという心さえ定まるなら、なるほどそうであったかと喜び合える日はあるであろう。

さて、また一つ話をしておこう。これまでのところ、何かの場合に諭してきた通り、大道へ出て怪我《けが》はしてはならぬ。細い道の間は怪我はせぬもの。それには皆仲良く通るということが神の望みの道であり、妬《ねた》み合いなどは世間にだって、そんなに有るものではあるまいが、それを今日までは、皆めいめいの思い通りに通ってきたから、この事情になったのである。今日限りその心を改め、先刻話をした通り、一つの物は分けてやる心、また、そちらへもこちらへも分け合って楽しんで通るのが、根本の理であることをよく治めよ。しかしよく聞くがよい。せっかく神が諭した事柄について、裏から見たり横から眺めたり、勝手の理を打つから互いの心が治まりかねるのである。聞き違いなどがあっては全くどうもならぬ。それではすべての理合いが治まりかねてしまうだろう。
この道がようやく治まりかけたころのことから思案するなら、今日の道の様子はどういうものと思うか。これは一つのふしと思ってくれ。ふしならそこから芽が出るはず。これより小さくなるように思うたらいかんぞ。全く一つのふしなのである。具合の悪いところはあちらへ回りこちらへ回りしながら、互いの心さえしっかり繋《つな》ぎ合いさえすれば、そこに真実の道は開けていくであろう。また、国々先々の道の者の心も繋ぎ合っていくなら、天の働きが必ず見られるはずである。

親神様の御名を変えるということは、信仰上由々しき問題として、喧々《けんけん》たるものがあったでありましょう。おそらく当局は、「天理王命」という神名は、日本の歴史上には見られない神名であることを指摘し、その「命」なる称名に対しても不敬なものと解したかもしれません。しかし親神様は少しも意に介しておられず、淡々としたお気持ちで「暗い所は暗いだけの理に許してやる」と仰せになっているのであります。おそらく人々は、あるいは一時唖然《あぜん》とした人もあったでありましょう。自分たちの慌てた心に比べて、あまりに大らかな親神様のお言葉でありました。いったい、この大事件を親神様はどう見ておられるのであろうか、とさえ思案した方もあったかもしれません。

そして親神様は、最も大切なこととして、皆が心を合わせて事に当たることを、噛《か》んで含めるようにお諭しになったのであります。しかもこの事件は、これまでにいろいろ見てきた事件と同様に一つのふしであると言われ、ふしならそこから新しい芽が出て、この道は将来大きくなることはあっても、決して小さくなるようなことは絶対にないのだと、人々が勇み立つように将来の楽しみさえ示されているのであります。

このお諭しこそ、まことにお言葉通り「理の台」としてお互いが常に座右の銘とすべきところ、舞台がどのような場所でありましても、いざという場合にはそのことの姿に恐れず迷わず、そこにいる者たちが一手一つの心になって、これに当たることをお教えいただいたものと拝すべきでありましょう。

以上四項目にわたってのおさしづに基づいて、教内は「万事皆方法の変わりた事で、当惑」した向きも少なくなかったようであります。殊に、方法の変わった経緯については知らされず、変わった事実だけを伝えられた者たちの中には、大いに悲憤慷慨《ひふんこうがい》した者たちも相当あったにちがいありません。何しろ神名を変えられたこと、および「あしきはらい」二十一遍のお手が省かれたことに対しては、本教は骨抜きにされてしまうたというように解した向きもあったようであります。当時の初代真柱様はじめ先生方のご苦痛がいかばかりであったかは、想像するだに胸の迫る思いがするのであります。

以上の「変わりた方法」として、おさしづの上に示されたものを要約してみますと、

1、おつとめの中「あしきはらい」二十一遍のお手を廃止すること。
2、おつとめの時、かぐら面は神前に据えること。
3、おつとめは男子ばかりにて勤めること。
4、おつとめの鳴物は男子ばかりにて、女子の分は改器なるまで見合わせること。
5、神名を天理大神と改称すること。

となりますが、なお、これら諸件のほか、直接おさしづの上には拝しておりませぬが、次の諸件も取り決められたのであります。

1、教義の説き方を一定にすること。
2、をびや・おまもりは熱心なる信者にのみ下付すること。
3、医師の手を経ておたすけをなすこと。
4、教会の設立・新築はみだりに許さぬこと。

このように列記してみますと、前掲のおさしづ「明治二十九年四月二十一日　内務省訓

令発布相成りしに付、心得まで伺」の末尾における「会議の決を願（会議の点九点）」につき、その九点の内容も、おのずから察知できるでありましょう。さらにこれらの諸点については、引き続き考慮を払われていたことが、爾後《じご》におけるおさしづの中に拝されますが、その主なる事例一、二を記してみましょう。

【例二】

明治二十九年十一月七日

これまで御守りの名称を、信符として出さして貰う御許しの願

さあ〳〵尋《たず》ねる事情《じじょう》〳〵、まあどうでも尋《たず》ねにゃ分《わ》かろうまい〳〵。余儀《よぎ》無《な》くと言《い》うであろ。どれもこれも、どうも一時《じ》これだけ越《こ》えられん思《おも》うから、成《な》らん事情《じじょう》から許《ゆる》したる。どうも日々《にち〳〵》成《な》らん、通《とお》る事出《ことで》けん。ほんの心休《こころやす》め〳〵、そこで色品《いろしな》変《か》えてなりと通《とお》す心《こころ》あれば、許《ゆる》し置《お》こう。心《こころ》あれば許《ゆる》し置《お》こう〳〵。

（**大意**）尋ね出た件は、どうでも尋ね出なければ得心がゆかぬであろう。どんなこともこの際このままでは越すに越せんだろうと思われるから、通常の道から言えば許せん事柄ではあるけれども、親心から許したものである。そのままではどうも日々の勤めも成り立た

ん。日々の道も通ることができんではないか。だから許すというのもほんの心休めのためである。そこで色品を変えてこのふしを通らせてもらうという真実の心さえあるならば、名称を変えることは許しておこう。真の心さえ変わらねば、許しておこう。

従来おやしきから信者たちに授けておられたおまもりを、新たに「神符」と改称して授けたいというお願いであります。おそらく、このおまもりに対しても、一般に見られたる神社・仏閣における「お守り」と比較して、何か珍しいもののように見なされ、庶民を迷わす具のように思われたのかもしれません。それとも、神社・仏閣の類似行為はけしからぬという苦言がなされたのかもしれません。どうやらおまもりという名称が、その筋に触れたものと思われます。

そこで、このようなお願いとなったわけですが、神意は名称の如何《いかん》には少しもこだわってはおられません。たとえその名が「神符」と変更されたにせよ、おまもりの本質に変わりを生ずるわけはないのでありますから、要は、たとえどのような事情にせよ、その事情に恐れずおまもりは続けて渡していく、否、いかねばならぬ。要は、人々の真実の心さえ結び合うならば、それでいいのだと「そこで色品変えてなりと通す心あれば、許し置こう」と仰せられたのであります。しかも名称を変えるということは、それによって世上の分からぬ者たちを、一まず安心させてやるためでもあると、「ほんの心休め〳〵」と諭されているのであります。

　事実、親里より授けられるおまもりは、その辺の神社・仏閣におけるそれとは全然その趣を異にしております。すなわち最初のうち教祖は、御身の回りの小品などを信者にお与えになり、

「これがあんたが親里へ帰って来た証拠の品や、これには百難除《よ》けの守りがつけてあるで」

という意味のお言葉を添えてお授けになったものと拝承します。「しよこまむり」としておふでさきの中にもお記しになり、それを通して親神様の自由自在《じゅうようじざい》の守護をお示しくださるのであります。

　その後明治七年の暮れからは、お召し始めになられたご自分の赤いお衣物《めしもの》をお下げになり、それをもっておまもりをこしらえるようにと、その形態をもお教えくださったのであります。爾来《じらい》今日に至るまで、おまもりは教祖にお召しいただいたお衣物をもって昔通りのおまもりをこしらえられ、願い出てくる者にお渡しくださっているのであります。今日はお姿こそ拝しませんが、教祖は存命同様日々お働きくださっておられますので、日々お

衣物もお召しいただいているのであります。それも「旬々の物を拵《こしら》え、それを着て働くのやで」（明治23・3・17）とのお言葉通り、夏なれば単衣《ひとえ》、冬なれば袷《あわせ》のお衣物を仕立てられ、日々御前にお供えくだされているのであります。これぞ存命同様にお仕えくださっている姿であります。まだ気付かれない方々は、教祖殿に参拝された際、しかと眼に見届けていただき、おまもりをまだ頂かれていない方々は、是非頂かれるようにお願いしておきます。その手続きは信者詰所において、いつ何時でも整えてくれます。

【例二】

明治三十年十一月二十日

九つ鳴物の内、三味線を今回薩摩琵琶をかたどりて拵えたに付御許し願

さあ〳〵何《なに》か尋《たず》ねる事情《じじょう》、事情《じじょう》は心《こころ》置《お》き無《の》う許《ゆる》し置《お》く。これまで前々《ぜん》〳〵事情《じじょう》の時談《ときだん》じ、あれもどうこれもどう尋《たず》ね出《い》で、一列《れつ》子供《こども》の事情《じじょう》によって許《ゆる》してある。何《なに》かの処《ところ》十分《ぶん》じゃなあ思《おも》う。どういうものの時々《とき》〳〵尋《たず》ね出《で》ばさしづする。さしづの上《うえ》、談示《だんじ》という。どんなさしづしても、こんなさしづはなあと思《おも》わぬよう。互《たが》いに理《り》を結《むす》び合《あ》わにゃならん。事情《じじょう》によって結《むす》ぶ理《り》もあれば、事情《じじょう》によってほどく理《り》もある。心《こころ》も病《や》む身《み》

も病《や》むようではいかん。後々《のちのち》の事情《じじょう》は詳《くわ》しいさしづするから、鳴物《なりもの》一条《じょう》は許《ゆる》そ〳〵。皆《みな》寄《よ》り合《お》うて、喜《よろこ》ぶ心《こころ》を以《もつ》てすれば、神《かみ》は十分守護《ぶんしゅご》するとさしづして置《お》く。鳴物《なりもの》は許《ゆる》そ〳〵。

（大意） 尋ね出た事柄については、心置きなく許しておく。これまでも前々から事情のたびにいろいろと談じ合いを重ねた上で、あれもどう、これもどうと尋ねて出たが、一れつの子供可愛《かわい》い親心から、どんなことも許してきた。従って今日という日になって、すべて十分じゃなあと思うであろう。どんなことについても折々尋ね出たればこそさしづをしてきた。さしづをもらった上で、皆談じ合わねばならぬ。しかし、どんなさしづをしても、こんなさしづはなあというようなことは思わぬように、互いに真実の心を結び合わねばならぬ。事情によって心を結び合う場合もあれば、また事情によっては固い心をほぐさねばならぬ場合もある。しかし、いずれにせよ、心も病む、身も病むようなことになってはいけない。後々の事情については詳しいさしづをするから、鳴物に関する事柄はすべて許してやろう。皆寄り合って喜び合う心になるなら、神は十分な守護をするとさしづをしておく。さあ、鳴物事情は許してやろう。

女鳴物を改器することは、なかなか困難なことだったようであります。琴・三味線・胡弓は、日本古来の楽器であり、何ら忌まわしいものではなかったのでありますが、これらを責め立てたということは、おそらく男女合同という点から憶測されたものと思案されるのであります。内務省訓令に基づいて、大阪府が管内警察署に公布した通達の中には、女鳴物について猥雑《わいざつ》の遊器と記していますが、参考のため、その全文を次に掲げてみることにしましょう。

教会所並ニ説教所ニ於テ停止ノ条項

神仏教会所及説教所ニ於テ左ニ掲グル条項ヲ禁ス

一、祭典執行並ニ説教開筵ニ際シ、参集ノ男女ヲ混席セシムル事

一、神殿並ニ仏堂ヲ設ケ賽銭箱ヲ置キ或ハ鈴、鰐口等ヲ掛ケ平素衆庶ヲシテ参拝セシメ社寺ニ模擬スル事

一、病者ニ対シ、医薬ヲ停メ、又ハ供水ト称シ之ヲ飲マシムル事

一、祭典仏事等ヲ行フニ際シ、猥雑ナル遊器（三味線、琴、胡弓）ノ類ヲ用フル事

一、信徒ニ対シ、金銭ヲ貪《むさぼ》ル事

外ニ

一、管内ニ於テ十ケ所以上分教会（支教会及出張所ノ名称アルモノハ分教会ト見做ス）

アル教会ニ於テハ取締人ヲ置キ、常ニ不都合ナカラシムル事
一、神楽《カグラ》ノ体ハ成ヘク賤劣ナラザル様スベキ事

以上

右、明治二十九年六月十五日

この通達の中には天理教の名は見当たらず、本教を対象としたものとは見えませんが、その内容から見て、内務省訓令に基づいた徹底的な本教取り締まりのものであることは容易にうなずけるのであり、その中に三味線・琴・胡弓を指して、実に「猥雑ナル遊器」と断定しているのであります。全く「遊器」とは、驚いた口が塞《ふさ》がらぬ思いがするでありましょう。

その中でも三味線と胡弓は、「遊器」の最たるものと見なされていたようで、その改器に苦心された結果、まず三味線を薩摩琵琶《さつまびわ》にかたどって作られたのであります。親神様もさぞや苦笑されたにちがいありません。人々の苦衷を十分汲《く》み取られて、「皆寄り合うて、喜ぶ心を以てすれば、神は十分守護するとさしづして置く」と仰せくださったのでありま す。人々がほっと安心し、喜び合ったさまが眼に見えるように思われます。

そこで勇気百倍した人々は、次には胡弓についても、そのような方法をもって臨みたい

とお願いを続けたのであります。

同、胡弓の事願

さあ〳〵どうなりこうなり、鳴物揃《なりものそろ》うたら始《はじ》め掛《か》けるがよい。成《な》るも道成《みちな》らぬも道《みち》、付《つ》け掛《か》けた道《みち》は付《つ》ける程《ほど》に〳〵。ならんと言《い》えばはいと言《い》え。年々《ねん〳〵》の道《みち》を見《み》て、あぐさむ心《こころ》は持《も》たぬよう。あぐさんで了《しも》たら、仕舞《しまい》じゃで〳〵。

（**大意**）まあどうなりこうなり鳴物が揃うたら、つとめに掛かったらよいであろう。人間の思うように成るのも、また成らないのも、すべて神の働きである。今日まで付けかけたこの道は、断乎として付け切るから、その心構えを持ってくれ。故にこそ、ここがいかんと言えば、素直にはいと答えておくがよい。ここ数年の様子を見て諦《あきら》めてしまわぬよう。諦めてしまってはそれでおしまいになる。

果たして神意は「胡弓」に関しても、同じ親心の程をお示しくださいました。しかもこのお話の中では、今日まで付けかけた道はどうでも付けるんだと、親の思いをそのままずばり明かされましたことは、なお一層人々の信念を強化したものと思われます。

第三節　安　堵　事　件

内務省訓令に対する教会本部の対策は、まことに英断そのものと言えました。忍ぶべからざるを忍ばれた初代真柱様のご苦衷の程は、拝察するに思い半ばに過ぐるものがあります。おさしづによる神意の裏付けがあったにせよ、本教が今日なおその生命を維持し、ますます盛んなる発展を遂げつつありますのも、この大ふしに際し、よく親としてのたんのうを治められた所以《ゆえん》にほかありません。

しかしながら、教勢は一時沈滞していきました。たまたま日本の国勢も、日清戦役直後の疲労したさ中にありましたから、世の不景気を伴い、本教活動は見る目も痛々しいほどの衰えを見せたのであります。その間隙《かんげき》を縫って、むしろ、それを好機のごとく新しい事態の発生を見るに至りました。それはちょうど、疲労し切って弱った肉体に、それまで潜伏していた病菌が、その弱まったところから表面化して発病する現象によく似たものと言えましょう。事実、訓令後一応の落ち着きを見せ始めた教内は、思いがけない事件の突発に愕然《がくぜん》たらざるを得なかったのであります。

事件とは、いかなるものだったか？　この辺の事情について『稿本中山眞之亮伝』の中には、次のように記述されています。

「この三十年には、昨年来の外部からする攻撃に加えて、この大ふしの時に当り、内部から、或は異端を唱え、或は辞職を申し出るという事情が勃発して来た。その結果は、多年、辛酸苦楽を共にして来た、前川、橋本、飯田の三名を、相前後して失う事となった」　（227ページ）

事実、この三名の異端・辞職事件は、あたかも青天の霹靂《へきれき》のごとく教内を震撼《しんかん》し、その影響また少なからざるものがありました。前掲のおさしづ（明治二十九年四月二十一日）の中に「道の中の反対は、肥えをする処《ところ》を流して了《しま》うようなもの。こんな所にこんな事があったかと、鮮やか分かる程に〳〵」と仰せられた事実が、ついに、その正体を現すに至ったものと思われます。しかもそれらは、これまたお言葉通り、泥水のごとくどろどろと流れ出たのであります。

安堵《あんど》事件は通称、水屋敷事件とも言われています。事件の主人公として登場した人物は、当時本部員として重要な立場にあり、かつ平安支教会長として、実際面にも活動していた飯田岩治郎その人でありました。飯田氏は大和平野の西、法隆寺の少し東にある安堵村の人で、幼いころ激しい腹痛のため、その生命も危ぶまれた時、親たちが噂《うわさ》に聞いた庄屋敷村の生き神様・教祖におたすけをお願いしました。教祖はその切なる願いを容れられ、わざわざ自ら足を飯田家に運ばれ数日滞在されているほどで、その幼心に道の理を受けていたのであります。

長ずるに及びおやしきに奉公して、水のさづけを頂くばかりか、人足社の理も授けられ、身に余る徳を身に付けたばかりではなく、自宅を中心としてできた信者を結成しては、明治二十五年平安支教会を設立していたのであります。その得意絶頂の心境は想像するに難くありませんが、その飯田氏が突如、内務省訓令後の教内の動揺未だ収まらぬ中に、「我に月読命の魂天降り給う。安堵は水屋敷、三島は火屋敷、所詮水は火に勝つもの」と唱え始め、将来は安堵こそ元の屋敷となるとまで触れ出し、役員信者を迷わすのみならず、次第に部内以外の信者にも手を伸ばし始めたのであります。なるほど、事は重大でした。それも時も時、未だ信仰の浅い者たちには、何か新しい力・新しい光が射してきたようにも錯覚されました。事実、あちらこちらの信者たちが、水屋敷水屋敷と言って流れる姿も、だんだんと見えてきたのであります。教会本部としても、もはや捨ておき難いものと断定し、おさしづを仰ぐと共に再三人を派遣してその非を諭し、元に立ち還るよう督促しましたが、飯田氏は頑としてその意を変えようとはしなかったのであります。その様は、次のおさしづをもってしても明らかであります。

明治三十年七月三日

安堵村飯田岩治郎の事に付、桝井伊三郎、増野正兵衛の両名運びしも聞き入れ無之に付、如何致して宜しきや願（飯田岩治郎に神様降れりと申し立て、月読命様のお話なりと言い、上田、春木両名が一の取次と申し、信徒へ申し伝え云々に付取り締まり方御願）

さあ〳〵尋《たず》ねる処《ところ》〳〵、どうもこれよう思《し》やんしてみよ〳〵。二十年《ねん》と言《い》えば二十年《ねん》、二十年《ねん》三十年《ねん》、遠《とお》いこの事情《じじょう》思《し》やんしてみよ。どんな者《もの》頼《たよ》り〳〵、一も取《と》らず二も取《と》らず。よう聞《き》き分《わ》け。先々《さき〳〵》まで一《ひと》つ迷《まよ》わせ、今《いま》一時大事《じだいじ》、一も取《と》らず二も取《と》らず、何《なに》をしたんぞいなあ、何《なに》をしたぞいなあというようなもの。中途《ちゅうと》から見《み》えて大《おお》いに取《と》り返《か》やしならんで。今《いま》が一大事《だいじ》やで。続《つづ》く〳〵、先々《さき〳〵》眺《なが》めて、先々《さき〳〵》見《み》て、年限《ねんげん》の理《り》を治《おさ》めるより効無《こうな》きものと、一《ひと》つさしづして置《お》こう。

（**大意**）さて、尋ねた事柄についてはよく思案してみるがよい。二十年と言えば二十年にもなるか……ここ二十年三十年の遠い昔から、このような事情はあったことをよく考えてみるがいい。どんな者を頼りにしていたか、いずれも虻蜂《あぶはち》取らずに終わっているのだ。よう聞き分けよ。そんなことをして、先々の者まで迷わせるようなことになってはどうもならぬ。今が一番大切な時である。蓋《ふた》を開ければ全く何のこともなく、何をしたんだろうと言うようなものである。その途中から気が付いても、もはや取り返しはつかぬであろう。今が一番大事な時である。こんなことはこれからも続いて起きるだろうが、よく将来の様子を見立てて、今日まで長らく通ってきた功績を治めてやるよりほかに方法はないとさしづしておこう。

押して、治め方心得のため願

さあ〳〵尋《たず》ねる事情《じじょう》というものは、もう一《ひと》つには話伝《はなしつた》えてある。一も取《と》らず二も取《と》らず、所々《ところ〴〵》あちらにどうや、こちらにどうや、一《ひと》つも治《おさ》まりてあるか。よく見《み》てみよ。内々《うち〳〵》談示付《だんじつ》けて、万事事情《ばんじじじょう》にしっかり取《と》り締《し》まらにゃいかんで。

（**大意**）尋ねた事情については、既に一応の話はしてある。何ら得るところもなく、あちらにどう、こちらにはこうと言うものがあるが、その中で一つだに立派に成り立ったものがあるか。よく見てみるがいい。まあ内々の者にしっかり談じ合いをさせ、どのような事情にせよ、しっかり取り締まってくれねばならぬぞ。

親神様は、両名の労を犒《ねぎら》われながら、過去におけるその種の出来事を例に引かれ、一時は盛んな勢いを示しはしても、結局は「一も取らず二も取らず」に終わってしまったことをお説きくだされています。教祖ご在世時代においてさえ、針ケ別所村の助造なる者が異端邪説を説き始めたこともあり、しかも、その時は教祖自らが説得に出向かれ、その非を正されたのであります。自信を持つことは大切なことではありますが、それが過剰になるとすでに異常精神と化しているにちがいありません。それがたまたま内務省訓令によって、いささか動揺を見せた教内の間隙から、頭を持ち上げてきたのでありましょう。

それにしても問題とすべき事柄は、一人の心得違いが本人一人にとどまらず、彼を取り巻く者たち、またさらには、その真相については何ら知る由もない国々所々の信者たちにも反映し、その信仰を動揺させることにありました。この点、助造の場合と飯田岩治郎の場合とは、全く比較すべくもない差異があったのであります。事実、その姿はたちまちにして表面に浮かび上がってきたのであります。捨ててはおけぬ緊急性を明示するようになったのであります。

明治三十年七月十四日

安堵村飯田岩治郎神様下られる様申されるは道具主でも出られるや如何と心得まで願（前日御願通りだん〳〵信徒へ及ぼす故心得まで願）

さあ〳〵尋《たず》ねる事情《じじょう》〳〵、尋《たず》ねる事情《じじょう》には、どうもならん。何度《なんど》も事情《じじょう》に一《ひと》つよう聞《き》き分《わ》けてみよ。どういう事《こと》もこういう事《こと》も聞《き》く。理《り》という理《り》を聞《き》き分《わ》け。一時《じ》の理《り》と、最初《さいしょ》の始《はじ》まりの理《り》と、直《ただ》ちにどうと言《い》わん。この元《もと》という理《り》、元《もと》というはほんのちょいと出《で》て話《はなし》して、年限初《ねんげんはじ》め万分《まんぶん》の一から、成《な》らん理《り》から始《はじ》め掛《か》けたる。何処《どこ》にどういう事《こと》がある、彼処《かしこ》にこういう事《こと》がある。存命中《ぞんめいちゅう》に言《い》うたる。世界道理《せかいどうり》の理《り》に一《ひと》つ成《な》るか成《な》らんか。これから考《かんが》えば分《わ》かる。害《がい》になると言《い》えば害《がい》になる、邪《じゃ》魔《ま》になると言《い》えば邪魔《じゃま》になる。これ聞《き》き分《わ》け。ぢば証拠人間始《しょうこにんげんはじ》めた一《ひと》つの事情《じじょう》、かんろうだい一《ひと》つの証拠雛形《しょうこひながた》を拵《こしら》え。今《いま》一時《じ》影《かげ》だけのもの言《い》うて居《い》るだけでならんから、万分《まんぶん》の一を以《もっ》て、世界《せかい》ほんの一寸細道《ちょつとほそみち》を付《つ》け掛《か》けた。どちらやらこちらやらという理《り》は言《い》うまでのものや。どうこうというは、大体《だいたい》の理《り》に分《わ》かるもの。ほんの何《なん》にも知《し》らぬ者寄《ものよ》って言《い》うのや。尽《つく》した理《り》は何時失《なんどきうしな》わんならんやら知《し》れん。一も取《と》らず二も取《と》らずという事《こと》は、前々《ぜん〱》に知《し》らしたる。天理教会《てんりきょうかい》と言《い》うて、国々所々印《くに〱ところ〱しるし》を下《お》ろしたる。年限経《ねんげんた》つばかりでは楽《たの》しみ無《な》いから、一時《じ》道《みち》を始《はじ》め付《つ》けたる。神《かみ》一条《じょう》の道《みち》からは、万分《まんぶん》の一の道《みち》を付《つ》けたのやで。それから聞《き》き分《わ》けば、邪魔《じゃま》になるものは邪魔《じゃま》になる、害《がい》になるものは害《がい》になる。言《い》わいでも分《わ》かった話《はなし》や。

（**大意**）尋ね出た事情は全くもってどうもならんことである。今まで何回か繰り返しながら、根本の理を聞き分けできないのか。事実、どんな噂も聞いているが、真実の理を聞き分けねばならぬ。一時の都合で出来上がった水屋敷と、元初まりから一人立ちしてきたぢばの理を聞き分けたら、すぐにどうせとは言わぬ。この元初まりのぢばは、親神が初めてこの世に出て説き明かしたもので、それはこの人間世界始まり出しの当初、まだ何も成り立たぬうちに始め出した所である。どこにどういうことがある、かしこにこういうことがあると、そのような事柄は教祖在世中にすでに見えている。世界の道理でこの神一条の道が成り立つか成り立たんか。この点から思案すればよく分かるはずである。

　害になると言えば害になる。邪魔になると言えば邪魔になる。さあ、よく聞き分けよ。ぢばこそは人間を創《はじ》め出した元の場所であり、その証拠として目下雛形《ひながた》かんろだいを据えてあるが、それでは何やら影のように頼りないように思うから、一時のところ、親の思わくの万分の一の姿として教会という細道を世上に付け始めたのである。どちらがどうで、こちらがこうなどとは言うまでもないことである。どうこうという区別は、大体のことからしてもその理は分かるもの。それを妙に言うのは何も知らん者が寄ってたかって言うに過ぎない。そんなことでは、せっかくそれまで尽くしてきた理を、何時失わねばならんか、測り知れぬことになるであろう。一も取らず二も取らず、何の意味も価値もないことになるとは、前々にも知らせてある通りである。

天理教会というものは、国々所々印を付けたもの。ただ年限が経《た》つばかりでは、何の楽しみも無いから、その場の策として応法の道を始めたものである。神一条の道からすれば、万分の一の道を付けたものである。この理合いを聞き分けるなら、このたびの事情は、邪魔になると言えば邪魔になるし、害になるものは害になることは、今さら言わずとも知れたことである。

押して、信徒取り締まり上に付願

さあ〳〵名称々々《めいしょ〳〵》の処《ところ》、事情《じじょう》話《はな》す処《ところ》、変《か》わりたるやなあ。話《はな》す処《ところ》どうも一時《じ》すっきりとして了《しま》えば、言《い》うまでの事情《じじょう》や。案《あん》じて居《い》れば切《き》りが無《な》い。よう皆々《みな〳〵》思《し》やんしてみよ。一所《ひとところ》崩《くず》れたら、何処《どこ》まで崩《くず》れるとも分《わ》からん。一《ひと》とこ崩《くず》れたら何処《どこ》まで崩《くず》すやら分《わ》からん。しっかり治《おさ》め〳〵。言《い》うて治《おさ》まらにゃどうもならんやろう、と言《い》うても、要《い》らんと言《い》うやどうもならん。ほのかの理《り》から治《おさ》まりたる処《ところ》、どちらやらこちらやら、今《いま》一時《じ》の道《みち》という。思《おも》うか思《おも》わんか、よう思《し》やんしてみよ。

（**大意**）国々所々の教会でも、この事情についてはいろいろと話し合っているであろう。変わったことが起きたものだなあと話もしているであろう。しかし、すっきりと治めてしまえば、それほど心配することもない事情である。心配ばかりしていては切りがない。よくよく皆も思案してみよ。一所が崩れたら、どこまで崩れるとも分からぬ。事実、一とこ崩れたら、どこまで崩すやら分からぬから、しっかりと治めてくれ。いくら言い聞かせても治まらねば仕方のないことである。言い聞かせても、先方が要らんと言うのではどうにもなるまい。要は、ほんの軽い心得違いから始まったものであるから、どちらが本筋か、ここ暫《しばら》くの間にはっきりする。そう思うか思わんか、よう思案してみるがよい。

押して、部下出張所布教所へ出張して整理すべきや、又は担任を本部へ招きて取り締まり致すべきや

さあ〳〵だん〳〵尋《たず》ねる処《ところ》、前々《ぜん〳〵》から事情《じじょう》に諭《さと》したる処《ところ》は、一《ひと》つも違《たが》わんなれど、

又《また》一《ひと》つ他《た》に事情《じじょう》所々《ところ〴〵》理《り》のある処《ところ》は、まあほのかのようなもの、実際治《じっさいおさ》まりない。治《おさ》まりないから、ふわ〳〵したようなもの。道理諭《どうりさと》す中《なか》に、何《なに》かあるやら分《わ》からん。一寸蓋《ちょっとふた》を取《と》れば分《わ》かる。中《なか》に何《なに》やらというようなもの。この区域《くいき》その一《ひと》つの事情《じじょう》、それ〴〵の理《り》を集《あつ》め、一時《じ》に運《はこ》んで又事情《またじじょう》、もう些《いささ》か濁《にご》りた処《ところ》、世界出《せかいだ》そうと言《い》うたて世界《せかい》へ出《だ》せるものやない。世界事情怖《せかいじじょうこ》わいようなもの。年限《ねんげん》の理《り》から見《み》ればようたていようなもの、早《はや》く取《と》り締《し》まらにゃならん。取《と》り締《し》まり遅《おく》れたらどうもならん。所々《ところ〴〵》理《り》を諭《さと》し、順序治《じゅんじょおさ》まれば、理《り》も治《おさ》まる。どうであろうこうであろう、口《くち》と心《こころ》との理《り》を以《もっ》てすれば、どうも仕様《しよう》がない。先々《さき〴〵》の話聞《はなしき》いてみて諭《さと》して治《おさ》めば、又治《またおさ》まる〳〵。

（**大意**）さて、だんだんと順次尋ね出た件については、前々からこの事情について諭した通り一つも違わないけれども、ほかにもこの事情に心寄せている所があるとすれば、まだ聞きかじったようなもので、実際心の治まりはできていないであろう。治まりないから、ふわふわと浮き草のようなものである。いろいろと道理を諭している中に、どんなことが見えてくるやもしれぬ。ちょっと蓋《ふた》を取れば分かるようなもの。中に何があるのかな、というようなもの。区域区域の事情をよく調べてみるがよい。一時運んでまた運ぶというようにせよ。もはや少しばかり濁った所もある。そして問題を表に出そうと言っているものもあるようだが、そんなことができるものではない。だが、世界の眼は怖いようなもの。年限の道から見れば全くうるさいようなものだから、早く取り締まらねばならん。取り締まりが遅れてはどうもならない。国々所々の名称の理を諭し、ぢばと一般教会の順序が治まるなら、事情も丸く治まる。どうであろう、こうであろうと、言行不一致の様子では仕様がない。先々の話をよく聞いた上で、しっかり諭せば治まるであろう。

水屋敷に関する風説、殊に飯田岩治郎氏に神様が下がられるとの所説は、信仰の根源を知らない一般信者にとっては大きな魅力であったにちがいありません。それに心憑《つ》かれて水屋敷へ転向する者たちの数が、だんだんと増加していきました。その事実は、全く捨ておき難いものと思案されましたので、その事実がほんとのものか、どうかを伺われたのであります。

親神様もその気持ちに対しては直ちに、「一時の理と、最初の始まりの理」とをよく思案するようにと仰せられ、教祖在世中にもそんな例があったとして、本末順序を取り違えぬようにと戒められたのであります。さらに、その理と理とを明らかならしめるために、ぢばと一般教会との理を説き分けられていることは、今日なお新しいお諭しとして私どもの、とくと治めねばならぬところと思案されるのであります。すなわち、「神一条の道からは、万分の一の道を付けたのやで」と、まことに端的に仰せられており、そのような不心得者が害になることは、「言わいでも分かった話や」と言い切っておられるのであります。

押して、信徒取り締まりにつきお伺いされていますが、そこでも事情の性格について、「一時すっきりとして了えば、言うまでの事情や」と、真相が分かりさえすれば、なあんだ、そんなことだったのかと、すっきりしてしまうものだと仰せになりながら、しかしそれによって「一所崩れたら、何処まで崩れるとも分からん」と戒められ、信者が迷わぬよう、しっかり治めるようにとお諭しになっております。

そのためには、本部より地方教会に巡教して治めるべきか、それとも教会長をぢばに招集して取り締まるべきかと、実際的方法についてお伺いされていますが、それについては方法はどちらにせよとは仰せられず、地方の教会では真相が判明せず、いろいろと勝手な想像・思案に暮れながら心治まらぬ所もあり、または、すでに濁りだしている所もあろうから、よくよく先方の事情を取り調べ、先方の話もよく聞いてやって、得心がつくように話を伝えて、治めるようにせよとのお諭しであります。

まこと、噛《か》んで含めてのお諭しであることをありがたく思わずにはいられません。おやしきでも人々がどれほど力強く心を引き立てることができたことでしょうか。

ところが、飯田岩治郎氏の勢力はだんだんと膨張し、その勢いは侮り難いものとなってきました。しかも、その勢いに乗じて平安支教会からは、役員と称する者五名が教会本部を訪れて、傲慢《ごうまん》無礼にも、

「わが平安こそ、広い世界に二つとない水屋敷である。ぢばに立てこもる者たちは何と考えられるか。いずれ平安から往還道を付けるから承知せよ」

と申し立てたのであります。

何ということか、本末主従の順序を転倒した暴戻《ぼうれい》極まる言辞でありましたので、人々は直ちに真柱様にも事の由を申し上げ、あらためて事情願をもって神意をお伺いしたのであります。

明治三十年八月二日

平安支教会長飯田岩治郎事情に付願（神様御下りありと申し立て曰く『この屋敷は二つ無き水屋敷、元なる者は何んと思うぞ、この度は平安より往還の道つける皆心勇み出よ』と、その他種々申し立て

尚飯田に月読の神御下り其御指図故本席より誠の神と言って分かり来るとの事に付、平安より役員春木、松尾、田中、森中、西本、重役五名罷出で、本部長へ上申の上本部員立ち会いの上願)

さあ〳〵尋《たず》ねるやろう。尋《たず》ねにゃ分《わ》かろうまい〳〵。尋《たず》ねたら事情《じじょう》分《わ》けてやろ〳〵。これまでこれめん〳〵道《みち》のため、教祖《おやさま》からと言《い》うて諭《さと》したる。毎々《まい〳〵》諭《さと》したる。教祖《おやさま》に心映《こころうつ》して年限《ねんげん》の道《みち》。いつ通《とお》りたか分《わ》かるやろう。よう聞《き》き分《わ》け。一軒《けん》一戸《こ》親兄弟《おやきょうだい》一《ひと》つの理《り》から諭《さと》そう。よう聞《き》き分《わ》け。一列《れつ》は神《かみ》の子《こ》である。憎《にく》い可愛《かわい》の隔《へだ》て無《な》い。日々《にち〳〵》に可愛皆諭《かわいみなさと》すやろう。話《はな》した処《ところ》が数々《かず〳〵》覚《おぼ》えて居《い》られん。どれだけの放蕩《ほうとう》したとて、どうもなろうまい。どちらの理《り》もあろう。何処《どこ》の理《り》を諭《さと》してやるのやあろまい。始《はじ》め掛《か》けたる理《り》を伝《つと》うたる。取《と》り損《ぞこな》いありてはならん。無理《むり》にどうせいとは言《い》わん。人間《にんげん》というめん〳〵の理《り》で思《おも》い違《ちが》いすればどうもならん。前々《ぜん〳〵》尋《たず》ねた理《り》に諭《さと》したる。一も取《と》らず二も取《と》らず。めん〳〵心出《ごころだ》したら、皆根《みなね》を忘《わす》れて了《しま》うも同《おな》じ事《こと》。珍《めずら》しい事《こと》と思《おも》えば、一時《じ》は通《とお》れるやろう。なれど、教祖《おやさま》の理《り》を聞《き》き分《わ》け。年限長《ねんげんなが》らく日《ひ》でありて、可愛々々《かわい〳〵》で一寸道《ちよつとみち》を付《つ》け掛《か》けたばかりや。未《ま》だ〳〵日《ひ》が遅《おく》れる。踏《ふ》み被《かぶ》りしてはならん。これ聞《き》き分《わ》けば分《わ》かる。どんな事《こと》でも言《い》うて行《い》けば行《い》かる。思《おも》い違《ちが》い無《な》いよう。これが間違《まちご》うてあると思《おも》えば、一《ひと》つ答《こたえ》せい。

（**大意**）尋ね出たか。尋ね出ねばなるまい。尋ね出たからには、事情について説き分けてやろう。これまでも互い互いに道の上から諭してきた。その都度諭してきている。この道は教祖ひながたを辿《たど》りながら年限通ってこその道である。どれだけ通ってきたかは各自分かるであろう。よく聞き分けるがよい。

一家といい、親子兄弟という根本の理から諭してゆこう。世界一れつの人間は神の子である。誰が憎い、誰が可愛《かわい》いという隔てはさらにない。日々可愛い一条の心で守護していることは皆も人に諭しているだろう。この話は話したところで、一々多くのことは覚えてはおられまい。仮に可愛い子供なら、どれだけ放蕩《ほうとう》したからとてどうにもなるまいが、そこには双方共に言い分というものはあろうが、今さら、どちらの言い分を論そうとは思わぬ。要は、人間始めかけた時の思わくを伝えてきたのだ。その点を取り損なわぬようにしてもらいたい。

また無理にどうしろとも言うていない。とかく人間は自分勝手な考え方から取り違いをするのでどうもならぬ。このことは前にも尋ねた際、とくと諭してある。何の取りえもなく勝手気ままな心を曝《さら》け出したら、信仰の根本を忘れてしまうのと同じことである。もっとも、珍しいことと思えば、一時はそのままで通れるかもしれんが、教祖存命の理をよく聞き分けてもらいたい。教祖は長い年限通りながら、子供可愛い一条の親心から、教会という応法の道を付けかけたばかりの今日である。これではまだまだ日が遅れてしまうだろう。神一条の道を踏み違えてはならぬぞ。この理が分かりさえするなら、この事情についても分かるであろう。どのようなことでも、親に一言断ってするなら、行き違いはないもの。この点、思い違いのないようにしてもらいたい。この話に間違いがあると思う向きは、包み隠すことなく一言申し立てるがよかろう。

言語道断とも言うべき水屋敷よりの申し入れではありましたが、親神様は穏やかなお気持ちで、諄々《じゅんじゅん》としてお諭しくださいました。この教えは根は教祖にある所以を説かれ、教祖の教えに心を沿わせて通ってきたからこそ、今日の日があると、「教祖に心映して年限の道」と仰せになり、それを忘れて銘々勝手な考えを出したのでは、根を忘れたものとして枯れてしまうと、「めん〳〵心出したら、皆根を忘れて了うも同じ事」と戒められたのであります。そして教会制度の本質にも言及されて、たとえ、どのような教会となり教会長となっても、その意義・立場を離れては、もはやその役を務めるわけにはいかぬことを諭されています。とかく地位ができ、力が添うて参りますと、お山の大将と逆上する人間のあざなさを嘆かれている親心の悲しみをお示しになっているところと、胸迫る思いがするでありましょう。事実、親神様は一れつの子供可愛い親心の上から、子供たちが表へ出やすいように、そして歩きやすいようにと、応法の道をお許しくだされたわけで、その親心を取り違えるところに、人間勝手の理が生まれてくるのであります。

　このように平安事情に対処すべき根本の理のお諭しを受けて、人々も大いに安心し勇気づき、それではと、具体的な問題について押して願い出られました。すなわち、先方の根拠とする点――飯田岩治郎氏に神様が下がられるという点と、平安支教会が二つ無い水屋敷であるという点につき、それらが事実そうなのであるか、それとも彼自身の心の迷いから出た架空なものであるのか、この黒白をはっきり付けていただかねば、真に心の落ち着きを得られなかったのであります。

押して七月三十日（陰暦七月一日）に飯田へ神下り、筆先と申し、二つ無い水屋敷其外いろ〳〵御指図ありましたは実ですや、心の迷いですや願

さあ〳〵尋《たず》ねる。それが、答《こたえ》であろう〳〵。水屋敷《みずやしき》と言《い》うた事《こと》は無《な》い。人《ひと》に授《さず》けたる。又《また》、変《か》わらん理《り》を伝《つた》えて、代々《だい〳〵》変《か》わらねば、屋敷《やしき》の理《り》ともならんでもない。三代四代《だいよだい》経《た》っても、代々《だい〳〵》変《か》わらねば又水屋敷《またみずやしき》も同《おな》じ事《こと》。よう聞《き》き分《わ》けば分《わ》かる。

（大意）いよいよもって尋ね出たか。それがお前たちの本心であろう。もともと水屋敷というようなものは無い。言うなれば人間に授けた理である。もっともその者が真実の理を伝え、かつ代々変わらぬ心で通るなら、屋敷の理とならぬことはない。すなわち、三代四代経ても、真実誠の心で通るならば、水屋敷と言われるようになっても不思議はないだろう。その点につき、よく聞き分ければよく分かるはずである。

暫くして

さあ〳〵一時今始《じいまはじ》めた処《ところ》で、どうという理《り》はあろまい。よう聞《き》き分《わ》け。これまであちらにもこちらにも、どういう事《こと》もありた。なれど、皆長《みなが》らく遂《と》げる事出《ことで》けん。日《みち》日皆言《にちみない》う人《ひと》にかりもの心《ごころ》でどうと思《おも》えばどうとも思《おも》わる。成程尋《なるほどたず》ねたる。成程《なるほど》という理《り》を聞《き》き分《わ》け。あちらにも信徒《しんと》、こちらにも信徒《しんと》と言《い》う。教会《きょうかい》や出張所《しゅっちょうしょ》と言《い》う。名称下《めいしょうお》りたる理《り》、何処《どこ》から出《で》たるか。これ、聞《き》き分《わ》けたら分《わ》かる。数々《かず〳〵》こうしたらどうという処《ところ》、早《はや》く通《とお》り直《なお》せ〳〵。

（大意）さあ、今のところ始めたといったところで、どうということはあるまい。よく聞き分け。これまでも、あちらにもこちらにもいろいろなこともあった。しかしどれもこれも長続きしたものはない。日々皆言っているように、人は身はかりもの、心だけが我がの理であるから、心でどうと思えば、そのように思われてくるものである。なるほど尋ね出たのも道理。なるほどという理を聞き分けよ。あちらにも信徒、こちらにも信徒と言う。また、教会や出張所と言うが、名称の理を下ろしたのは、どこから下ろしたのか。これを聞き分けられたら一切分かる。いろいろとこうしたらよいと思われるところは、早く通り直すがよい。

又、暫くして

さあ〱もう一《ひと》つ話《はなし》する。此処《ここ》までこうと思《おも》た。神《かみ》という、世界心《せかいこころ》と思《おも》うから出《で》たであろう。よう聞《き》き分《わ》けば、そうやない。聞《き》き分《わ》けば真実《しんじつ》分《わ》かる。こうしたら真実《しんじつ》の所《ところ》へ立《た》ち帰《かえ》る事出《ことで》けんなら、又理《またり》を変《か》えてという、一《ひと》つの思《おも》わくも出《で》るであろう。よう聞《き》き分《わ》け。これ聞《き》き分《わ》けば、成程真《なるほどしん》に理《り》が治《おさ》まるで。

（**大意**）さあ、もう一つ話をする。今まではこう思ってきた。つまり神が出たと言うが、それは世間がそういう心になったからのことであろう。よく聞き分けるなら、神の言うものはそんなものではない。聞き分ければ真実が分かるだろう。だからこの方法では真実ではないと分かるなら、また別な方法を変えていこうと言うだろう。そんな考え方も出るであろう。よく聞き分けてもらいたい。これ聞き分けたら、なるほどという理が治まる。

又、暫くして

もう一段話《だんはなし》する。平安《へいあん》という理《り》が一《ひと》つある。これまで互《たが》いという理《り》が一時忘《じわす》れられようまい。この場《ば》で成程《なるほど》と思《おも》えども、あちらへ戻《もど》ればどうと思《し》やんは要《い》らん。教祖《おやさま》一《ひと》つの話《はなし》、存命同様《ぞんめいどうよう》の理《り》である程《ほど》に。

（**大意**）もう一段話をする。あすこには平安という名称の理が下ろしてある。同じ名称の理なら、互いに助け合うということが忘れられまい。ここへ来て話を聞いた時は、なるほどと思うても、あちらへ戻るとまたあちらの思案に戻るようではどうもならん。この道は教祖一人が元であり、現在また教祖存命の理をもって治まっているのである。

又、暫くして

又一《またひと》つ話《はなし》、明日《あす》から心治《こころおさ》まれば同《おな》し事《こと》、互《たが》い〳〵心《こころ》はどうしたぞいなあというようなもの。これも又皆精神《またみなせいしん》にあろう、とさしづして置《お》こう。

（**大意**）また一つ話をする。明日からでも心が治まってくれるなら、今まで通りの平安も同じことである。このままではお互いに、どうしたことだろうなあと、探り合っているようなものだが、この問題もその精神一つにあるとさしづしておこう。

ここにおいて親神様も率直に仰せくだされています。「水屋敷」などとは元々無いもので、「水のさづけ」だけはその者に渡してあると。「水のさづけ」を渡されたが故に「水屋敷」と称したわけだが、取り違いも甚だしきものと喝破されたのであります。しかもなお、お慈悲の思いやりの上から、三代四代とその真実をもって通ったことなら、その者の屋敷もそう言えるだけの理が添うかもしれぬと諭されています。

さらに引き続いて、ぢばと水屋敷の理の区別をはっきりさすために、現在各地に名称の理を下ろして教会を設けているが、その名称の理はどこから許しているのか、すべてぢば一つの理を分けて許している点を思案すれば、よく分かるはずと仰せ出されています。

さらに念を押すように、先方に神が下がると言うているが、実際は何の根拠もないことでありながら、周囲の者たちが寄ってたかって騒ぐから、ほんとに神が下がるような錯覚に陥ってしまうものであると、人間の心の動きの微妙さを指摘されています。そしてこの道は教祖が元であり、その教祖は姿形こそ見えね、存命同様に働いておられる真実が治まってさえいれば、なるほど人間勝手なことをしていると分かるはずである、と教えられたのであります。それよりもありがたい親心の程は、最後に「明日から心治まれば同し事」と、そこになお一筋の希望の綱を下げていただいていることに、しみじみと拝することができるのであります。

　このように、明日からでも遅くないとまで仰せいただきましたのに、飯田氏はじめその首脳部の心は治まりませんでした。おぢばにおいてお話を聞いている間は、なるほどと心を治めておりましても、平安へ帰ってきますとそこの空気に迎えられて、せっかくおぢばで治まりかけていた心が、またまた縒《より》が戻ってくるのでした。お話の中に「この場で成程と思えども、あちらへ戻ればどうと思やんは要らん」とお諭しいただいているのはこの点であると拝します。

　平安からの交渉は何回か繰り返されたことでしょうが、結果はいつも同じことで、その勢いはますます募る一方でありました。もはやそのままにしては事重大と考えられましたので、いよいよその処分方について協議が始められました。傷は大きくならぬうちに治療するのが賢明なことであります。

明治三十年十一月十三日

飯田岩治郎だん〳〵相つのりしに付、処分方に付願

さあ〳〵尋《たず》ねる事情《じじょう》〳〵、ものというは、放《ほ》って置《お》いて大事無《だいじな》いものと、害《がい》になるものとある。放《ほ》って置《お》いて為《ため》になるものなら、放《ほ》って置《お》いてもよい。皆《み》んな、よう聞《き》き分《わ》け。前々《ぜん〳〵》さしづ、一も取《と》らず、二も取《と》らず、この理《り》よりだん〳〵運《はこ》び来《き》たる心《こころ》という理《り》、深《ふか》きの無《な》きうちに直《なお》せば直《なお》る。日々《にち〳〵》だん〳〵日《ひ》が経《た》つ程《ほど》、皆《み》んな寄《よ》り合《あ》う心《こころ》に理《り》が寄《よ》りて来《く》る。寄《よ》る程真《ほどまこと》の理《り》を失《うしの》うて了《しま》う。こうしたならいけんやないかと、何《なん》にもならん事《こと》して、今《いま》まで積《つ》んだもの掘《ほ》り起《おこ》して了《しま》うようなもの。二所《ふたところ》も三所《みところ》も出来《でき》るものなら、元《もと》のやしきは要《い》らんもの。元分《もとわ》からんから、そういう事《こと》するのや。数々《かず〳〵》世上《せじょう》に理《り》を下《お》ろしたるは、同《おな》じ一《ひと》つの理《り》。外《ほか》にいろ〳〵あちらで一寸《ちょっと》やってみ、こちらで一寸《ちょっと》やってみても、成《な》り立《た》ったものはあろうまい。尽《つく》して十分《ぶん》運《はこ》んで十分《ぶん》、年限経《ねんげんた》ってこそいつ〳〵までの事情《じじょう》、何《なに》やら彼《か》やらほんの一《ひと》つの答《こたえ》も無《な》く、放《ほ》って置《お》くから一寸《ちょっと》には行《い》かん。行《い》かんからこれまで放《ほ》ってある。最初《さいしょ》は一《ちょ》

寸《つ》した容物《いれもの》に入《い》れてあるようなもの。なれど、だん〳〵日《ひ》が経《た》つ、理《り》が殖《ふ》えて来《く》ればば仕舞《しまい》には容物《いれもの》には入《はい》らんように成《な》る。成《な》ってからどんならん、出《で》けてからどんならん。いかんものは誰《たれ》聞《き》いてもいかん、善《よ》きものは、誰《たれ》が聞《き》いても善《よ》きもの。あちら分《わ》かれ、こちら分《わ》かれ、とんとどうもならん。この事情《じじょう》聞《き》き分《わ》けて、これから先《さき》何《なに》か万事《ばんじ》心得《こころえ》てくれ。それで今日《きょう》の日《ひ》は、僅《わず》かの日《ひ》を待《ま》って、これでと言《い》えば、それよりすっきりするがよい。うか〳〵したら、どんな事《こと》になるやら分《わ》からん。悪《あく》というものは、立《た》ち掛《か》けたら一時《じ》は立《た》つものや。放《ほ》って置《お》いてはどうもならん。世界《せかい》には未《ま》だ〳〵分《わ》かりた者《もの》は僅《わず》かしか無《な》い。早《はや》くに取《と》りて了《しま》えば、今日《きょう》の日《ひ》は無《な》きもの。それからそれと心《こころ》に欲《よく》が付《つ》くから、一人《ひとり》出《で》け二人《ふたり》出《で》け、それが頼《たよ》りになりてだん〳〵事情《じじょう》と言《い》う。あちらこちら何《なに》も分《わ》からん者《もの》、いつまでやっても行《い》かせん。今日《きょう》の日《ひ》は一寸《ちよつと》片付《かたづ》けて、すっきりして了《しま》うがよいで〳〵。

（**大意**）さて尋ね出た事情について、しかと諭そう。ものというものは放っておいても大したことのないものもあれば、害になるものもある。放っておいて為《ため》になるものなら、放っておいても差し支えない。皆、よく聞き分けるよう。前々にさしづした通り、一も取らず二も取らぬような心遣いをだんだん重ねてきたその心の理も、深みに落ち込まぬうちに直せば直るものである。一日一日と日が経《た》つほど、皆集まってくる者たちの心にその思いが募ってくる。そうなれば、その心になればなるほど、真実の理を失ってしまうことになる。こうしたらいけんじゃないかと言われながらも、何にもならぬことをして、それまで積んできた徳を掘り起こしてしまうことになる。

　もしも二所も三所もできるものなら、初めから元のやしきというものは要らなかったのだ。元の理が分からぬから、そういうことを言い出すのである。所々方々に教会を設立したのは、皆ぢば一つの理に立ってのことである。それを知らずに、ぢばを離れてあちらで元のやしき、こちらで元のやしきなどと言うてみても成り立つわけがない。この道は親に十分尽くし、十分運びながら、相当の年限経ってこそ、いついつまで変わらぬ徳を頂けるのである。何やらかやら言いながら、ただ一つの答えもなく、放っておくからちょっとには解決できなくなってくる。また、解決つかんからこれまで放っておくようになったのだ。

　最初のうちは、ちょっとした入れ物に入れてあるようなものだったのが、だんだん日が経つにつれて思いが重なり、しまいには入れ物に入らんようになってくる。そうなってから慌てても仕方がない。表へ出始めてからはどうもならなくなってしまう。いけないものは誰が聞いてもいけない。善いものは誰が聞いても善い。その上あちらが分かれ、こちらが分かれるようになっては、全くのところ始末がつかんことになる。この事情をよく聞き分けて、これから先は万事心得てもらいたい。そこで今日の状態となっては、近いうちにこれでということがあれば、それをきっかけにすっきりしてしまうがよい。うかうかしていたら、どんなことになるか分からぬぞ。

元来、悪というものは、立ちかけたら一時は盛んとなるものであるから、放っておいてはどうもならなくなる。幸いにこの事情について、分かっている者はまだわずかしかないから、早いうちに取り除いておけば、今日のように大げさにはならなかったであろう。それからそれと余計な欲の心が動いていくから、心得違いの者が一人でき二人できして、しまいにはその者が頼もしく見えて、だんだんと大きなものになっていくのである。あちらこちらで、何も理の分からぬ者が集まって、何をやってもうまくいくものではない。今日となってはちょっと片付けてすっきりしてしまうがよい。

まこと明快な、一瞬胸のすくようなお諭しでありました。先方が「水屋敷」と豪語して、あたかもこの教えの本元のごとく言い触れてきたことに対しては、「二所も三所も出来るものなら、元のやしきは要らんもの」と、簡明なるお話をもって、その黒白をつけておられます。このお諭しこそ、今後出現するあらゆる異端邪説に対する決定的な切り札ともなるべきものと拝するのであります。同時にお互いの信仰生活のあり方が、いかなるものであるかについても、「尽して十分運んで十分、年限経ってこそいつ〳〵までの事情」と、ともすると小成に安んじたり、自惚《うぬぼ》れて高慢に走りやすい点を戒められているのであります。まこと、それまでいくら尽くし運んだと豪語しましても、一度不足を供えますと、せっかくそれまで運んでいたところも水に流してしまうようなものとお聞かせいただいている通りであります。そして、もはや飯田岩治郎の事情は、誰が見ても悪いものであるから、今日の日となっては早くすっきりと片付けてしまえ、と断を下されたのであります。

そこで教会本部では早速その処分方法について協議を重ねられ、その決についてお伺いされました。

明治三十年十一月二十九日

平安支教会長を板倉槌三郎に変更の上、龍田村元すみやへ仮りに移転願

さあ〳〵尋《たず》ねる事情《じじょう》〳〵、どうも事情《じじょう》によって、長々《ながなが》どうも事情《じじょう》によって、どうもさあ〳〵、ようこの一《ひと》つ事情《じじょう》からのさしづをする。皆《み》んなそれ〳〵善《よ》いと悪《わる》いとの理《り》を分《わ》からにゃなろまい。分《わ》かりてあれば事情《じじょう》は無《な》い。分《わ》かりてなけねば道《みち》とは言《い》

わん。万事一《ばんじひと》つの理《り》も、案《あん》ぜる理《り》も無《な》い。これ一《ひと》つ話掛《はなしか》かり、これ一寸《ちよつと》したらどんな事《こと》でも治《おさ》まる。分《わ》からんから治《おさ》まらん事出来《ことでき》る。善《よ》いと悪《わる》いと分《わ》かれば、何《なに》も言《い》う事無《ことな》いもの。教《おしえ》には一《ひと》つの理《り》、一条《ひとすじ》の理《り》、最初身上《さいしよみじよう》から一《ひと》つの理《り》もある。何《なに》か無《な》しの理《り》もある。これよう聞《き》き分《わ》け。今《いま》一時《じ》尋《たず》ねる処《ところ》、いかなる事《こと》と思《おも》わにゃならん。道《みち》というものは、誰《だれ》も知《し》らん者《もの》はあろまい。又《また》、無《な》い理《り》は知《し》ろまい。ほんの事情《じじよう》、皆《み》んなそれ〳〵どうでも行《ゆ》こうまい。どうでもなろうまい。年々《ねん〳〵》送《おく》りたる理《り》は、これも諭《さと》さにゃならん。又《また》一時《じ》尋《たず》ねる処《ところ》、後々《あと〳〵》つい〳〵尋《たず》ねば、早《はや》く諭《さと》さにゃならん。今《いま》一時《じ》尋《たず》ねる事情《じじよう》、どうでもこうでも、見《み》るに見《み》られん、聞《き》くに聞《き》かれん道《みち》ばかりである。十分道計《ぶんみちはか》りて心得《こころえ》まで、十分道運《ぶんみちはこ》んで、それより明《あき》らかな日《ひ》。早《はや》く〳〵運《はこ》んで見《み》せにゃなろまい〳〵。

（**大意**）さて尋ね出た事柄については、どうも事情が事情で、それも長い間の事情だったから、まずその事情の上からさしづをしておく。皆それぞれ事の善い悪いという理を分からねばならない。それさえ分かれば紛議は起こらぬ。これが分からねば道とは言われぬ。どのような事柄についても、ぢば一つの理については心配することはない。この理を話して取り掛かり、少しでもそれが分かるものなら、どんな事情も治まるものである。分からないから治まりにくいことができてくるのだ。善いと悪いとの理が分かれば、何も言うことない。

この教えには元の理がある。神一条の理がある。最初は、身上手引きにより聞き分けた者もいる。また、何がなしについてきた者もある。これをよく思案して聞き分けてくれ。今あらためて尋ね出た事柄は、どんなことかと思わねばならぬ。この道についてはもはや知らない者はないであろう。また、そのないという訳は知らぬであろう。これがちょっとした事情であるにせよ、皆それぞれ人間思案ではどうでも解決できまいし、またどうにもなるまい。何も知らずに年々送ってきた点については、これも諭さねばならぬ。また、このたびの尋ね出たところ、さらに後から追いかけて尋ね出る点は、早く諭さねばならぬ。

ともかく今、差し当たって尋ね出た事柄は、どうでもこうでも見るに見ておれぬ、聞くに聞いてはおられぬ道ばかり通っているのだ。これからはしっかりと道の次第に区切りをつけて、それを定規としてしっかり通ってくれ。それによって本然の姿に還る日があろうし、また、その日を早く見せねばなるまい。

お話は尋ね出た件を外されて、「ようこの一つ事情からのさしづをする」とて、この飯田事情を台として常々皆が「善いと悪いとの理を分からにゃなろまい」と、日々常々の心得を繰り返しお諭しくだされています。この点がよほど親神様には「見るに見られん、聞くに聞かれん道」であられたにちがいありません。人々も、とくと得心いったことでありましょう。そこであらためて具体的な件についておさしづを仰いだのであります。

担任板倉槌三郎御許し願

それは何時《なんどき》にても、一《ひと》つの理《り》無《な》けにゃなろまい〳〵。尋《たず》ね事情《じじょう》に許《ゆる》し置《お》こう〳〵。

（大意）教会の芯《しん》たる担任者は常に居らねばならぬ。尋ね出た通りに許しておこう。

龍田へ移転する事情願

さあ〳〵まあ暫《しばら》くの処《ところ》、所《ところ》変《か》えにゃなろまい。どうも世界《せかい》から何《なん》とも譬《たと》えられん事《じ》情《じょう》である〳〵。この事情《じじょう》はどういう処《ところ》から出《で》る。皆心《みなごころ》から出《で》るのや。皆思事《みなおもいごと》外《はず》れたる。続《つづ》いて刻限《こくげん》知《し》らしたい。刻限《こくげん》には書《か》き取《と》りの事情《じじょう》、どうもあれこれ〳〵、尋《たず》ね尋《たず》ねの事情《じじょう》に刻限《こくげん》諭《さと》さにゃならん。重々《じゅう〳〵》の理《り》、あら〳〵後々《のち〳〵》事情《じじょう》、尋《たず》ね理《り》に諭《さと》するによって、聞《き》き分《わ》けてくれにゃならん〳〵。

（大意）差し当たって、所は変えねばなるまい。世上から見た目には、別に変えねばならんとは思われぬだろうが、こうなったというのも、皆心通りの姿である。皆の思い通りにはならないのだ。続いて刻限話として知らしたいが、刻限の場合には書き取る者の態度が、どうもあれこれと人間心を動かすのでどうもならぬ。重ね重ねて尋ね出る事柄については、刻限話をもって諭さねばならぬものもある。それは決して軽く扱ってはならぬ。後々の事柄についても、重点的に諭すから聞き分けてくれねばならぬ。

同神霊を其儘遷すものや、又は幣を持って行て御遷り下さるものや願

さあ〳〵尋《たず》ねる処《ところ》、それはどちらでもよい〳〵。所一《ところひと》つ事情《じじょう》さえ暫《しばら》く改《あらた》めたら、道《どう》理《り》という理《り》立《た》って来《く》る〳〵。急《いそ》がにゃならん〳〵。

（大意）尋ね出た件は、どちらにしても差し支えはない。移転して所さえ改め変えたら、はっきりと道理が立ってくる。そこで移転は急がねばならぬ。

明後日出越す願

さあ〳〵どうで掛《か》け合《あ》いの時《とき》は、どうかこうか事情《じじょう》あろ。道《みち》が違《ちが》うからどうもならん〳〵。どんな事出《ことだ》したて、荒《あら》い事《こと》は要《い》らん〳〵。

（大意）いずれいろいろと問題も起きるであろうが、元々あり方が違うから、どうにもな

らんことである。先方がどのような措置に出ようとも、こちらは腹を立ててはいけないぞ。

平野楢蔵、松村吉太郎、板倉槌三郎三名出張願

さあ道理《どうり》から今日《きょう》の日《ひ》、道《みち》に二《ふた》つは無《な》い。道《みち》の理《り》は二《ふた》つ無《な》い。心《こころ》は大《おお》きい持《も》たにゃならん。あちらもそれ〳〵、こちらもそれ〳〵、どんな事《こと》あっても大《おお》きい声出《こえだ》すのやない〳〵。見証《みあか》しが居《い》る〳〵。案《あん》じる事要《ことい》らん。道理《どうり》に適《かな》わんからこうなる〳〵。道理曲《どうりま》げる事《こと》いかん。そこで、心《こころ》に持《も》って運《はこ》ぶなら、直《す》ぐと〳〵。

（**大意**）道理を立て切ったからこそ今日の日となってきた。この道に二つの行き方はない。道の精神は二つはない。だから心は大きく持たねばならん。あちらもあちらなりの言い分があろうし、こちらにもこちらとしての主張がある。どんな事態になっても大きな声を出してはならん。神は見通しであるから心配する必要はない。元々道理に適《かな》わぬからこのようなことになる。道理を曲げることはいかぬこと。そこでしっかりと教えの理を胸に治めて、しっかりと通るという心定めがついたのなら、直ちに出向いて行ったらよいであろう。

追って伺われた具体的事項については、親神様もそれぞれにお諭しを加えられながらお許しくださいました。殊に繰り返されて、この道はあくまでもぢば中心の神一条の道であ

る点を治めて掛かることが大切なことと教えられ、この道理を人間勝手な理で踏み外すからこのような事情が生ずると戒められつつ、整理は一時も猶予ならぬとして、直ちに出発するようと督促されているのであります。

とまれ、このおさしづに基づいて、飯田岩治郎氏は一切の教職を免職され、後任会長には板倉槌三郎氏が任命され、平安支教会も直ちに安堵村から龍田村に移転され、安堵事件はようやく解決されたのであります。

第四節　前　橋　事　件

安堵事件がいよいよ重大化しつつあったさ中に、教会本部は別な事件の勃発《ぼっぱつ》に痛い頭を、さらに痛めねばなりませんでした。もっともそれは、表面的にそう見えたものであり、実際的にはすでに長い間燻《くすぶ》っていた埋み火が、ついに表面化したものと言えました。当時本部員として、特に渉外関係面に活躍していた橋本清氏が、辞職願を提出したのであります。

そもそも橋本清氏は、飯降伊蔵様と同郷の櫟本町の人で、小学校の教員を務めていた当時のインテリ、社会的にも指導的立場にあった人材でありました。初代真柱様とも同郷の関係から、その知遇を得て教会本部に迎えられたのであります。明治二十一年四月十日、神道天理教会として初めて表に出た本教としては、爾来《じらい》、教外各方面との折衝事項が多くなるにつれて、その衝に当たるべき者を必要としてきましたので、橋本清氏はまことに適当な人材として迎えられたばかりではなく、年を逐《お》うにつれて本教にとっては無くてはならない重宝な存在となっていったことは肯《うなず》かれるところであります。ただ、これという信仰体験のなかったことが、いわば玉に瑕《きず》の譬《たと》えのように、他の人々から比べて見た時に大きなマイナスであったことも肯かれます。おそらく初代真柱様は、その点を考慮されて、同氏が教会本部で他の人々と伍《ご》して引け目を感じずに自由に働けるようにとの親心から、本部員に列せしめられたものと察知されるのであります。

　どのような具体的事項によってかは詳《つまび》らかではありませんが、その橋本清氏が、だんだんと教会本部の生活に慣れてこられて、何かそぐわぬものを感じられたと見え、それが高じて不足となり不満となって、蓄積されていたにちがいありません。

　その内攻していたものが、ついに明治二十九年四月六日に発布された内務省訓令を発火点として、爆発したように聞いています。訓令発布によって奈良県当局は、早速教会本部に対し検問調査を開始しましたが、その折衝の任に当たったのが、本部員前川菊太郎・橋本清の両氏でありました。両氏は再三奈良県当局に呼び出され、いろいろさまざまと尋問を受け、時には、けんもほろろに叱責《しっせき》されたこともあって、

「天理教もこれでしまいだ。わしは面白うないから本部を辞める」

という決意を固めたのが、橋本清氏でありました。なるほど鋭い矢面に立たされて悪口罵《ば》言《げん》を浴びてみると、人間として面白くないことは、誰《だれ》がその責にあっても同じことであったでしょう。しかし真に信仰を深め、教理を治め、教祖のひながたを多少でも身に付けて

いた人でありましたら、そのような自暴自棄的な態度に出る代わりに、今こそ教祖のひながたの万分の一でも踏ませていただけると、むしろ喜び勇んだことだったでしょう。ここに運命のキーポイントが潜在していたと言わねばなりますまい。

橋本清氏のこのような口吻《こうふん》に接した人々は、その非を説き本部より離れることの曲を諭しましたが、一旦決めた自分の意志は、翻《ひるがえ》さなかった橋本清氏でありました。その上、同僚として働いてきた前川菊太郎氏に対して、自分と行を共にすべきであると強力に勧誘したのであります。

前川菊太郎氏は、人も知る通り教祖のご実家前川家の嫡流を汲《く》む方で、本教としても重々の理に立つ方でありましたが、生来非常に正直な、善良すぎるほどの方でありましたので、橋本清氏の強力な勧告に押し流されてしまわれたと申すよりほかありません。何事も人の申し出に対しては、自分の気持ちを殺してまでも従われ、否、という返事はようさらなかったと聞くに及んでは、同氏がいかに心痛されていたであろうか、と推察されるところであります。

そのような事情の矢先、安堵事件が起こり人心が動揺するにつれて、橋本清氏の気持ちはいよいよ激化したものと見え、ついに辞職願の提出を見たのであります。教会本部としても、人物が人物であるだけに、他への影響も考慮され、本部員会議も重ねられてその処置を講ぜられましたが、所詮人間の知恵では解決すべきところではなく、いよいよ神意を伺いそのさしづをもって決するよりほかはなかったのであります。すなわち、次のようなおさしづを拝したのでありますが、奇《く》しくもこの同じ日に、飯田岩治郎氏に関するおさしづをも拝していますことは、いんねん寄せて守護される姿とも思われるのであります。泥水事情は束ねてお裁きくださる、鮮やかなお働きを見せていただいたようにも思われるのであります。

明治三十年十一月十三日

橋本清辞職書差し出せしに付、協議の上事情願

さあ〳〵皆《み》んなそれ〳〵中《なか》にいろ〳〵の話《はなし》いろ〳〵の事情《じじょう》、長《なが》い間《あいだ》〳〵、もうこれどうでもこうでもさしづの理《り》〳〵、どうでもさしづの理《り》でなければどうもなろまい。この道《みち》を知《し》りてる者《もの》が無《な》いから、どんならん。この道《みち》知《し》りてるなら、あゝいう事《こと》あらせん。道《みち》が分《わ》からんから分《わ》からん事《こと》になる。どうなるこうなる、心《こころ》の理《り》分《わ》からんから分《わ》からん。皆《み》んなこれ教《おしえ》という理《り》がある。教《おしえ》に従《したご》うて通《とお》らんから、綺麗《きれい》な道《みち》が

むさくろしいなる。皆行《みない》き難《に》くい道《みち》を尋《たず》ねて捜《さが》すからどんならん。一人《ひとり》二人《ふたり》三人《にん》の心《こころ》で世界通《せかいとお》れるか。さあさしづに及《およ》ぶ。さしづしても守《まも》らねば、さしづまでのもの。よう聞《き》き分《わ》け〳〵。何遍《なんべん》々々、これまでの道知《みちし》りて居《い》ながら、便《たよ》りも無《な》く声《こえ》も無《な》く、理《り》も無《な》く、道《みち》の道通《みちとお》らんから、どうなろう知《し》らんという日《ひ》になって来《き》たのや。どうでもこうでも、心迷《こころまよ》いありてはならん。暖《あたたか》いと思《おも》えば寒《さむ》い、寒《さむ》いと思《おも》えば暖《あたたか》い、曇《くも》ると思《おも》えば晴天《せいてん》、晴天《せいてん》と思《おも》えば曇《くも》る。自由《じうよう》の理分《りわ》からんからどんならん。我《わ》がさえよくばよいという心《こころ》があるから、こういう理《り》になりて来《く》る。どうでもこうでも人間《にんげん》の心《こころ》では行《い》かんで〳〵、行《い》くならこの道《みち》とは言《い》わん。精神一《せいしんひと》つの理《り》が世界鮮《せかいあざ》やか明《あき》らかのもの。この理《り》より無《な》い。これをよう聞《き》き分《わ》けて、改《あらた》めてくれ〳〵。めん〳〵でする事《こと》ならどうもならん。いかなる大切《たいせつ》にせんならんものでも、心《こころ》に間違《まちが》えば、大切《たいせつ》が大切《たいせつ》にならん理《り》が、今日《きょう》の日《ひ》であろ。さあ〳〵分《わ》からんから分《わ》からん。一寸一《ちょっとひと》つ話《はな》して置《お》く。軽《かる》い話《はなし》、女子供《おんなこども》でも分《わ》かる話《はなし》。貸《か》したる金《かね》でも、取《と》って了《しも》たら仕舞《しまい》やで。残《のこ》して置《お》けば理《り》は殖《ふ》える。取《と》って了《しも》たら何《なん》にもならん。これだけ一寸《ちょっと》話《はなし》して置《お》こう。

（大意）皆大勢が勤めている中に、いろいろな話をしてはいろいろな事情を生じてきている。それも長い間のことだが、もはやこうなった上はどうでもさしづを仰がねばならず、その理をもって治めねばどうもならなくなったろう。この道がどんな道か、その本性を知っている者がいないから全くどうもならないことになったのだ。この道の道筋を知っているなら、あんなことをする者はあり得ない。道の本筋が分からないから、何もかも分からないことになるのだ。どうなるもこうなるも、心というものが分からないから、すべてが分からなくなるのだ。どんなことにも教えの道筋というものがある。その道筋通りに通らないから、綺麗《きれい》な道がむさくるしくなるのだ。皆自分で勝手に行きにくい道ばかりを尋ねているからどうもならなくなる。わずか一人二人三人の考えで、世の中が通れると思うか。

さあ、さしづをしよう。しかし、せっかくさしづをしてもその通り守らないならば、ただ、さしづをしたというだけのことになる。よく聞き分けてもらいたい。これまでも何遍となく、この道を知っていながら、少しも便りもせず、話も聞かせず、真実もなく、道の本筋を通らないから、どうなるか分からんという日になってきたのだ。どうでもこうでも心に迷いを生じてはならない。日々の空模様にしても、暖かいと思えば寒い、寒いと思えば暖かい、曇ると思えば晴れる、晴れると思えば曇ってくる。これもすべて神の自由の守護の姿である所以《ゆえん》が分からんから、どうもならん。すぐにも勝手の心遣いに走り、自分さえよければ人はどうでもいいというように考える。そんな考えがあるから、このような事情になってくるのだ。

もはや、どうでもこうでも人間の知恵や力では解決できるものではない。解決できるならこの道とは言えぬ。心一つの使い方が、そのまま鮮やか明らかに世上に映し出してある。この筋道より思案の方法はない。この点をよく聞き分けて、心を改めてくれるよう。各自の勝手ですることであるなら、どうにも処置できぬ。どのように大切に扱わねばならん人間でも、心得違いがあるなら、大切が大切なことにならず、今日のような日になったのであろう。

もう一言話しておこう。言わば軽い話で女子供でも分かる話である。例えば貸してある金でも、返してもらえばそれで解決がつくようなもの。いつまでも放っておけば、それだけ利が増すものであるから、取り上げてしまったのではそれだけのものとなる。この理合いだけをちょっと話をしておく。

第四節　前　橋　事　件

押して願わんとする時

さあ〳〵押《お》すまでやで〳〵。押《お》す処何処《ところどこ》にあるぞ。繋《つな》ごうと思《おも》ても離《はな》れる者《もの》はどうもならん。付《つ》けようと思《おも》えど付《つ》かん者《もの》は是非《ぜひ》は無《な》い。切《き》りの無《な》い事言《ことい》うて居《い》るから、こういう事《こと》になるわい。

（**大意**）さあ、後のことは取り立てて押すまでもないこと。事実、押して願わねばならないような点が、どこにあろうか？　繋いでいこうと思うておっても、離れて行く者はどうしようもない。付けようと努力しても付いてこない者は、どうしてやりようもない。切りのないことをいつまでも言うから、このようなことになるのである。

まことに噛《か》んで含めてのお諭しでありました。橋本清氏がついに辞職願を提出するに至ったことは、「この道知りてるなら、あゝいう事あらせん」と、親神様ご自身も心から情けないことをしてくれたと嘆かれながら、そこに、かわいそうなことになったという温かい親心をお示しくださっているのであります。この親心がとくと治まりますなら、誰かこの温情に泣かざるを得なかったにちがいありません。そして直ちにお詫《わ》び申し上げ、さんげの道を立てざるを得なかったにちがいありません。それができなかったところからしますと、橋本清氏には真に道の理が治まらず、身に付いていなかったことを思わずにはおられません。まことに歯がゆい思いを禁じ得ないのであります。

それにしても人間は、何とあざないものでしょうか！　少し偉くなったり調子づきますと、一廉《ひとかど》の人物になったように思い上がって、何でも自分の思うようになるものと決めてしまうものと見えます。そして何か自分の気持ちにそぐわないことになりますと、自分の非は棚に上げて人を恨んだり、世を呪《のろ》うたりしてしまい、ますます二進《にっち》も三進《さっち》も行かない羽目に自らを追い込んでしまうもののようであります。この点を「皆行き難くい道を尋ねて捜すからどんならん」と、まことにユーモアに富んだ表現をもって諭されているのでありますす。このお言葉こそ、お互いの日常生活における座右の銘たるべきものと言えるでしょう。

そして親神様は、たとえどのように大切な人間でも、教えの道筋から逸脱して自分勝手な道筋を通るような心得違いがあるなら、もはや大切な理は失われてしまうもので、どうにもならないことになると警告されているのであります。すなわち、橋本清氏がいかに大切な人物であったにせよ、その心得違いのために、もはや大切な人物とは言えなくなった。それをじいっと放置していたから、今日のような事情になったと、そこにはたすけてやりたくとも自分で離れていくのでたすけてやることもできないと、その切々たる胸のうちをお示しくださったのであります。

ですから、人々が押してお願いをしようとしますと、何を押して願うつもりか、どこに押して願えるだけのものがあるか、ときっぱり断っておられるわけで、ここにおいて明らかとなったのであります。

全く橋本清氏の態度は、「めん〳〵でする事ならどうもならん」ことであり、「繫ごうと思ても離れる者はどうもならん」ことになったのであります。それまで共に働いてきた橋本清氏の辞職願を受理することになったのであります。

ところが、そこへ続いて前川菊太郎氏からも、同様に辞職願が提出されてきたのです。この辞職願には、さすがに教会本部でも扱いかねたのであります。何しろ前川菊太郎氏は、橋本清氏とは全くその立場を異にした人だったからであります。

明治三十年十二月十一日

橋本清辞職は聞き届けしが、前川菊太郎より辞職願出されしに付、如何取り計らいまして宜しきや願

さあ〳〵尋《たず》ねる事情《じじょう》〳〵、何程《なにほど》繫《つな》ぎたいと思《おも》えど、繫《つな》がれんが道理《どうり》や。越《こ》すに越《こ》されようまい。出《で》て来《き》なと言《い》うやない。出《で》て来《き》て働《はたら》きゃ、どうも言《い》えんが道理《どうり》や。皆《みな》

一《ひと》つの心《こころ》に成《な》りて、よう思《し》やんせよ。これまで艱難《かんなん》の道《みち》、今《いま》の道互《みちたが》いの道《みち》。辛《つら》い者《もの》もあれば、陽気《ようき》な者《もの》もある。神《かみ》が連《つ》れて通《とお》る陽気《ようき》と、めん〳〵勝手《かつて》の陽気《ようき》とある。勝手《かつて》の陽気《ようき》は通《とお》るに通《とお》れん。陽気《ようき》というは、皆《み》んな勇《いさ》ましてこそ、真《しん》の陽気《ようき》という。めん〳〵楽《たの》しんで、後々《あと〳〵》の者苦《ものくる》しますようでは、ほんとの陽気《ようき》とは言《い》えん。めんめん勝手《かつて》の陽気《ようき》は、生涯通《しょうがいとお》れると思《おも》たら違《ちが》うで。

（**大意**）このたび新たに願い出た事情は、お前たちとしてはなかなか扱いにくいことと思われるが、いくら繋ごうとしても繋がれないのが当然だろう。思いがけぬ溝のように越そうとして越せぬだろう。神は何も出て来るなと言うたことはない。それなのに自分勝手に閉じこもっては手がつけられぬ。今まで通り出て来て勤めてくれたらどうということもないのだが……皆も心を合わせ考えてもらいたい。これまでは艱難《かんなん》な道であったが、今日は各自の心通りの道となって、その心通り、中には辛《つら》い者もあれば、また陽気に通っている者もある。神の思わく通りの陽気と、各自勝手の陽気が見えてきた。人間勝手の陽気は、通れるように思われて通れるものではない。陽気というのは、端々の人たちを皆勇ましてこそ真の陽気と言うべきである。後々の者たちを苦しめるようでは、真の陽気とは言えない。各自勝手の陽気では、生涯楽しく通れると思ったら大きな違いである。

明らかに親神様は同情のお心を禁じ得ないご様子で仰せられています。「出て来なと言うやない。出て来て働きゃ、どうも言えんが道理」とのお言葉は、何と温かいお慈悲に富んだお言葉でありましょうか！　おそらく、その親心の程は、当の前川菊太郎氏も心に銘じられたことでしょうが、成り行き上どうすることもできず、ずるずると底無しの池に沈んでいかれたにちがいないのです。そこには橋本清氏の精神的操作が加えられていたものと思われます。

全く人間は独善的な枠の中に閉じこもって、唯我独尊的生活に流れやすいもので、それをもって陽気ぐらしのごとく考えやすいものでありますが、親神様はそのような勝手気ままな、我さえよくばそれでいいとするような生活は、決して真の陽気ぐらしではないと喝破されつつ、前川菊太郎氏がその非を早く改めるようと諭されている点は、今日における私共にとって常々心掛けねばならぬところであります。

一方橋本清氏は、自分の思い通りに辞職が叶《かな》えられましたのに、なお憤懣《ふんまん》やるかたないものが残されていたものと見え、書面をもって初代真柱様を責め教会本部のあり方に対して不足・不満をぶちまけてまいりました。あるいは、自分の辞職が、こうも簡単に認められるとは思わず、教会本部としては大いに慌てて、慰留の手を尽くすくらいに高をくっていたのかもしれません。

それはともかく、教会本部としても、一応辞職したものの書面の内容が内容であり、もしも、橋本清氏が無いことまでまことしやかにふれ回るようなことがあれば、迷惑この上もないことになりますので、捨ててもおけぬと協議の上、あらためて神意を伺い善後策を講ずることになりました。

明治三十一年二月二十七日

橋本清辞職後に於て同人より教長へ宛書面来たりたるにより、将来本部員心得まで願

さあ〳〵尋《たず》ねる事情《じじょう》〳〵、まあ一寸《ちょっと》には尋《たず》ね置《お》かにゃなろまいか。一寸事情《ちょっとじじょう》、これまでの事情《じじょう》というは、どういう事情《じじょう》から事《こと》が成《な》ったか。これさえめん〳〵それ〳〵数々《かずかず》の理《り》を以《もっ》て、遠《とお》からず理《り》を以《もっ》て治《おさ》めば治《おさ》まりたるもの。一《ひと》つの心治《こころおさ》まって居《お》るなら、どんな事《こと》もこんな事《こと》も、善《よ》い事《こと》も悪《わる》い事《こと》も、理《り》の分《わ》からん事《こと》はあろまい。無《む》理《り》というは立《た》つか立《た》たぬか。どれだけ含《ふく》む、どれだけどうしょうと言《い》うた処《ところ》が、めん〳〵心《こころ》の理《り》もある。又為《またな》す事《こと》いんねんの理《り》から聞《き》き分《わ》け。しようまいと思《おも》ても成《な》

って来《く》る、しようと思《おも》ても成《な》らんがいんねん。この理《り》を聞《き》き分《わ》け。こうして一時《じ》の処《ところ》、それ〳〵集《あつ》まって居《い》る人衆《にんじゅう》、誰《たれ》〳〵はこれまでさしづは無《な》い。なれど、皆《みな》それぞれ集《あつ》まりて尽《つく》して居《い》りゃ、人衆一《にんじゅうひと》つの理《り》と見《み》にゃならん。思《おも》うようすれば、思《おも》うよう成《な》るが理《り》。心《こころ》の理《り》思《おも》うように成《な》って来《く》るが理《り》。濃《こう》い中《なか》でも心《こころ》の理《り》がどうも成《な》らんにゃ淡《うす》い理《り》や。皆心《みなこころ》から成《な》り立《た》つもの。この道人《みちひと》が拵《こしら》えて為《な》す道《みち》やあろまい。人間《にんげん》は一《ひと》つの道具《どうぐ》に使《つか》うもの。損《そん》じた道具《どうぐ》は使《つか》うと思《おも》ても使《つか》われるか。よう聞《き》き分《わ》け。一時《じ》の理心《りこころ》に集《あつ》まらねば捏《つく》ね替《か》えるも同《おな》じ事《こと》、どうも、損《そん》じた道具《どうぐ》は使《つか》われようまい。よう聞《き》き分《わ》け。どれだけ思《おも》たて心《こころ》が合《あ》わん。天《てん》という見通《みとお》しの理《り》の上《うえ》を越《こ》そと思《おも》うても、越《こ》さりゃせん。一人二人《ひとりふたり》で足場《あしば》無《な》しで登《のぼ》れるか。よう思《し》やんしてみよ。台《だい》という理分《りわ》からねば、何処《どこ》から登《のぼ》ろうと思《おも》うても登《のぼ》られん。見《み》たら分《わ》かる、聞《き》いたら知《し》ってるというが、賢《かしこ》いというのや。皆《み》んな一《ひと》つの心《こころ》で治《おさ》まりて居《い》りゃ、神《かみ》が連《つ》れて通《とお》る。神《かみ》が連《つ》れて通《とお》れば危《あぶ》なきは無《な》い。心《こころ》の理《り》がどんならん〳〵という。心《こころ》の理《り》が損《そん》じたるは、道具《どうぐ》の損《そん》じたようなもの。これだけ諭《さと》したら分《わ》かるやろう。

（**大意**）さてこのたび尋ね出た事情は、お前たちとしては、やはり気に掛かることで少しでも尋ね出ずには気がすまぬと見えるな。いわば、ほんのちょっとした事柄だが、これまでの事情がどういうところからそんなことになったのか。その根本の理を、各自がそれぞれ自分の考えでいろいろと触れるから難しくなるのだ。早目から神の理をもって治めていたら治まっていたものである。教えの理が治まっていさえしたら、どのようなことも、善いことも悪いこともその理が分からないことはないはずである。第一無理というものが立つか立たんか。どんなことを企み、どれだけどうしようと言うたところが、それぞれ人間には考えもあることである。また何をしようと、いんねんの上から聞き分けてもらいたい。為すまいと思うていても、自然と成ってくる。為そうと思うても、どうしても成ってこないのがいいんねん。この理を聞き分けるよう。こうしてここへ集まっている者たちの中、誰々にはこれまで何のさしづもないと不足する者もあるが、それぞれ集まって尽くしていてくれるなら、つとめ人衆同様のこうのうの理と見てやらねばならぬ。

心通りに成ってくるのが天の理。どんなに濃い間柄でも、心得違いがあっては淡い間柄も同じこととなる。皆心通りに成ってくるもの。この道は人間が拵《こしら》えたのではない。人間は一つの道具として使うもの。破損した道具は使おうと思っても使われまい。よく聞き分けよ。この悟りが皆の心に治まらねば、混ぜ返すようなもの。どうも破損した道具は使われぬであろう。よく聞き分け。どれほど思うてやっても心が合わぬ。見抜き見通しの神の働きを、追い越そうとしたところで越せるものではない。一人二人で足場がなくて登れるか。よく思案せよ。真実という台の理が分からねば、どこから登ろうと思っても登れるものではない。

ちょっと見ては分かる、ちょっと聞いては知っているというが、それが人間賢いというものである。みんなその真実の心で治まっているなら、神が連れて通る。神が連れて通れば危なきはない。人間勝手の心遣いがどうもならぬものである。その心の働きに故障を生じたら、道具が損じたようなものである。これだけ諭したら分かるであろう。

親神様は厳として、しかも容易にお諭しくださいました。人間はどんなに賢くとも、どんなに器用であっても、神の道具として使われてこそ初めて価値があるものであって、せっかく重宝な道具でも、それに破損を生じてしまったのでは、もはや一文の価値もなくなってしまうものと喝破されているのであります。ですから、たとえ橋本清氏がどのようなことを企んでも、それは彼自身のいんねんに誘われてのことであるから、決して恐れることも案じることもないと仰せられ、人々の心を安んじておられるのであります。「心の理が損じたるは、道具の損じたようなもの」とのお言葉は、まことに貴いものと銘ずべきであります。

なお、お言葉の中に、「誰々はこれまでさしづは無い」とありますが、おそらくそれまでに教祖のさしづによって、つとめ人衆の理を与えられていたことから洩《も》れた人々のことを意味するものと思案いたします。自分にも当然、そのさしづがあってしかるべきだと自認し自負していた人々にとっては、なるほど大きな不足不満のところであったでしょう。しかしそれはあまりにも人間的な独善的な考え方であって、この道の者としては最も自戒すべき高慢心と言わねばなりません。橋本清氏の不平の根源も、こんなところに潜在していたのかもしれません。

一方、前川菊太郎氏は、さすがに自責の念を覚えられたとみえ、明治三十一年一月十七日には元の通り出勤したい旨を申し出ておられますが、神意は、どうでも心を入れ替え、家庭の事情を治めささねばならぬ、とのことでありました。そこで再度にわたって、この旨を前川菊太郎氏のもとへ伝えられたのであります。ところが同氏は、なおも橋本清氏への義理立ての故か、その心得違いを翻そうとはせず、かえって二月九日になって、ついに教会本部理事の辞令と辞職届とを送り届けてきたのであります。この件については、前記明治三十一年二月二十七日のおさしづに引き続き、次のお諭しを拝しております。

同、前川菊太郎辞令返却に付願

さあ〳〵尋《たず》ねる事情《じじょう》〳〵、どうもこれ尋《たず》ねる事情《じじょう》には、どうも日々《にち〳〵》の事情《じじょう》も諭《さと》す事《じ》情《じょう》も、理《り》に一《ひと》つ違《たが》わんで。しっかり聞《き》き分《わ》け。どちらやらこちらやらいう理《り》以《もっ》て始《はじ》め掛《か》けた。どうも人間《にんげん》という理《り》あろ。持前《もちまえ》という。どれだけ深《ふか》いという、濃《こう》い中《なか》でも心《こころ》という理《り》で淡《うす》くなるという。前《まえ》に諭《さと》したる。善《よ》い処《ところ》の理《り》を以《もっ》て、万事《ばんじ》の処取《ところと》り決《き》まりどうでもせにゃならん。勧《すす》めた処《ところ》が成《な》ると成《な》らんとある。先《せん》から諭《さと》したる。成《な》ってから仕方《しかた》が無《な》い。今日《きょう》の日《ひ》になってどうもならん。前々《ぜん〳〵》から諭《さと》してある。運《はこ》びの理《り》によって成《な》りて来《き》た。今日《きょう》の日《ひ》になってから是非《ぜひ》が無《な》い。暫《しば》くの処《ところ》どうもならんから、一時《じ》の処《ところ》すっきりして了《しま》うがよい。一夜《や》の間《あいだ》でもさんげという。一《ひと》つは受《う》け取《と》る。これだけ諭《さと》したら分《わ》かる。人間《にんげん》というものはどうもならん。人間《にんげん》の心定《こころさだ》まり付《つ》かん先《さき》から言《い》うたて、定《さだ》まり付《つ》かん。全《まった》くこうも成《な》らん事情《じじょう》であれども、理《り》に誘《さそ》われ、取《と》り誘《さそ》われたも同《おな》じ事《こと》。人間《にんげん》と人間《にんげん》との事情《じじょう》から、こうと成《な》ったる事情《じじょう》であろ。人間心《にんげんごころ》からどうもならん。今日《きょう》の処《ところ》では一時《じ》なろうまい。

（大意）このたび尋ね出た事情については、神の思いは、日々思うところも、今諭すところもみな同じである。しかと聞き分けてもらいたい。もともと、どちらへ就こうか、就くまいかと心の迷いからこうなったものである。そこにはどう見ても人間心のあざなさがある。殊に持ち前というものもある。どれだけ深い関係にあるといい、濃い関係にあるといっても、その心のあり方によっては浅いもの薄いものとなってしまうのだ。この点については以前から諭してきた通り、万事どうでも善意をもって処理してゆかねばならぬところである。せっかく勧めてみたところで、本人の心次第では、その通りに成ってくる場合も、成ってこぬ場合もある。先からも諭してある通り、たとえ好ましくないことになったとしても、すべて成ってしまってからはどうにもならないであろう。今日の日になってからは、もはやどうにもならない。前々から諭してある通り、自らの勧め方の如何《いかん》によって、今日の事情に成ってきたもので、もはや是非のないことである。全くのところ、どうもならぬ事情ではあるけれど、その中にたとえ一時でもさんげの心があるなら、それはそのまま受け取ってやりたいと思うている。これだけ諭したら分かってくれるにちがいない。本人にそれだけの分かりがないのに、言うてみたところで心に悟りがつかんのは当然である。全くこんなことにならずにすんでいたもの。人間一条の義理に取り誘われたようなものである。人間同士の義理合いの上から、今日の事情に誘われてしまったにちがいない。人間心の上でするからどうにもならなくなるのだ。今日の様子では、たとえ暫《しばら》くの間でもこのまますますわけにはゆかぬであろう。

神意はまことに温情溢《あふ》れるものと拝されます。あくまでも人間心の迷いから、今日の日になったもの、つまり、橋本清氏への義理に誘われ、流されて行かれた前川氏の心情を憫《あわ》れんでおられる親心は、拝する者の胸を打つのであります。それでも、その中でも一片のさんげの心が動くなら、それは喜んで受け取ってやりたいのであると、むしろ、それを待ち望んでおられた親心を拝するのであります。最後のお言葉「一時なろうまい」の中にも、親としての断腸の思いを秘めておられるのであります。すなわち、将来はまたどうあろうとも、この際たとえ一時の間にせよ、為してきたことに対する責任は取ってもらわねばなるまいと仰せられているものと拝されるのであります。前川菊太郎氏の上に砕かれた親心を思えば思うほど、同氏がどのように大切な人であられたかが思われますと同時に、なぜ人間心に誘われるようなことになったのかと悔やまれてなりません。このような事情も、一つの「証拠試し」として、後世の戒めとされたものと思案されるのであります。

かくて前川菊太郎氏は大正二年、三昧田村の実家で四十八歳の若さで出直されましたが、その時はすっかり心も改められており、おやしきへの絶ち難い心情は、「本部の墓守でもさせてもらいたかった」と、常に述懐されていたということをもっても、とくと偲《しの》ばれるでありましょう。

橋本清氏はその後も謀反《むほん》心が治まらず、あたかも最後の足掻《あが》きのように、転々としては本教攻撃の演説をなし、ついにはその内容をまとめて『天理教会の内幕』と題する冊子を刊行し、教内外に配布して本教を陥れようと企てています。少しばかり教会本部に勤めていたということから、本教のすべてを知り尽くしているかのように自負したのかもしれませんが、全く身の程も弁《わきま》えぬ行為と言うよりほかはありません。教会本部としても初めのうちは、それに対する反駁《はんばく》も大人げないこととされていたようですが、その内容の一つ一つが事実として受け取られるとしますなら、教内外の誤解を招くこと甚だしいものであることに鑑み、漸《ようや》くその善処方につき寄々《よりより》相談を始められました。

果たせるかな、この冊子は内務省当局としても看過し難いものとして、その真相調査につき神道本局へ移牒《いちょう》しましたので、神道本局としてもその立場上捨ておき難いものとして、本教に対し該冊子に記載してある事項の一つ一つに関し回答するようにと要求してきたのであります。言うなれば監督上司の査察を受けたことにも等しく、事の重大性に緊張した教会本部では、直ちに役員会議をもって上申書を作製し、これを携えて役員を上京せしむべく神意を伺われたのであります。

明治三十三年一月四日（陰暦十二月四日）

橋本清の演説を筆記として発行の『天理教会の内幕』という雑誌その筋へ送りしに付、神道本局より一月六日までにその個条々々毎に答えして差し出すように申し来たり、就いては松村吉太郎、山中彦七上京出局の願

さあ〳〵尋《たず》ねる事情《じじょう》〳〵、何処《どこ》からどういう事始《ことはじ》め掛《か》けるやら知《し》れん〳〵。大《おお》き取《と》れば大《おお》きに取《と》れる。小《ちい》さく取《と》れば何《なに》もならん。年限《ねんげん》から伝《つた》えたい〳〵。伝《つた》えたいなれど道理無《どうりな》い。未《ま》だ〳〵とんと道理分《どうりわ》かり兼《か》ねる。一寸思《ちょっとおも》てみれば詰《つ》まらん奴《やつ》や、詰《つ》まらん奴《やつ》やと思《おも》う。何処《どこ》から何処《どこ》まで知《し》らん者無《ものな》いようになるは道《みち》である。この道始《みちはじ》めようとて、なか〳〵通《とお》りた道《みち》やない。これまであちらで半分《はんぶん》、こちらで一分《ぶ》すっきり分《わ》からん処《ところ》がある。この道理埋《どうりう》もれ切《き》ったる〳〵。どういう処《ところ》からどういう事始《ことはじ》めるやら知《し》れん。そこで一《ひと》つ怖《こ》わいと思《おも》えば怖《こ》わい。楽《たの》しみと思《おも》えば、何《なん》ぼ

の楽《たの》しみやら知《し》れん。取《と》りようでころりと理《り》が違《ちが》い、どうでも立《た》てようと思《おも》えば、皆《みな》の精神《せいしん》一《ひと》つ。怖《こ》わいと思《おも》えば怖《こ》わい。大《おお》き取《と》れば何《なん》ぼうでも大《おお》きなる。大《おお》きなる道《みち》知《し》らしてある。夜《よる》にも早《はよ》う急《いそ》いで出《で》るがよい。心配《しんぱい》は要《い》らん。要《い》らん心配《しんぱい》してはならん。尋《たず》ねる事情《じじょう》に、弓《ゆみ》という理諭《りさと》す〳〵。弓《ゆみ》という理《り》、心《こころ》に治《おさ》めて行《い》かにゃならん。多《おお》くの中《なか》、力無《ちからな》い者《もの》に力出《ちからだ》そうと言《い》うた処《ところ》がならん。そこで多《おお》き処多《ところおお》く、万《まん》人《にん》の者《もの》に一《ひと》つの力《ちから》の理《り》を以《もつ》て防《ふせ》がにゃならん。一時《じ》に成《な》ると思《おも》うな〳〵。どうで何《なん》たる事《こと》という理《り》も諭《さと》したる。一日《にち》の日《ひ》あると言《い》うたる。楽《たの》しんで行《い》けば楽《たの》しみ、よう心《こころ》に治《おさ》めて行《い》かにゃならん。何《なん》とも無《な》くば何《なん》とも無《な》い。

（**大意**）尋ね出た事情について思案すれば、全くのところ、どこからどのようなことが現れ出てくるものか、人間の測り知るところではない。このたびの事情は、大きな問題として考えるなら大きなことにもなろうし、小さなことと考えればそれまでのものである。まず、どれだけの年限道に勤めてきたか、年限の理から言いたいけど、言うだけの理があるとは言えぬ。まだまだ教えの理については何にも分からない者で、ちょっと思うてみても、まことにつまらぬ奴だとしか思われまい。

この道はどこから見ても、知らぬ者はないようになってこそ道である。この道についたにしても、難儀不自由な中を通ったというわけでもない。これまでもあちらで半分、こちらで一分と聞きかじったまでで、真の理は何も分かっていないのだ。この道理がはっきりしていない。それだからこそ、どんなところから、どのようなことが現れてくるか分かったものではない。そこで考えようによっては、怖いと思えば怖いことのように思われるし、また楽しみと思えば、将来のため、どれほどの楽しみとなるかも測り知れぬ。取りようでは、その訳がころっと違ってくる。この楽しみの道を立てようと思えば、皆の精神一つにある。つまり、怖いものと思えば怖いことになろうし、結構なことと思えば結構の理が添うてくる。こんな中どうしたら結構なことになるかは、これまでの事情を通して知らせてある。だから今夜中にも急いで出向くがよい。心配することは要らぬ。

尋ね出た事情については、別に弓という理を諭しておこう。弓という理をしっかり心に治めていかねばならぬ。大勢いる中、力のない者に力を出せと言ったところで出せるものではない。そこで、大勢の中なら大勢のように、たとえ万人の者であっても、神の力をもって防がねばならぬ。といって、容易に解決すると軽く思ってはならぬ。いずれ、何という馬鹿げたことと治まる日もあると諭してある。やれやれと安堵《あんど》する日もあると言うてある。要は心一つ、楽しんで行けば楽しいことになる。この理をよく心に治めて行かねばならん。何ともないものと心に治まれば、全く何のことはない。

今日から出立さして貰います

さあ〳〵行《い》って来《こ》い〳〵。万事《ばんじ》の処《ところ》どういう処《ところ》尋《たず》ねるやら分《わ》からん。尋《たず》ねたら心《こころ》という理《り》を以《もっ》て、多《おお》く処《ところ》いろ〳〵理《り》以《もっ》て防《ふせ》がにゃならん〳〵。無《な》い道《みち》始《はじ》め掛《か》ける。怖《こ》わいような事《こと》は無《な》い。怖《こ》わいような心《こころ》で、末代《まつだい》という道通《みちとお》れん。百年先《ねんさき》の道《みち》、今日《きょう》始《はじ》めるも同《おな》じ事《こと》。この心持《こころも》って、臨機応変《りんきおうへん》と諭《さと》したる。万人《まんにん》の中《なか》一人以《にんもっ》て防《ふせ》ぐは神《かみ》の力《ちから》、神《かみ》の理《り》。

（**大意**）おう、勇んで行ってくるがいい。事情については、どんなことを尋ねてくるか分からぬが、尋ねられたら心一つに結んで、大勢のところなら一層しっかり心一つに結んで答えねばならぬ。紋型ないところからこの道を始めかけた真実の心さえ結べば、何の怖いことがあろうか。怖がるようなことでは、この道末代の道は通れるわけはない。百年の計を、今、立てて掛かるのも同じことである。この心を持って臨機応変の処置を取るよう諭したのである。万人を相手取って一人防ぐことのできるのは、神が働くからである。

神道本局よりの照会事項の具体的な内容は不詳ではありますが、内幕を暴露したものとして見ますと虚々実々混淆《こんこう》したものが多かったことでしょう。著者橋本清氏の人となり、教会本部入籍経緯等から思案してみましても、その内容は取るに足らなかったかもしれません。しかし、監督官庁からの取り調べに対して回答報告に及ぶという事柄は、別に大きな意味があったことと言わねばなりますまい。この点をお言葉の中に「大き取れば何ぼうでも大きなる」と仰せられた所以《ゆえん》と思案するのであります。この事例は、明治二十九年四月二十一日の「内務省訓令発布相成りしに付、心得まで伺」に対するおさしづの中に示されているところであります。その中に「今一時尋ぬる処、どういう事もある〳〵。尋ねる処、どんな事もすっきり取り調べさす。取り調べさすと言えば、おかし思うやろ」と仰せられ、ほどなく「一時見れば怖わいようなもの。怖わい中にうまい事がある」と喝破されているのであります。すなわち、取り調べをしてくれるから、こちらの真実の姿が先方にはとくと映るのであって、言うなれば、こちらは労無くして宣伝紹介の効果を挙げることができるわけで、まことにこちらにとっては、こんなうまいことはないと喜ばねばならぬのであります。

　また、明治二十一年三月九日における教祖一年祭事情についてのお伺いに対するおさしづの中でも、「十分道と言えば、世界から付けに来る。世界からろくぢという道を付き来る」と仰せ出されていることも思い出されてくるでしょう。しかも後刻「天理教会設立の伺」に対するおさしづの中には、「どんな事も俺《おれ》がするのやで」とまで砕けてお諭しくださっていることを思案してみますと、橋本清氏が『天理教会の内幕』という冊子を刊行したことも、すべて親神様のお働きであったと悟り取ることができるのであります。そう悟り取れれば、たとえどのようなことを尋ねられても、おめ恐れることなく、堂々と教えの真実を説明させてもらえるわけで、それも相手が相手であるだけに、この道が一層はっきり表へ出させてもらえることになるのでありますから、むしろ楽しいことにさえなってくるではないかと、ともすると、ひるみがちな人々の心を激励されているのであります。しかも、この楽しみの道が立つためには、皆の精神が一手に治まることであるとされ、この点こそ前々の事例の中に「大きなる道知らしてある」ではないかと仰せられ、「早う急いで出るがよい」と拍車をかけてくださっているのであります。

しかも「弓という理」を治めて掛かれと仰せられています。果たして「弓という理」は、どのように解したらよいでしょうか？　おそらく弓を射る時の心のあり方を仰せられたものと思案いたします。言い換えれば、心に乱れがあったのでは、矢はあらぬ方角へ外れてしまうでしょう。精神を統一し、無私無欲の心境に立って無念無想、その態度こそ大事に臨む態度でなければなりますまい。そしてそれが神一条に立った時、そこには勇み立つ念力が生じるでしょう。そこに親神様の自由の守護が動くにちがいないのであります。だからこそ、後に見えてくるのは楽しみばかりと言えるのであります。

かくて教会本部では即夜、松村吉太郎・山中彦七両氏を上京せしめ、神道本局に対して橋本清氏の所説に反駁するとともに、一月六日付同氏に関する上申書を提出し一応の落着を見たのであります。その後橋本清氏がどうなったか、それは定かではありませんが、故郷櫟本村にもおれなくなり、所々を放浪しつつ哀れな最期を遂げたと伝えられております。

思えば、安堵事件といい、前橋事件といい、内務省訓令に伴う教勢の沈滞期に、期せずして表面化した内患の姿ではありました。それは、あたかも疲労した肉体に、それまで潜在していた病菌が勢いを得て、その弱点を突いて症状化したに等しいものだったのです。ただその舞台に登場した人々が、本教として重要な立場に立たれていただけに、上演効果がそれだけ大きかったと言えましょう。この事情の中に徹頭徹尾お示しいただいた親神様の温かい親心は、拝する者の胸に迫るものがあります。一刀両断にしてもなお余りある者に対しても、将来のための戒めに役立つものとして生かしておられます点を、しみじみと思わずにはいられません。

第三章　新生への胎動

第一節　山名伝道線の台湾進出

　内務省訓令は、文字通り青天の霹靂《へきれき》とも言うべく、その影響は空前の改革をもたらしたばかりではなく、全国にわたって多大なる打撃を加え、教勢は俄然《がぜん》沈滞の余儀ない事態を生じました。教会の祭典はもとより、布教師の言動が、官憲の監視下に置かれたのでありますから、教会も布教師も全く手の下しようもなかったのであります。事実、一見して本教の火はたちまちにして消された観を呈し、ために将来を悲観し失望した者たちが、あたかも泥水のように流れ去ったことは、前章における通りであります。しかしながらその苦境から、それを一つのふしとして敢然活路を開き、教勢の挽回に乗り出した者も、また少なくなかったのであります。

　静岡県山名郡広岡村に設置された山名分教会の諸井國三郎会長は、たまたま教勢の不振を招き、その挽回に苦慮していましたが、内務省訓令のあおりを食ってからは、日本内地における希望を捨て、ひたすらその新天地を外に求めていました。なにせ山名分教会は、明治二十二年の設置以来驚異的な発展を遂げ、明治二十九年には、実に百十カ所の大世帯となり、その偉容を誇っていたのであります。

その教勢が、明治二十八年のころより熾烈《しれつ》を極めた社会の反天理教運動の抑制下に急降下の形相を呈し、大祭に際しても提灯を飾ることもできなかった体でしたので、生来進取の気性に富んだ諸井会長としては、これを座して見るには忍び難いものがあったのでありますす。すなわち、その慧眼《けいがん》に映ったのが、新領土台湾への進出でありました。

台湾島は西南太平洋上に浮かぶ一孤島とはいえ、その面積九州・四国を合わせてなお及ばず、その平坦部の沃野《よくや》は未開墾のまま放置され、さらにその地下資源においては全く未知数と言われていたのです。従ってかの地に殖産事業を興し、それを基盤として島人の間に布教線を張り巡らす時は、同時に国と道の発展に資すること、まことに大なるものがあると一人勇み立ったのであります。思えば今日におけるアメリカ大国の姿も、その元を尋ぬれば、イギリスからの宗教移民であったのでありますから、台湾をして日本のアメリカたらしめることも、決して不可能なことではないとさえ考えられたのであります。

しかしながら一口に殖産事業と言っても、それは決して生やさしいものではなく、そこには莫大な経費と、多くの人材を必要とすることは自明のことでありました。人材の方はともかくとしても、その莫大な経費をいかにして獲得すべきか、諸井会長はこの問題について苦慮し、ついに一策を案出したのであります。それは事業の母体となるべき団体を結成することにありました。「大日本神道天理山名婦人協会」がそれであります。そしてその目的を判然と、会則第一条に掲げたのであります。

第一条　本会ハ一般婦人ノ協力ヲ以テ新領土台湾島及普ク海外へ神道本教ヲ布教スルヲ目的トス

まさに堂々と本教の海外布教と銘を打っての百年の計と言うべきものでありました。塵《ちり》も積もれば山となるの俚諺《りげん》の通り、一人でも多くの会員を擁するために、対象を「一般婦人」とした点も、なかなかもって会長の智者たることを物語っているものと思われます。果たせるかな、明治三十年末には、その会員数も実に三千八百七名の多きに達しているのであります。

こうして準備が整い、その上思いがけない二人の協力者も現れましたので、諸井会長は勇躍自ら率先して台湾行きを決心、まずこの由を申し上げて親神様のお許しをお願いしたのであります。

明治三十年六月五日

諸井國三郎殖産工業の事情を兼ね、台湾台中県へ布教の儀願

さあ〳〵尋《たず》ねる事情《じじょう》〳〵、さあ尋《たず》ねる事情《じじょう》には、これまで遠《とお》い話《はなし》にも聞《き》いて居《い》る。事情《じじょう》一時《じ》以《もつ》て尋《たず》ねるは、遠《とお》い話《はなし》には、一寸追々《ちよつとおい〳〵》の理《り》ともいう。身上《みじょう》に一《ひと》つの事情《じじょう》無《な》ければ、何時《なんどき》なりと。さあ速《すみ》やか許《ゆる》し置《お》こう〳〵。

（**大意**）このたび尋ね出た台湾行きの話は、これまでも風の便りに聞いている。いよいよ決行しようとしてこの際尋ね出たのだろうが、この話はまあぼつぼつのことと言わねばなるまい。身体《からだ》に別に故障がないというなら、何時なりと行ったらよかろう。直ちに許しておこう。

先ず以て諸井國三郎二十日頃より行く事願

さあ〳〵心得《こころえ》に委《まか》せ置《お》くによって身上《みじょう》も壮健《そうけん》、皆々《みな〳〵》勇《いさ》んで心事情《こころじじょう》、心一《こころひと》つ嬉《うれ》しい。真実心理《しんじつこころり》を以《もつ》て鮮《あざ》やかなら、何時《なんどき》なりと許《ゆる》し置《お》こう〳〵。

（**大意**）それはそちらの心次第に任せておくから、身体も壮健で、皆の者たちも勇んで、しっかり心合わせてもらいたい。その心なら嬉《うれ》しく思う。真実の心を寄せてすることなら、鮮やかに運ぶであろう。何時なりと行ったらよい。

なにせ本教始まって以来、初めての海外進出のお伺いでありましたから、どのようなお話を頂けるかと、大いに期待していた者もあったかもしれません。しかし親神様はあくまで冷静に、その根本の心構えをお諭しくだされながら、その話は前からそれとなく聞いているが、それは行ったからすぐ成り立つとは思われぬ。むしろ、ぼつぼつと成り立つであろうと、猛《たけ》る心を抑えておられます。親神様のお目には、諸井会長一人の線のことならともかく、便利な者が現れたからとて、世上の人間を交えての仕事には、何か危惧《きぐ》不安を感じ取られたのかもしれません。相手は何といっても一攫《いっかく》千金の夢を追う策士としか考えられず、利害の上からはどう転ぶかも測り知れないものがあったにちがいありません。それにまた「身上に一つの事情無ければ」と念を押された点も何か気に掛かります。もしも身上に何か変わったことでも現れた場合は、せっかくの計画も一時見合わさねばならないと示唆されたものと拝されるのであります。

しかし結局は、真実の心を集めた上であるならばと快くお許しくださったのでありますから、諸井会長も勇んで帰会し、部下全般の心を一つに治めるため、部下教会長を招集して、その計画の趣旨を伝え、一同の承諾を得たのでした。そして七月十五日、壮行に先立って一路平安のお願いづとめをすませ、その直会《なおらい》を催しましたが、その最中、三女甲子さ

んが、急に身上が迫るという異変が起こりました。もとより会長は一時愕然《がくぜん》としましたが、皆の人たちには押し隠しながら、

「一度決めた台湾行きである。たとえこの子が出直しても、俺《おれ》は所信を断行する。渡台した以上は、この俺も決死的な日々だ。もしも俺が台湾の土と化したら、二十年後必ず現地に若い青年が生い立つから、その者を俺の生まれ替わりだと思うてくれ」

と、さすがは親としての涙の陰に、この凄《すさ》まじい決意を抱いたのであります。

その翌日、諸井会長はわが子の身上に後ろ髪引かれる思いのまま袋井駅を出発しましたが、車窓から見返る教会の門前には、夫人に抱かれて立っている甲子さんの姿が、いつまでもその瞼《まぶた》に残されていました。途中ぢばに立ち寄り、早速と愛児の身上につき神意を伺ったのであります。

明治三十年七月十六日　朝

諸井國三郎渡台に付、部下重立ちたる者分教会に集まり御神前に御勤をなし直会頂戴の最中三才の小人身上一時迫りしに付願（十三日夜の事）

さあ〱尋《たず》ねる事情《じじょう》〱、前々《ぜん〱》事《じ》情《じょう》速《すみ》やか許《ゆる》したる。だん〱よう〱の道《みち》を調《ととの》え

運《はこ》んで、さあという一時《じ》の際《さい》、小人《しょうにん》身上《みじょう》心得《こころえ》んという。心得《こころえ》んから尋《たず》ねる。尋《たず》ねるから諭《さと》そう。よく聞《き》き取《と》れ〳〵。国《くに》を立《た》つ一時《じ》多《おお》くの中《なか》楽《たの》しみもあれば、又《また》中《なか》にほっと思《おも》う者《もの》もある。よう聞《き》き取《と》れ。道《みち》のため教《おしえ》一《ひと》つの理《り》を聞《き》いて定《さだ》めた精神《せいしん》一《ひと》つの理《り》は末代《まつだい》という。この理《り》をしっかり心《こころ》に治《おさ》め、辺所《へんじょ》立《た》ち越《こ》す処《ところ》、勇《いさ》んで〳〵どういう事《こと》もこういう事《こと》も、一度《ど》定《さだ》めた理《り》は末代《まつだい》の理《り》という。さあ〳〵皆々《みな〳〵》それ〳〵治《おさ》めてくれ。

（**大意**）台湾行きの件については、前のさしづをもって、速やかに許したところである。いろいろと苦心をしてようやく準備も整い、いざ出立という際に、子供の身上が迫ったというて、どうも合点がゆかぬと尋ねてきた。尋ねる以上は諭そう。よく聞き取るがよい。国を発つに際しては、多くの人間たちの中には、喜ぶ者もあれば、また心案ずる者もある。道のため、教えの根本義を聞き分けて海外へ進出しようと定めた精神は末代のものと受け取る。この点をしっかり心に治め、遠い所へ出かけるなら、勇んで掛かるがよい。どういうこと、こういうことがあってもやり抜くという定めた精神は、末代のものである。この点を皆の者にもよく説き聞かせてやるがよい。

永井藤平同行の願

さあ〳〵精神《せいしん》さえこうと言《い》えば、明《あき》らかなもの。こうという精神《せいしん》あるなら、勇《いさ》んで勇《いさ》んで。さあ〳〵皆《み》んな心《こころ》に委《まか》せ置《お》こう。

（**大意**）本人がどうでもという精神が定まるなら明らかなもの。勇んで掛かるなら、みんなの心に任せてやろう。

親神様は、諸井会長の台湾行きについては、部内の者たちの心が、心から一致して会長の心に添い切っているかどうかを指摘されています。会長自信がわが身どうなってもという強い精神に立つばかりではなく、この会長を送り出す者たちも、後は引き受けたという心一つに結び合わねば、せっかくの壮行も土台が崩れてしまうと戒められたものと拝するのであります。三歳の幼女の身を迫らせられた神意は、この親心による警鐘であったと言えましょう。事実、もう駄目かと思われた三歳の甲子さんの身上は、このおさしづを頂かれた時分には、嘘《うそ》のようにご守護いただいていたというのであります。まことに鮮やかな理をお見せくださったものと言わねばなりません。

この神意に勇んで諸井会長は、七月二十日永井藤平氏を伴って台湾へ向けて出発したのであります。

台中は地理的に言ってその名のごとく、台湾島の中央部に位置する要衝で、南北へ伸びるためには格好の基地でありました。諸井会長は早速、その城内に適当な土地を借り受け、そこに自分たちの根拠として、台中教会の設置を急ぎました。教堂・住居の建築もありましたが、何分将来布教の対象となるべき本島人のためを思えば、すべて生活様式を異にする彼らでしたから、純日本式のものでは親しめず、何とか現地の事情に即したものたらしめたいと念願したのでした。といって勝手にそう決められもせず、一まず事情報告のため一応帰朝した上、あらためてその由を申し上げ神意をお伺いすることになりました。まこと、国が変わればその国民の生活様式は、わが国のそれと異なることは自明のことであり、郷に入っては郷に従えの俚諺通り通ることが、お互いの心の結び合いには、最も大切なことと考えられたのであります。

明治三十年九月十二日

山名分教会台湾台中城内諸井國三郎拝借地に、山名分教会台中教会設置願（担任一條源治郎）

さあ〳〵事情《じじょう》は願通《ねがいどお》り許《ゆる》し置《お》こう〳〵。

（**大意**）教会設置の願い出は、その通りに許しておく。

押して、未だ信徒は無之又親神様と申す事も存ぜず又土人へ布教致す事故御社を別に立てさして頂き度く願

さあ〳〵尋《たず》ぬる事情《じじょう》〳〵、事情《じじょう》はそれ〳〵所々《ところ〳〵》の事情《じじょう》によって、何《なに》よの事《こと》も委《まか》せ置《お》こう、さあ〳〵委《まか》せ置《お》こう〳〵。

（**大意**）尋ね出た件は、それぞれ土地所の風俗習慣に基づいて、どのようなこともお前たちの心次第に任せておこう。

まことに明快なお話でありました。日本の領土になったからといって、原地住民の生活様式が日本化したわけではありません。彼らは彼ら独自の信仰を持ち、風俗習慣を持ち、衣食住においても我々と異なっているわけで、その耳に親神様の御名を伝え、その心に教えの理を治めさすことは、並大抵なことではなかったのであります。すべての点において、彼らを我々に添わそうと努力することよりも、むしろ我々を彼らに添わして行くことが大切なのであります。「それ〳〵所々の事情によって」と仰せられておりますことは、まことに大きな親心を簡潔なお言葉の中に言い尽くされたもので、異民族布教すなわち海外布

教の根本方針は、ここにありと言えるのであります。

こうして設置された台中教会は、果たせるかな、台湾伝道の根拠地となり、爾来《じらい》そこより伝道線は北方へ延びて、新竹・台北・基隆に至っており、さらに南方に延びては、嘉義・台南・高雄と、実に台湾島を縦断する線上の主要都市にその成果を収めていったのであります。その間、台北に居住する清国人林某の入信により、その郷里清国厦門《アモイ》に布教の糸口を得て、諸井会長は役員平出団次郎・高室清助の両名を、台湾事情調査の目的を兼ね厦門の様子を視察するため派遣しています。厦門は台湾海峡を隔てて台中の対岸に位置する清国有数の港湾都市で、福建省の主都福州の玄関であり、大陸布教上まことに重要な関門でもありました。

明治三十二年一月十七日

山名分教会役員平出団次郎、高室清助両名台湾布教の事務を取り調べの上、清国厦門へ布教致し度く願

さあ〳〵尋《たず》ねる事情《じじょう》〳〵、尋《たず》ねる事情《じじょう》にはまあ心《こころ》という理《り》を以《もっ》て尋《たず》ねる。尋《たず》ねるからは、心通《こころどお》り精神通《せいしんどお》り心通《こころどお》り、何《なん》でもという理委《りまか》せ置《お》こう。又一《またひと》つ所《ところ》にてはどうで

あろうという理《り》あろか。一《ひと》つ楽《たの》しみの理留《りとど》める心理《こころり》に持《も》って、一《ひと》つふしという。ふし無《な》くば分《わ》からん。どういう事《こと》あろうか、こういう事《こと》あろうか。ふしから芽《め》が出《で》る。ふしから栄《さか》える処《ところ》に理《り》が見《み》えたら分《わ》かり、いかなる理《り》も働《はたら》いて見《み》せる処《ところ》、尋《たず》ねる処《ところ》、精神《せいしん》の理《り》に委《まか》せ置《お》こう〳〵。

（**大意**）尋ね出た件については、どうでもという精神をもって尋ねたことであろう。それであるなら、その定めた心通り、何でもという真の心に任せておこう。また清国厦門という変わった所では、果たしてどうなろうかという案じ心もあろうが、将来の楽しみという希望の心も持って行くがよい。いずれふしもあろう。ふしがなければこの道は分からぬ。そう言えば、どういうことになろうか、こういうことになろうかと案じられようが、ふしからこそ芽が出るのである。ふしから栄えるところに神の守護が見え、なるほどと分かるものである。どんな働きもして見せるから、このたびのことも、お前たちの真実の精神一つに任せておこう。

清国厦門と言えば、純然たる外国の土地であります。日本人は外国人として取り扱われるのでありますから、台湾における場合と全く事情は異なってくるわけであります。ただ単に本教の布教師という立場のみならず、日本人という立場がより大きく表面化するわけですから、その言動の如何《いかん》によっては国際問題に波及せぬとも限りません。従って一介の布教者といえども、むしろ国民外交官としての性格を自覚し、その心構えはもとより、その生活態度において、些《いささ》かも侮りを受けるようなことがあってはなりません。一度不信を買うに至っては、布教どころか本国送還ということにならぬとも限らないのであります。それに全く目新しい外国の宗教である本教に対して、相手がどのような反応を示すか、この点も測り知れないのでありますから、まことに不安の念に駆り立てられてしまうでしょう。

無事、台湾事情及び厦門事情の調査を終えて、報告のため一旦帰朝した高室清助氏は、諸井会長よりあらためて厦門布教の命を受けました。自らその土地を踏んできた者として、もとよりその覚悟の彼だったのです。骨は厦門の対岸、美しいコロンス島の日本人墓地に埋めるのだと、自分自身に言い聞かせた彼でした。

明治三十二年六月五日

山名部内高室清助渡清に付諸井國三郎より心得のため願

さあ〳〵尋《たず》ねる事情《じじょう》〳〵、さあ〳〵前一《ぜんひと》つ皆々《みなみな》事情運《じじょうはこ》んだる理《り》は、よく〳〵諭《さと》して一時《じ》の処《ところ》、遠《とお》く所《ところ》の事情《じじょう》はよく元々《もと〱》の理《り》、一《ひと》つ事情《じじょう》十分《ぶん》の理《り》を治《おさ》めて、先々《さき〱》という。それ〱治《おさ》まり掛《か》けてある処《ところ》どうでも始《はじ》め掛《か》けたる処《ところ》、及《およ》ばさんにゃならん。思《おも》う処又《ところまた》二度《ど》三度《ど》、又《また》二度《ど》三度《ど》の理《り》、一《ひと》つ理《り》を映《うつ》してやるがよい。その心《こころ》で治《おさ》めてくれ。

（**大意**）尋ね出た事情については、以前にも同じように尋ね出た時と同じように、その時諭したことをよくよく諭してもらいたい。このたび厦門という遠い所で布教するということは、元々この道の始まりと同様のことと、その理合いを十分心に治めてもらいたい。それでこそ先々の立場がある。始めかけた台湾の道も、これからどうでも始めかける厦門の道も、いずれも十分に力を及ぼさねばならない。厦門の方はなかなか難事だが、一度失敗したからと放棄することなく、二度三度、また二度三度と繰り返して、道の理を映し出さねばならない。

いよいよ渡清に際してお伺いした諸井会長に対し、親神様は、可愛《かわい》い子を遠く旅立たせる親の気持ちの中に、その心構えの程をお諭しくださいました。新たな土地、しかも外国の土地の布教を、決して甘く見てはならないこと、思うように行かぬと自暴自棄に走らず、二度三度と繰り返し繰り返し努力することが大切なことである。その真実さえあるなら、神はどのような守護もしようと励まされているのであります。

この高室清助氏の厦門布教は、在厦門日本総領事館も注目したことは言うまでもありません。その成果が日清双方の親善に寄与することもまた大きかったからであります。幸い多くの市民が親神様のご守護を受けて参拝し、やがて厦門教会の設置を見たのでありますが、残念なことには高室清助氏は病を得て、ついにその功半ばにして出直したのでした。その覚悟の通り、その骨はコロンス島の日本人墓地に埋められております。

時あたかも本教の沈滞期に際して、山名伝道線の台湾進出、さらに清国進出が企てられましたことは、事が山名分教会一個の企画によるものでありましても、それは一時火の消えたように静まり返っていた教内に、まさに一服の清涼剤をもたらしたものと言えましょう。同時にまた、本教信仰の熱烈な姿を、天下に示したものとも言えるのであります。

第二節　婦人会の創設

内務省訓令により疲労沈滞した教内に、再起の気運をもたらしたものは、天理教婦人会の設置であります。それも、それが人間の申し合わせではなく、神意に基づいたものでしただけに、一層その感を深くするものであります。すなわち次のおさしづを拝しております。

明治三十一年三月二十五日

増野いと身上願

さあ〳〵尋《たず》ねる事情《じじょう》〳〵、尋《たず》ねる事情《じじょう》は身上《みじょう》、さあまあこの中良《なかよ》きかと思《おも》えば又《また》身《み》上《じょう》に心得《こころえ》ん事情掛《じじょうか》かり、善《よ》き事《こと》なら思《おも》う事無《ことな》い。身上《みじょう》もう一時《じ》ならん迫《せま》る事情尋《じじょうたず》ねるから、事情《じじょう》にはこれまでいろ〳〵諭《さと》したる。どんな事《こと》にも諭《さと》し掛《か》けたる。いかなる事情《じじょう》にも諭《さと》したる。そんならめん〳〵身上《みじょう》、心《こころ》にどうと又《また》あろ。諭《さとし》に、幾重諭《いくえさと》したる。何処《どこ》へ掛《か》かるとも分《わ》からん。事情《じじょう》はさあ女《おんな》の道《みち》がある。皆惣計女《みなそうけいおんな》の道《みち》あるなれど、女《おんな》の道《みち》に男女《おとこおんな》とは言《い》わん。この道《みち》どうも分《わ》からん。そこでよう聞《き》き分《わ》け。惣《そう》計《けい》の中談示《なかだんじ》の台《だい》に出《だ》す。よう聞《き》き分《わ》け。数々《かず〳〵》中《なか》ある。数々《かず〳〵》中《なか》ありて日々《にち〳〵》働《はたら》いて居《い》る。この中一《なかひと》つ理《り》という。道《みち》によって古《ふる》い新《あたら》しの理《り》がある。新《あたら》しい中《なか》にも、古《ふる》い中《なか》にも、どういう理《り》もある。又古《またふる》いだん〳〵の理《り》もある。一時《じ》女《おんな》、婦人会《ふじんかい》として始《はじ》め掛《か》け。これ人間《にんげん》が始《はじ》め掛《か》けたのやない。神《かみ》が始《はじ》めさしたのや。これは古《ふる》い道《みち》にこういう理《り》がある、こういう事《こと》があると、互《たが》い〳〵研究始《けんきゅうはじ》めたら、いかな理《り》ある、どんな理《り》もある。元々《もと〳〵》一人《ひとり》から艱難苦労《かんなんくろう》の道通《みちとお》り、又中《またなか》に道始《みちはじ》まる理《り》に繋《つな》ぎ、事情《じじょう》から始《はじ》め通《とお》りたる者《もの》ある。たゞ年限《ねんげん》ありて心《こころ》にこう無《な》くば古《ふる》いとは言《い》えようまい。こうのう無《な》くば、まあそうかいなあというようなもの。よう聞《き》き分《わ》けて内々《うち〳〵》迫《せま》れば、相談《そうだん》の芯《しん》という。芯《しん》から始《はじ》めたら心分《こころわ》かる。女研究《おんなけんきゅう》、何《なん》ぼでもぢばという中《なか》に、これまでにも治《おさ》まる理無《りな》くばどうもならん。刻限《こくげん》でも諭《さと》し、諭《さとし》にもよう〳〵という。婦人会始《ふじんかいはじ》め掛《か》け。始《はじ》め掛《か》けたらよう思《し》やんせにゃならん。道《みち》に艱難《かんなん》の道《みち》という、通《とお》りたる事《じ》情《じょう》、婦人会《ふじんかい》というは何《なん》のためにするのや。義理《ぎり》でするやない。又人間《またにんげん》の体裁《ていさい》でするやない。又《また》世上《せじょう》に対《たい》してするやなし。婦人会《ふじんかい》というは、道始《みちはじ》めて互《たが》い〳〵の諭《さと》し合《あ》いの道治《みちおさ》めてやれ。今日入《きょうはい》ったも女《おんな》、古《ふる》い理《り》も女《おんな》、艱難苦労通《かんなんくろうとお》りたか通《とお》らんか分《わ》かる。入《はい》りた道《みち》ある。遠《とお》い所《ところ》から来《き》てる者《もの》もある。又近《またちか》い所《ところ》から来《き》てる者《もの》もある。どうやろなあというような道《みち》から、へばり付《つ》いたような者《もの》もあれば、又運《またはこ》んだ道《みち》もあれば、道《みち》に染《そ》まりて入《はい》りた者《もの》あれば、今日入《きょうはい》った者《もの》もある。婦人会《ふじんかい》という道聞《みちき》き分《わ》けて、今日《きょう》は一《ひと》つ、埋《う》もれ〳〵切《き》ってあるという。

（**大意**）さてこのたび尋ね出た事情は、増野いとなる一婦人の身上であるが、なるほど、このところ良いかと思えばまた迫ってくるという。良いことなら何も心配はないが、もはや一時の猶予もならんほど迫ってくるのでは、尋ね出ねばなるまい。この者の身上をもって示した事情については、これまでもいろいろと諭してきている。どんなことにつけても言い触れてあれば、どのような事情につけても、それとなく諭してある。そう言うとお前たちとしては、この身上については、それぞれこうという思わくもあろう。そこで諭しにくい、いや、諭した通りのことになるかもしれん。

さてこのたびの事情は、道の女としての通り方について諭したいのだが、そう言えば、そうかいなあと軽く聞き流すだろうが、その女の通り方にしても、そこには男も同様に思案せねばならぬ理があるのだ。全くお前たちはこの道がどのような道であるのか、ほんとうに分かってはいない。そこでよく聞き分けねばならない。つまり大勢いる者たちのため、その談じ合いの台として話をするのである。だからしっかり聞き分けてもらいたい。

　今日になってみると、多くの者がこの道についてきており、このやしきにも日々多くの者が、それぞれ勤めていてくれる。しかしその中には尽くし運んだ年限の理というものがある。道に尽くすことによって古い・新しいの区別がある。その新しい・古いと一口に言う中にも、いろいろな通り方もある。年限は古くてもその成人の程度はいろいろある。そこでこの際、女の成人のよすがとして婦人会を始めかけるがよい。

　これは人間の考えから始めるものではない。神の思わくから始めかけさせるものである。すなわち、昔はこういうお人があったとか、こういう事情もあったと、互いに研究し合うようになれば、そこにどのような結構を見るか分からぬ。元々この道は教祖一人が艱難《かんなん》の道を通って始めかけたが、在世時代早くも心を繋《つな》いできた者もあれば、その後いろいろな事情からついてきた者もある。ただ長い年限信仰を続けてきたというだけで、成人を見ない者は古い者とは言えぬだろう。年限相応のこうのうの理のない者は、ああそうか、と言われるようなもの。この理をよく治めて、内々の者の身上が迫ってくれば、それをどう悟るべきか、相談の芯《しん》とせねばならぬ。すべて芯に立つ者から思案すれば、何事も容易に悟れるであろう。

このように女共が教えの理を研究する機関は、この元の場所である教会本部には、既に無くてはならないものであった。これまで刻限話にも諭してき、また時々のさしづにも触れてきて、今日ようやくその緒に就いたも同じことである。始めかけたらとくと思案せねばならぬ。これまでいろいろと艱難の道を通ってきたからこそ、今日の結構の道があり、婦人会を始める日となったのであるが、婦人会とは何のために始めかけたのか。人間の義理でするものではない。また人間の体裁でするものでもない。また世間に迎合するものでもない。婦人会というものは、この道始めてから初めてできた互い互いの話し合いの場である。各人が成人の実を収める場である。今日道についてきた者も女なら、古くからついている者も女である。それぞれの道すがらに、どれだけ艱難の道を通ってきたか、通らずにきたかは、おのずから明らかである。

人それぞれこの道に入るには、それだけの経緯がある。遠いところから来ている者もあれば、近いところから来ている者もある。また、この道について半信半疑でありながらも、しまいには離れられぬようになった者もある。道の話に感じ自ら運んできた者もあれば、人に誘われ感化されて来た者もある。さらには今日ようやく入ったという者もあろう。このさまざまな者たちに対して、婦人会を始めかけた親神の思わくをよく弁《わきま》えさせ、それぞれ成人の道を辿《たど》らせてもらいたい。今日までも、尽くしたこうのうの理の埋もれた者もあることを心に掛けておくがよい。

まことに微に入り細にわたってのお諭しと拝されます。お伺いの台となった増野いと氏は、本部員増野正兵衞氏の夫人で、当時おやしきに勤める婦人衆の中でも、主立った一人でありました。その身上がただ単に、同氏の個人的なものとしてではなく、婦人たちに対する諭しの台として、わざわざお示しくださったものであったことが、このおさしづをもって明確にされたのであります。お言葉の中に、「惣計の中談示の台に出す」と仰せられた通りでありました。親神様は明確に「婦人会として始め掛け」と仰せられています。それはあたかも、それまでにおやしき内において、婦人衆のみの一つの動きが存在していたことを思わせるのであります。もとより、その名にふさわしい内容を持った具体的な動きであったかどうかは定かではありませんが、『みちのとも』昭和四年四月二十日号誌上に、図らずも、その由来につき知るを得たのであります。すなわち、「婦人会設立の由来と希望」の文中に次のごとく記されています。それも同会の初代会長となられた中山たまへ様の御口述であります。

「なんでも明治二十八九年の頃《ころ》かとおもひます。その当時は私もまだ齢《とし》がゆかず、子供も生《うま》れてをりませんし、それに今日のやうに沢山《たくさん》の人が詰めて居られるといふではなし、出入りの人々も少なかつたものですから、宅の方は今と較《くら》べるとお話にならない位無人《ぶにん》で、ほんとに静かなもので御座ゐました。その当時宅の方につとめて居つてくれた婦人は、辻とめ菊さんと村田おすまさん、それに中田おなつさんと増井とみ枝さんの四人で、この人たちが二人宛《ずつ》交替で毎日詰めて居てくれました。もつとも本部員の家内として永尾よし枝さん、桝井おさめさん、増野おいとさん、山本小松さん、宮森おひささん、高井おつねさんや山澤の姉なども近くには居ましたが、今日のやうに当番のきめもあるではなし、毎日顔を出すといふわけではありませんでした。――其後《その》本部員の家内も交替で宅の方に詰めてくれることになりましたが、それも余りながくはつゞかなかつたやうです。こんな有様ですから自然お互《たがい》婦人同志が寄り集つてお道の話をし合ふやうなことは稀《まれ》で、これでは折角《せっかく》結構なお膝下《ひざもと》において頂いて居りながらまことに申訳ないのみならず、お互の精神の出世もさせて頂くことが出来ませんから、何とかしてお互が寄り集つてお道の教理を勉強し合ひ、また気づいた点を銘々に話し合ひ悟し合ひをさせて貰《もら》つてはどうかと思ひまして皆さんに御相談申しました所、もとより異存のあらう筈《はず》はなく、まことに結構なことだと賛成をしてくれたのでした。そこで寄り日をきめようといふことになつて、何日《いっ》がよからうと考へた末、三といふ日は『三ッみにつく』で、かうした集りの精神からいつてもほんとに意味深い日であるといふので、毎月三日、十三日、二十三日といふことに致しました」

右のお話により明治二十八、九年のころから、初代真柱様夫人中山たまへ様を中心にして、すでに十数名の婦人たちが、毎月三日、十三日、二十三日の三日間、都合のつく者たちが集まって、時には教理について話し合い、時には自分たちの信仰につき談じ合っていたことが明らかとなりました。明治二十八、九年と言えば、たまへ様はようやく十八、九歳の娘盛りであられましたが、その若いたまへ様がおやしきに勤める婦人たちの成人の上に心を尽くされていたことは、今日における道の者として感銘深いものがあるでしょう。

殊に「女は台」という理に思案しますなら、道の婦人こそ道の台たるべく、常に明るく陽気であることが望まれるのであります。事実、婦人にありがちな愚痴《ぐち》・不足・嫉妬《しっと》・猜疑《さいぎ》等の心の動揺は、そのまま男子の心に映って、そのつとめを欠いたり横に外れたりしがちになってしまうものであります。この婦人の個々の心の成人こそ、あらゆる社会においても大切なことと言えるのであります。

　すなわち親神様は、この婦人たちの日々の試みが、いつまでもただ単なる同好者的集まりであっては、それ以上のものには成長し得ないことを思われたにちがいありません。その運動が広く、道の婦人全体の動きとなってこそ、そこに大きな役割を演ずることを教えられたものと拝するのです。まさに「婦人会として始め掛け」のお言葉こそ、今日の天理教婦人会が神意に基づいて発足したものとして、他の世上における婦人会と、その本質を異にする所以《ゆえん》を明示されたものと言わねばなりますまい。それは実に、ぢば一つの理に立てられたものであり、親神様のお急《せ》き込みくださる世界たすけ、一れつの陽気ぐらしへの世の立て替えの上に、婦人という立場に一手一つに結び合いつつ、個々の成人に努めると共に、その総力を結集して十分に、台たる使命を果たすべきものであると仰せられたものと拝するのであります。

　しかもこの問題は、ただ単に婦人にとってのものではなく、男子にとってもまた然《しか》りであると、「女の道に男女《おとこおんな》とは言わん」と喝破されていることは、男子たる者も、とくと肝に銘ずべきことと言わねばなりません。おさしづ事情が増野いと氏の身上を台としてのことですから、「婦人会へのおさしづ」として見なされてきましたものの、それはまた明らかに、男子に対する神意をも含めておられるものと拝します。当時、おやしき内での求道的な動きが、婦人の間にのみ見られた事実から、婦人の身上を契機とされてお話しくだされたものと思案されるのであります。

　また、お互いの反省のよすがとして、「たゞ年限ありて心にこう無くば古いとは言えようまい」と仰せられておりますが、これまた男女に隔てないお諭しであります。世間には「年の功」ということが常に横行しておりますが、それは信仰の世界では許されず、同時に、どんな者でも、その尽くした真実・誠に対しては、それ相応の待遇を忘れたり見逃してはならぬと強調されておりますことは、温かい親心の程を窺《うかが》い知ることができるでありましょう。各自が年限相応の成人を見させていただいてこそ、また、それを互いに認め合ってこそ、結構の理が治まるものであります。だからこそ「女研究、何ぼでもぢばという中に、これまでにも治まる理無くばどうもならん」と、それまでにも既に、その場が治まっていなければならなかったのだと、むしろ婦人会設立が遅きに過ぎた感があるとまで仰せられているのであります。

　従来、ともすると教理を研究したり、史実を談じ合ったり、信仰を練り合うことは、婦人として出過ぎたこと、生意気なことのように見なしてきた向きもありましたが、このおさしづを拝するに及んでは、皆自分たちの狭量さに恐れ入ったにちがいありません。お話はさらに、念を押すように続いているのであります。

押して
さあ〳〵会議《かいぎ》というて話《はな》し掛《か》けた処《ところ》、そんなら神《かみ》の話《はなし》、思《おも》う一条《じょう》の話《はなし》、十人《にん》なら十人《にん》出《で》ける話《はなし》とは言《い》わん。数々《かず〳〵》中《なか》に突《つ》き合《あ》わせ、世上男女《せじょうおとこおんな》言《い》わん。何程女《なにほどおんな》でも道《みち》のため運《はこ》んだこの事情《じじょう》聞《き》き分《わ》けにゃならん。これ聞《き》き分《わ》けにゃならんで。そこで尋《たず》ねても、道《みち》だけ筋《すじ》立《た》てば同等《どうとう》のもの。よう聞《き》き分《わ》けて通《とお》さにゃならん。互《たが》い〳〵道《みち》はどういう処《ところ》から取《と》りて居《い》る。

（**大意**）さて、婦人会として万事談じ合いをもって行くようにと諭したが、ではと言って神の話をするにせよ、銘々思う話をするにせよ、十人が十人ともできるとは言えぬ。大勢が話し合う中に、各自心に感じることが大切である。世間のように男女の隔てはない。たとえ女であっても、道の上に尽くし運んだ者のこうのうについては、よく話し合い聞き分けねばならぬ。誰《だれ》が何と言おうが理の道筋に従って通れば、男女同等のものである。この点をよく心に治めて、人々を導いてやってくれねばならぬ。そして銘々この道がどういうところから成り立ってきたかをよく諭し合ってもらいたい。

押して、皆相談しましてと願

さあ〳〵よう思《し》やんして、皆《みな》それ〳〵身上迫《みじょうせま》れば心治《こころおさ》まらん〳〵。世界明《せかいあか》るく、道《みち》にほこりありては、元《もと》ぢばと言《い》えん。女《おんな》であれど、元《もと》〳〵尽《つく》したこうのうという。元女《もとおんな》でもあれだけのこうのうあるか、と、知《し》らさにゃならん。

（**大意**）さて、なおよく思案してもらいたい。人間は誰しも身上障り、迫ってくればなかなか心が治まらぬものである。世の中は元々明るいものと定めてきたが、道を通りながらほこりを積んでいては、肝心な元なるぢばの理を映すことはできない。たとえ女であろうとも、真実を伏せ込んだならば、天の徳をもらうことができる。とかく低いものに見られている女でも、「あれだけ立派なことになれるのか」と皆に知らせてやらねばならぬ。

婦人会は皆々の談じ合い、研究を主体として活動すべきであることを仰せられた親神様は、それでもなお婦人方の引っ込み思案や、おせおせの心遣い等の多い実際を案じられて、各自が尻込みしたり、遠慮気兼ねのないように、言いたいことは堂々と申し述べるよう念を押しておられます。道のためを思い道に尽くす真実は、たとえ小さくとも十分受け取って、一粒万倍にして返してやると言われ、しかも、それだけの真実は、女だから持てないことはない、いや、持てるように成人していけるのだと諭されたものと拝します。

まこと信仰生活において、婦人の成人がいかに大切であり、かつ急務であるかを、心砕かれつつお諭しいただいたものと拝しますが、このおさしづは果然大きな投影を婦人方のみならず、男子の人々にも与えたにちがいありません。

すなわち、おやしきでは主な婦人方を中心にして、早速と談じ合いをされ、このおさしづが増野いと氏個人へのおさしづでないことを確認され、いよいよ婦人会設立に乗り出すべく、その運ぶべき道筋について、あらためてその翌日、神意をお伺いされました。まこともはや一切が神意に沿って運ばれねばならなかったのであります。

明治三十一年三月二十六日

前日増野いとのおさしづより、婦人会の事に付おさしづありしにより、以後の筋道心得事情申し立て願

さあ〳〵尋《たず》ね掛《か》ける処《ところ》〳〵、これまでというものはどうもならん。教《おしえ》は一《ひと》つ理《り》でありて、諭《さと》し一《ひと》つ事情《じじょう》、これまで決《き》まり有《あ》りて決《き》まり無《な》い。幾度《いくたび》も事情《じじょう》に差《さ》し詰《つ》まる理出《りで》ける。これまで何度《なんど》諭《さと》したる。又刻限《またこくげん》にも諭《さと》したる。取《と》りよう聞《き》きようで分《わ》か

り難《がた》ない。応法《おうほう》と言《い》うて居《い》て、心胆《しんたん》諭《さと》す理《り》に無《な》い。元《もと》は元《もと》だけのこう無《な》くばなろうまい。長《なが》らく尽《つく》して居《い》る。尽《つく》して居《い》りゃこそ、世界台《せかいだい》となりて居《い》る。中《なか》に間違《まちが》いどうもならん。何《なん》ぼう言《い》うても心《こころ》に間違《まちが》えばどうもなろうまい。成《な》りてからどうもならん。そこで刻限《こくげん》というこの理諭《りさと》したる。取《と》り締《し》まったる今日《きょう》の日《ひ》、これ聞《き》き分《わ》けて万事先々《ばんじさき〱》いつ〱までも諭《さと》さにゃならん。この道前生《みちぜんしょう》から今《いま》の世《よ》、又生《またう》まれ更《か》わりまで諭《さと》す理《り》である。すれば、元々《もと〱》始《はじ》めたぢばという。皆《み》んな治《おさ》めにゃならん。めん〱だけ治《おさ》めて居《い》ればよいというような事《こと》ではならん。これは皆《み》んな心《こころ》に無《な》いという。心《こころ》が感《かん》じにゃなろうまい。男女《おとこおんな》の隔《へだ》て無《な》く、一時《じ》に心《こころ》澄《す》み切《き》りて通《とお》れば、男女《おとこおんな》の区別《くべつ》は無《な》い。何名何人《なんめいなんにん》、こらどうもならん。道具《どうぐ》に譬《たと》えて話《はなし》する。粗《あら》い事《こと》するものもあれば、細《こま》かい事《こと》するものもある。又中程《またなかほど》するものもある。この道理《どうり》分《わ》からねばどうもならん。よう聞《き》き分《わ》け。道《みち》急《いそ》ぐ。早《はや》く事情《じじょう》、遠《とお》い所《ところ》から寄《よ》り集《あつ》まる処《ところ》、ほこりという。めん〱さえ無《な》くばよいではどうもならん。これから話《はなし》、男女《おとこおんな》の隔《へだ》て無《な》い。よう始《はじ》めた道《みち》聞《き》き分《わ》け。この道《みち》始《はじ》めたは男《おとこ》か女《おんな》か。これから悟《さと》ればどんな事《こと》も分《わ》かる。皆一《みなひと》つという。そらそうはいかん。道具《どうぐ》に譬《たと》えての話《はなし》、細《こま》かいという、又中程《またなかほど》という、又粗《またあら》いという。彼《かれ》はどうせいこうせい、一時伝《じつた》えてないから分《わ》からん。諭《さと》す事情《じじょう》これまでの事《こと》、もう〳〵始《はじ》めるか始《はじ》まらんか、もう出《だ》すか出《だ》さんか、思《おも》い〳〵日《ひ》が経《た》つ。ほんのあらまし誰《だれ》と彼《かれ》とこうや、彼《かれ》と誰《だれ》とこうや。人間心《にんげんごころ》の理《り》である。これを聞《き》き分《わ》け。人間心《にんげんごころ》は何程《なにほど》どうやこうや、今日《きょう》までどうするとこうすると見許《みゆる》したる。見許《みゆる》したる処《ところ》から話《はな》し掛《か》ける。最初掛《さいしょか》かり、今日《きょう》の日最初《ひさいしょ》、中程《なかほど》この理《り》ちょい〳〵すれど、取《と》り集《あつ》めた事《こと》はない。これ聞《き》き分《わ》け。入《い》り込《こ》み大切《たいせつ》々々《〳〵》教《おしえ》の台《だい》とする。不当《ふとう》の扱《あつか》いは台《だい》と出《で》けん。そんなら不当《ふとう》せんと言《い》う。純粋通《じゅんすいとお》りてという中《なか》に、これも〳〵放《ほ》ったる。どれも放《ほ》ったる。めん〳〵肝心《かんじん》の理《り》から分《わ》かりあろう。年限《ねんげん》の内《うち》には粗《あら》い細《こま》かい中程《なかほど》と言《い》うて諭《さと》したる。細《こま》かいはどういうもの、中程《なかほど》どういうもの、又粗《またあら》いというはどういうもの、銘々《めえ〳〵》事情《じじょう》に理持《りも》って、世界諭《せかいさと》して居《い》る。中程《なかほど》というは、あちらもこちらも繰《く》り上《あ》げ、皆伝《みなつた》えて理運《りはこ》び掛《か》けたる。なれど、運《はこ》び落《お》ちある。そこで、婦人会《ふじんかい》の台《だい》から、又話々《またはなし〳〵》、いつ〳〵待《ま》って居《い》た処《ところ》がならん。心《こころ》に浮《う》かまん。これ初《はじ》め望《のぞ》む処《ところ》、この中三《なかみっ》つ事情《じじょう》、男《おとこ》の中《なか》にどんな理《り》もある。女《おんな》の中《なか》にどんな理《り》もある。これ聞《き》き分《わ》け。忘《わす》れ落《お》ちありてはならん。婦人会《ふじんかい》たすけ一条《じょう》の道《みち》、通《とお》りた道《みち》、万事見分《ばんじみわ》けたら、感《かん》じは皆《み》んなの心《こころ》に湧《わ》くであろ。

（**大意**）今尋ね出た事情については、これまでもいろいろと諭してきているのに、少しもはっきりと定まらず、どうもならぬところである。この教えはすべて親神の思わくのあるところ、諭しもまた親の諭しであるが、その親の思わくを聞きながら聞き流し、決まりがあって決まりのない状態だから、幾度も事態が差し迫ってどうしたらよかろうかというところまで詰まってくるのだ。これまでに何度諭したことか、また刻限にも諭してあるが、取りよう聞きようによって、分かりにくいことになってしまう。とかく世間並みな、常識的な考えに流れて、ために真に神の思わくを諭す心がない。ぢばにおる者はそれだけのふさわしい姿がなければならない。

そりゃ言うまでもなく皆、長い間尽くしてくれている。尽くしてくれていればこそ、世界たすけのため道の台となっていてくれる。しかしその中にも考え違いがあっては、どうもならないことになろう。いくら諭しても、心得違いがあったのではどうもなるまい。困ったことになってからは手の施しようもない。故に刻限をもって思わくを諭してきたわけだし、今日あらためて決まりをつけようと思ったのである。この点をよく聞き分けて、今後いつまでも諭してやらねばならぬ。

この道は前生から生まれ替わり出替わりして今生に現れ出たもの。それならば、その人間世界を始めた元のぢばという理は、皆もしっかりと治めねばならぬところである。自分一人が治めておればいいというようなものではない。世の人々にも伝えてやる心がなければならない。それなのに、そんな心は少しもないというのでは残念だ。この点は心に感じねばならぬことだろう。それはまた、男女だからとてそこに隔てはないし、その時その場を心澄み切って通るなら、男女の区別は無いものである。それなのにお前たちの中でも、何名ほどの者は、聞き分けがなくて全くどうもならぬ。

道具に譬《たと》えて話をするが、道具は、粗いことをするものも、中程のことをするものも、細かいことをするものもいろいろあり、それぞれ必要なのである。この道理が分からねばならぬ。よく聞き分けよ。

この婦人会という道は急いで付けねばならぬ。早くから事情定めねばならぬところである。遠い所から寄り集まってくる者たちの間にはほこりがついてくる。自分にさえなければ、それでよいという心はどうもならぬ。これからの話には男女の隔てはないから皆よく聞き分けるがよい。ようようの思いで始めたこの教えをよく聞き分けてくれ。

この教えを創《はじ》めたのは男か女か。これから悟ればどんなことも分かるはず。皆同じと言うけど、それはそうはゆかぬ。道具に譬えての話の通り、細かい、中程、粗い道具と言うたが、別に取り分けて、かの者はどうせともこうせいとも少しも伝えたことはないから分かるまい。これまでに諭してきた事情について、もう始めて掛かるかどうか、もう現実に出すか出さぬか、全く不快な日々が続いたものである。ちょっと言うてみても、かの者と誰とはこうだ、かの人と誰々とはこうだと言うているが、全くそれは人間心の動きにほかならぬ。これをよく聞き分けよ。

人間心でどれほど、どうこう言ったところで何もなるものではない。神も今日までどうしようとこうしようと、人間心の動きは見許してきたが、その真から話をしかけよう。最初は何も知らぬ者から始めかけ、ようやく今日という日になったが、これまでも初心の者や中程の者たちには、ちょいちょい話もしかけたものの、皆の者を寄せ集めて話をしたことは未だかつてない。この点をよく聞き分けてもらいたい。

そもそもこのやしきへ入り込んで来る者は、誰でも大切に扱うことが、教えの台となすところである。不当な扱い方は教えの台とすることはできぬ。それでは不当な扱いはせぬと言い、また誰彼に隔てなく純粋な扱い方をして通っていると言いながら、この者もあの者も放ったらかしにしている。その点は銘々の心にも、とくと思い当たる節もあろう。年限によってはそのつとめ向きも粗い、細かい、中程のものと諭しているのに、やれ細かいとはどういうもの、中程とはどういうもの、粗いとはどういうものと、銘々が勝手の理屈をつけて事情を作ってきている。それではどうもならぬ。中程というものは、あちらの都合もこちらの都合もよく弁《わきま》えて、それぞれの持ち場持ち場をよく承知をさせ、つとめさせていくものである。

しかしそうした中にも、手落ちというものが出てくる。そこで婦人会という立場に立ち、いろいろと談じ合いをしながら、互いに助け合ってゆくようにせねばならぬ。銘々が勝手なことを進めたのでは、いつまでたってもうまく行くわけにはいかぬ。また、その方法も浮かぶものではない。この点こそ婦人会を始めるに際して、まずもって神の望むところである。今までだんだんと説き明かしてきた三つの角目を、心にしっかりと治めて婦人会を進めてもらいたい。男のつとめの中にもどんなものもあるが、同様に女のつとめ向きにも種々なものがある。この点をしっかり治めて、今後は忘れがちになってはならん。婦人会こそたすけ一条の台たるべきものであるから、各自自分の通ってきた道を振り返ってみたら、なるほどという感じは皆の心に、おのずから湧いてくるだろう。

まことに噛《か》んで含めてのお諭しでありました。婦人会は何のために開くのか、どういうことをすべきであるか、そのためには各自はどのような心構えで通るべきかについて、懇々とお諭しいただいておりますことは、今日においても常に反省せねばならぬことと言えましょう。殊に首脳部として指導面を預かる者としては、いろいろと人間的にも、また教歴的にも差異のある大勢の者たちを掌握し育てていくためには、互いに助け合い、銘々が勝手な思案に走ったのでは、いつまでたってもその成果は得られないものであるとして、それぞれの持ち場持ち場をしっかりつとめ切らさせねばならぬとお諭しくださったのであります。そうするためにこそ、婦人会という組織が必要であると仰せられ、同時に、このことは婦人のみに限らず、男子の場においても必要かつ大事なことであると導かれているのであります。なお、おさしづは、お話の重要な角目について、念を押して続けられております。

暫くして

さあ〳〵分《わ》かりありたらそら宜《よろ》し。分《わ》からんというは尋《たず》ね返《か》やし、分《わ》かる分《わ》からんの理《り》から尋《たず》ねば、早《はや》く分《わ》かる。又《また》、見遁《みのが》し〳〵、又今度《またこんど》の回《まわ》りと言《い》うは、何度《なんど》でも同《おな》じ事《こと》、くどう〳〵の話《はなし》、何《なん》ぼうしたとて何《なに》もならせん。

（**大意**）さて、納得がいったとあらばそれでよいが、なお得心できぬとあらば尋ね返すがよい。分かる分からんというのは、お前たちの真実次第であるから、真実に思案さえすれば容易に分かってくれるはずである。それともまた、このたびも神意を見逃すようなことではどうもならぬ。このたびの事情については何度諭しても同じこと。口説きつめての話であるから、分かりがないならいくら諭しても何の意味はない。

押して、元々艱難した者婦人会の中に古い者洩れ落ち有るか無いかという処話する処へ

さあ／＼誰《だれ》が洩《も》れ落《お》ち、彼《かれ》が洩《も》れ落《お》ちは言《い》うまで。又《また》他《た》には言《い》うまで。このやしきの中《なか》暮《く》らす中《なか》、出入《ではい》りという。道具《どうぐ》は言《い》うまで。あちら働《はたら》きこちら働《はたら》き、理《り》は一《ひと》つなれど、研究《けんきゅう》寄《よ》りたる中《なか》に、どうか鮮《あざ》やか明《あき》らか、ほんに成程《なるほど》と、皆心《みなごころ》に感《かん》じるであろう。

（**大意**）さあ誰が落ちている、彼が洩《も》れ落ちていると、いまさらとやかく言い立てることは要らぬ。また他の者たちにも言い触れることはない。このやしきの中で共に暮らす者の間には、内らで勤める向きもあれば外へ出て勤める向きもある。それは道具に譬《たと》えて話した通り、あちらで働くのもこちらで働くのも理は一つであるから、この点はこれから婦人会として研究し合う中に、鮮やかに明らかに、ほんになるほどと皆の心に得心がゆくであろう。否、得心してくれねばならない。

又暫くして

何人幾人《なんにんいくにん》、男何人《おとこなんにん》、幾人女《いくにんおんな》、皆《みな》ある中聞《なかき》き分《わ》け。男《おとこ》の中《なか》にも下《した》に居《い》る、又中程《またなかほど》に居《い》るなれど、女《おんな》というは、下《した》に埋《おぼ》れ〳〵てある中《なか》に、成程《なるほど》という処分《ところわ》かるやろ。

（大意）このやしきに勤めている大勢の者たち、男何人女何人とある中には、男の者でも下積みのまま勤めている者もあれば、中程の者もあるが、とかく女というものは、女だからということから、軽視したり軽視されたりして、そのこうのうのところも認められず埋もれてしまいがちである。お前たちもよく思案したらなるほどと思い当たるだろう。

又続いて

さあ話《はなし》して置《お》く。とんと分《わ》からん。皆《みな》とんと忘《わす》れて了《しも》てる。忘《わす》れて居《い》るから分《わ》からん。皆下々《みなした》〳〵と言《い》うて下《した》に働《はたら》く。今日《きょう》は煮《に》炊《た》き事情《じじょう》、掃除場《そうじば》、上《うえ》も下《した》も一《ひと》つに成《な》りたら、中《なか》に同等《どうとう》の者《もの》もある。

（大意）さあ、話をしておこう。これまで話しても、とんと分かってはくれぬ。話は聞いてもすぐに忘れてしまっている。忘れてしまうから次の話も分からんことになる。女だからといって、皆下々の働きをさしている。今日は煮炊き・掃除と決めつけているが、古参な者も新参な者も、心一つになって婦人としての勤めにいそしんでいるなら、中には心の働きにおいては、たとえ新参な者でも古参の者と同等の働きをする者があることが分かるだろう（男子と同等の働きをする者もあろう）。

又続いて

それ研究《けんきゅう》と言《い》うたるで〳〵。どうもならん。飯炊《ままた》き掃除場《そうじば》から、世上《せじょう》に繋《つな》ぎ、飯炊《ままた》き掃除場《そうじば》から、互《たが》い〳〵まで尽《つく》して通《とお》りて、これ一《ひと》つ聞《き》き難《に》くい、見難《みに》くい。

（**大意**）それ、研究と言うてある。しかと談じ合わねばどうもならぬ。飯炊き・掃除という下働きこそ、世界一般にもなるほどということになるもの。お前たち自身互いに立て合って通りながら、この点について気づかずに過ごしているというのは、全く耳に聞きにくく、目に見にくいことである。

又暫くして

さあ〳〵まあ悠《ゆ》っくり話《はなし》する。とっくり見分《みわ》け〳〵、とっくり聞《き》き分《わ》け。つとめ事《じ》情《じょう》、鳴物事情《なりものじじょう》〳〵掛《か》かりという。鳴物掛《なりものか》かりという。何年数《なんねんかぞ》えて年《とし》を見《み》よ。先《さき》の学《まな》びから始《はじ》め。三人《にん》々々《〳〵》又控《またひか》え、一人掛《ひとりか》け替《か》い、赤衣一《あかきひと》つ着《き》せて始《はじ》め掛《か》け。そういう処《ところ》から聞《き》き分《わ》けてみよ。これもそうかえ、あれもそうかえ。話《はなし》してない。それから聞《き》き分《わ》け。聞《き》き分《わ》けたら成程《なるほど》分《わ》かるやろ。

（大意）なお釈然としないならば、ゆっくりと話をしてやるから、とくと聞き分けるがよい。見分けるがよい。例えばつとめ事情の中で、女鳴物の事情はようやく治まりかけたようなものだが、その鳴物の始まりから何年たっているか。まずその稽古《けいこ》から琴・三味線・胡弓と三人に教えかけ、それぞれ控えとして三人定めてきたが、その中の一人には赤衣《あかき》を着せて始めさせてきた。その実情からよく思案してみよ。それについては、一向具体的な話は出ていないではないか。その点から思案したら、誰のことを指しているか、なるほどと分かるはずである。

又暫くして

さあどうもならん。理《り》が分《わ》からねばどうもならん。よう聞《き》き分《わ》け〳〵。最初学《さいしよまな》び始《はじ》めの日《ひ》あろ。赤衣《あかきき》着《き》せて出《で》た事《こと》ある。ほんにそうか〳〵と分《わ》かる。

（大意）ここまで話聞きながら、まだ分かりがないとはどうもならぬことである。赤衣を着せた理が分からねば、どうもならぬ。よく聞き分けてもらいたい。最初学びとして始めかけた日がある。それも赤衣を着せて出したことがある。この理を思案したら、ほんになるほどと分かるはずである。

上田ナライトの事でありますや

さあ〳〵これ〳〵〳〵分《わ》からん分《わ》からん。もうどうでもこれから、これで措《お》いたら何《なに》も分《わ》からん。元赤衣着《もとあかきき》せて学《まな》び三人《にん》、控《ひか》え一人四名出《ひとりよめいだ》したる。この台日々《だいにち〳》の処《ところ》、結構中《けつこうなか》、道《みち》の中《なか》にどうもならん。同《おな》じ一《ひと》つの飯炊《ままた》き掃除《そうじ》には、隔《へだ》て無《な》きと言《い》うたる。どうせいこうせい、幾度《いくたび》のさしづに諭《さと》したる事《こと》はないならこそ、今《いま》に分《わ》からんのである。

（**大意**）やれやれ、まだ分からんのか。分かろうとせんから分からんのだ。このままで見すごしてしまえば、将来いつまでも分からんことになってしまう。元々赤衣着せて稽古させた者は三人と控えの者一人、計四名出してある。この事情は日々の勤めの中に、結構に治まってこそ道の台たるべきものであるが、それを曲げるようなことがあっては、道の傷ともなる。飯炊き・掃除といえど、婦人としての勤め向きには、理は同じであると言うてきてある。それについては、どうせよ、こうせよと具体的なことは、幾度かのさしづはあっても、一々諭してこなかったからこそ、今となってもなるほどと思案がつきかねているのだ。

押して、おこと、おいゑの事でありますや
違《ちが》う〳〵ころりと違《ちが》う。赤衣頂《あかきいただ》いた者《もの》やない。赤衣着《あかきき》せた者《もの》、人衆《にんじゆう》々々〳〵学《まな》びしたる〳〵。

（大意）違う違う、ころりと違っている。赤衣を頂いた者ではない。赤衣を着せた者、つい、とめ人衆として学びをさせた者のことである。

永尾よしゑなどの事でありますやろうと話するうちに
分《わ》かりた〳〵、道《みち》の理《り》〳〵、分《わ》かりた〳〵。

（大意）分かった分かった、ようやく道の理が、分かった分かった。

一寸してから
もうそれ分《わ》かりたら後《あと》〳〵分《わ》かる。さあ〳〵引《ひ》き取《と》ろ〳〵。

（大意）それさえ分かればもはや後々のことも十分分かるだろうから、この話もこの辺で止めにしておこう。

繰り返し繰り返し押してのお話は、あくまでも婦人会としての治まりの上についての噛《か》んで含めてのお諭しであったと拝されます。それも、勤めの上で尽くしたこうのうの理というものは、その勤めの内容・外観によって軽重・優劣のあるはずはなく、たとえ飯炊き・掃除などの下働きに終始した者といえど、その尽くし切った真実は、他のいかなる華やかな勤めに比しても、その理は同等であると諭されていますことは、ただ単に婦人に対するお諭しではありません。まこと、これらの人々の埋もれた功績が表に明らかにされてこそ、万人がたすかる明るさが見えてくるでありましょうし、人々はその感激に一入《ひとしお》心一つに結び合い、勇み立つことができるでありましょう。このような会合になってこそ、婦人会はいよいよ道の台たる名実を完備してゆくことになると思案されるのであります。

　なお、繰り返しての「押して」のお話の中には、人々がお言葉の上から、いろいろと協議をしている間に介入されて、積極的にお話しくださったところが二カ所拝されます。いかに親神様がお急き込みになっておられるかが、よく窺い知れるのであります。

　神意によって指摘された永尾よしゑ姉は、本席飯降伊蔵翁の長女で、永尾家を建てられております。永尾家とは、教祖の生母きぬ様の実家と聞き及びますが、その存在は本教としても大切な家柄であることは申すまでもありません。このよしゑ姉は、その後婦人会の上に活動され、明治四十三年に天理教婦人会として設立された時は、その理事の一人に選ばれ、その晩年は、「婦人会の永尾さん」よりも「天理教の永尾さん」として社会一般にも有名人となられた方であります。ようやく人々がその点に納得しました時、親神様はあらためて念を押すように、永尾よしゑ姉の身上を台としてお諭しくださっています。

明治三十一年三月二十七日

永尾よしゑ身上願

さあ〳〵尋《たず》ね掛《か》ける処《ところ》、身上尋《みじょうたず》ね掛《か》ける。身上《みじょう》こういう事《こと》どういう事《こと》、身上障《みじょうさわ》り彼《かし》処《こ》に障《さわ》り出《で》掛《か》けたる。皆出《みなで》る尋《たず》ねる。まあ一時《じ》どういう事《こと》が出《で》る、こういう事《こと》が出《で》る。どうでもこうでも、身上《みじょう》から事情尋《じじょうたず》ねば、事情身上案《じじょうみじょうあん》じはあろまい。又案《またあん》じてはならん。身上尋《みじょうたず》ねる。事情身上《じじょうみじょう》に尋《たず》ねるに、よう聞《き》き分《わ》けにゃならん。何《なん》でもなき処《ところ》、辺所遠《へんじょとお》く所《ところ》、こら尋《たず》ねば尋《たず》ねる。一《ひと》つさしづ、又一《またひと》つ年限《ねんげん》から一《ひと》つ諭《さと》し掛《か》ける。万事《ばんじ》の処《ところ》、さしづ〳〵を突《つ》き合《あ》わせ、さしづを以《もっ》て丸《まる》めて了《しも》うて、反故同様《ほうぐどうよう》にしてはどうもならん。さしづありて、さしづ丸《まる》めて了《しま》うような事《こと》なら、さしづは要《い》らんもの。好《よ》きさしづだけこうと言《い》うと用《もち》い、ならんさしづはそのまゝという。それではさしづ取《と》って理《り》と言《い》うか。よう聞《き》き分《わ》け。どんな用《よう》あろうがあろまいが、手《て》が抜《ぬ》かれんと言《い》おうが、運《はこ》ばにゃならん。身上《みじょう》から諭《さと》したる。万事掛《ばんじか》かるやろ。身《み》上切《じょうせつ》なみの処《ところ》からさしづ出《で》たもの。身上《みじょう》が変《か》わらず、さしづ運《はこ》ばにゃならん。いついつにも聞《き》かんではあろまい。いつ〳〵皆《みな》さしづあるのや。なれど、取《と》りようでどうもならん。どうしょうこうしょう日々《にち〳〵》遅《おく》れ来《き》たる。時々《とき〴〵》理以《りもつ》て諭《さと》す。なれど、一時諭《じさと》しありたと、さしづ取《と》り掛《か》けた。取《と》り掛《か》けたら、これから朝《あさ》あるとも夜《よる》あるとも分《わ》からん。又刻限知《またこくげんし》らさんならん。これまで諭《さと》そと思《おも》えども、一《ひと》つも取《と》れん。日《にち》日運《にちはこ》び方《かた》、いつまで放《ほ》って置《お》いてもそのまゝという。いつまでも放《ほ》って置《お》いては、衰《おとろ》えるという。これ一《ひと》つ聞《き》き分《わ》けにゃならん。そこで、めん〳〵年限数《ねんげんかぞ》えて、世界《せかい》見《み》れば、今《いま》一時《じ》の理《り》でない。前々運《ぜん〳〵はこ》びから成《な》りたる。これから一時《じ》さしづ〳〵、皆《みな》突《つ》き合《あ》わせ、分《わ》からねばこういう処《ところ》、こういう悟《さと》り付《つ》いたが、こういう処分《ところわ》からん。これはどうであろと、尋《たず》ね返《か》やして、内々《うち〳〵》の処事情《ところじじょう》にて、どうでさしづありた、身《み》上《じょう》の障《さわ》りから、どういう処《ところ》から掛《か》かる、皆運《みなはこ》ばにゃならん。事情《じじょう》はだん〳〵諭《さと》したい。又夜々《またよる〳〵》に諭《さと》したい。なれど、筆取《ふでとり》、取《と》れる者《もの》あれば取《と》れん者《もの》もある。そこで伝《つた》える事出《ことで》けん。中《なか》にはおら聞《き》いて居《い》る、おら聞《き》かんというような事《こと》では、三才《さい》の童《どう》児《じ》に相手《あいて》になりてるも同《おな》じ事《こと》、これから朝《あさ》に一《ひと》つ諭《さと》すやら、夜分《やぶん》に諭《さと》すやら分《わ》からん。刻限《こくげん》さしづ、その日《ひ》から一日《にち》に持《も》って、これでこそほんにそうでありたかと、改《あらた》めて運《はこ》ばにゃならん。好《よ》き事《こと》だけ集《あつ》め、外《ほか》の事《こと》はそのまゝ。これでは勝手《かって》の理《り》とはっちゃ言《い》う理《り》は無《な》い。勝手《かって》の理《り》なら、めん〳〵好《す》いたようにするがよい。

（**大意**）さて尋ね出た件は、身上についてのようだが、身上ということはどういうことなのか。誰かに身上が出たと言えば、皆もすぐにどのようなことかと尋ねて出る。この際どういうことが現れて出るのか、こういうことが見えてくるのではないかというように、どうでもこうでも身上を通して事情を尋ね出るなら、その事情の台として示した身上そのものは、まず心配はあるまい。また心配してはならぬ。さりとて身上を尋ねる場合、殊に事情の台としての身上尋ねに際しては、よく聞き分けねばならない。

何でもないところや、遠く隔てたところにいる者なら、一々尋ね出てくるであろう。そこで一つのさしづもする。また、それまでの年限道すがらの上から諭すこともある。ところが、いろいろのさしづを突き合わせてみたり、さしづを丸めて反故《ほご》同様にしてしまうようなことなら、何もさしづする必要はないのだ。自分たちにとって都合の良いさしづだけは、この通りとばかり用い、都合の悪いさしづはそのまま見逃してしまう。それではさしづを仰ぎながらその理を生かしていると言えようか。よく聞き分けてもらいたい。

どのような用事があろうがなかろうが、また、どのように手が抜かれぬほど忙しい時と言おうが、さしづを仰いだ場合はさしづ通り実行せねばならぬ。この理を身上を通して諭したまでである。一事が万事、すべて身上の苦しみを通してさしづをもって示し出したものである。身上に守護がないと言うなら、さしづ通り実行せねばならない。このことは今までにも聞かなかったということはなかろう。いつのさしづにおいても諭してあるはずである。しかし、取りようによってはどうもならないことになってくる。どうしようこうしようと人間心をもって対するから、守護も日々遅れている。そこで、その時その場で諭してきたのだが、その時だけはこういう諭しがあったと心に掛けるけれども、その時だけのことではどうもならぬ。

これからも神の話というものは、朝あるとも夜あるとも分からぬ。つまり刻限話で知らさねばならぬことがあるのに、これまでも刻限話をもって諭そうと思っても、一つも取り上げようとはしない。日々の運び方にしても、いつまで放っておいても、そのままになっている。いつまでも放っておいては、どのような大切なものでも、その力は衰えてしまうもの。この点はしかと聞き分けねばならない。

　そこで各自今日までの年限を数えてみて、世間の様子を見たならば、この道の今日の姿は、今一時に成り立ったものではなく、前々からさしづ通り実行してきたからこそ成り立ってきたものと分かるだろう。だからこれからは、たとえ一時のさしづであっても、皆よく思案をして、分からなければ、こういうところはこのように悟りがついたがどうであろうか、このところは分からんがどういうことであろうかと尋ね返して、内々のところこういう事情で、このようにさしづがあった。身上の障りを台として、どういうところから掛からねばならぬかとよく思案した上で、運ばねばならぬ。事情はだんだんと諭したいと思う。また、夜々出て諭してやりたい。しかし、筆取りの中には、実際に筆の立つ者もあれば、立たない者もあって、十分思わくを伝えてゆくことができぬのが残念である。中には、俺《おれ》は聞いている、俺は聞いとらんというようなことでは、三歳の童児を相手にしているようなものである。これから朝に出て諭すやら、夜分に出て話するやら分からぬが、刻限さしづというものは、聞いたらその場で心に治め、これこそ、そうであったかと、日々実行していかねばならぬ。自分にとって勝手の良いことばかり取り上げて、勝手の悪いことは捨ててしまうようでは、勝手気ままな心遣いと言うよりほかはない。勝手気ままですむ道ならば、各自自分の好いたようにするのがいいのだ。

身上押して

尋《たず》ねる事情、身上《みじょう》は案じる事要《ことい》らん。よう聞《き》き分《わ》け。何《なに》なりと〳〵、一《ひと》つ事情《じじょう》無《な》くば尋《たず》ねやせん。尋《たず》ねるから諭《さと》す。どうもならん。刻限出《こくげんで》る。仕様《しよう》が無《な》い。今日《きょう》のさしづ、古《ふる》いさしづはどうしたやら分《わ》からんやろ。そこで新《あたら》しさしづ突《つ》き合《あ》わせ、何《なに》したんやというような事理《ことう》もれてある。前日諭《ぜんじつさと》したる。婦人会《ふじんかい》と言《い》うて諭《さと》したる。一時心《じこころ》という理分《りわ》けて、ほんにこうせにゃならんと、男女言《おとこおんない》わん。男女区別無《おとこおんなくべつな》い。気《き》に合《あ》う者《もの》も合《あ》わさにゃならん。間《ま》に合《あ》わん者《もの》は、辺所《へんじょ》たる処《ところ》で理《り》が発《はっ》しん。不作《ふさく》なようなもの。種《たね》がある。めん〳〵それ〳〵、日々《にち〳〵》取《と》り次《つ》いで居《い》れば同体《どうたい》の種《たね》である。

（**大意**）尋ねた事情については決して心配することはない。よく聞き分けてもらいたい。何事にせよ、何か事情がなくては尋ねる必要はないし、また尋ねるから諭しもするのである。それにしてもどうもならんことであった。今日まで刻限に出て諭しをしてきたが、少しも取り上げず全く仕様もないありさまである。今日のさしづにしても、前々から諭してきたところであるのに、今日となってはその時のさしづはどうしたのか分からんことになっているだろ。そこで新しいさしづだけをどうこう突き合わせて、大切なものも何したんやと軽く埋めてきている。前日諭した通り、婦人会を台として諭してきた。この際しっかり互いに真実の心を寄せて、「ほんにこうせにゃならん」と定めてもらいたい。これは女ばかりの道ではない。男の者たちも同じことである。たとえ気が合わん者も、古い者から合わしていかにゃならん。どうでも間に合わん者でも、陰の小さな仕事でまた役に立つ者もある。言わば不作なようなもの。そこにはそれだけの種があるもので、各自それぞれ、日々勇んで取り次いでいれば、皆同じ種なのである。同じ種であれば、互いの間に優劣の差別などはあるものではない。

おさしづの内容は、明らかに前後二部に分かれており、しかもその前半においては、お伺いの台となった永尾よしゑ姉の身上に関しての直接のお諭しはなく、おさしづに対する人々の態度について、徹頭徹尾厳しくお仕込みくださっていることに一驚するのであります。否、親神様は、あたかもこの時とばかり、思う存分と言っていいほどの思いを込めてお諭しくださっていることに気がつくでありましょう。まこと、その切々たるお言葉を通して、当時おやしきに勤めておられた人々が、おさしづに対していかに身勝手な態度に出ていたか、それをいかに心もどかしく、むしろ業を煮やしておられたかに思い当たり、この身の締まるのを覚えずにはいられません。

前半のお話は、この焦燥をぶちまけられつつ、軽妙な表現をもって縷々《るる》としてお諭しをされているのです。例えば「さしづを以て丸めて了うて、反故同様にしてはどうもならん」と仰せられているところなどは、ユーモアさえも交えられた親心の温かさを感じるのであります。そして最後には、「好き事だけ集め、外の事はそのまゝ。これでは勝手の理とはっちゃ言う理は無い」と、些《いささ》か粗野な大和《やまと》方言をもって喝破されているところは、小気味良いほどに人間のあざなさを指摘されているように思えるのであります。まこと、このお言葉こそは、今日における私共の信仰生活の定規として、座右に銘すべきものと思案いたします。

前半のおさしづによって、おさしづに対するお仕込みは、人々も一応なるほどと得心したのでありましょうが、直接お伺い申した永尾よしゑ姉の身上そのものについての神意をお伺いしたく、押して願い出ているのは当然だったと思案されます。これに関しては親神様は、このたび婦人会を始めかけた神意を示されつつ、婦人会としての治め方、特に埋もれた者のないようにせよと、あらためて念を押されているのであります。とかく団体生活には、その首脳の者たちが華々しい脚光を浴びて浮かび上がる陰には、目立たぬところでそれ以上の勤めに就いている者もあるから、その者たちの労も明らかにしてやらねばならないことを教えられたものと思案されるのであります。これができてこそ、どのような団体も崩れることのない確固たる基礎に立つことができるのであります。婦人会の設立ということが、いかに大きな意義をもって打ち出されたかを、あらためて思案せねばなりますまい。

事実、この点について親神様は、さらに刻限のお諭しをもって明らかにされています。

明治三十一年三月三十日　朝

刻限

さあ／＼悠《ゆ》っくり書《か》き取《と》れ。一字《じ》も落《お》とさんよう、悠《ゆ》っくり諭《さと》そう。筆《ふで》々／＼を揃《そろ》え／＼。さあ／＼刻限《こくげん》々々／＼という、どうもこれまで刻限《こくげん》といえど、話出《はなしで》た処《ところ》が、あちらちょい／＼、こちらちょい／＼、ほんの角目《かどめ》々々／＼、角目《かどめ》でもよい。角目《かどめ》はそのまゝ。善《よ》い事悪《ことわる》い事《こと》、理《り》を改《あらた》めにゃならん。これまで伝《つた》えたる。よう聞《き》き分《わ》け。人間《にんげん》の心《こころ》で曲《ま》げて了《しも》うて、一二年《ねん》の間《あいだ》はそも／＼の道《みち》であったやろ。さあよう聞《き》き分《わ》け／＼。

まあ〱一寸《ちよつと》、一年《ねん》二年《ねん》の間《あいだ》というものは、間《ま》に合《あ》う者《もの》も間《ま》に合《あ》わぬ者《もの》も、さっぱりどうもならん。道《みち》の上《うえ》の理《り》は一寸《ちよつと》も無《な》い。よう〱席《せき》を運《はこ》ぶ、話《はなし》を聞《き》かす。さづけ〱一《ひと》つの理《り》。これは十分《ぶん》の働《はたら》き、先々《さき〱》肥《こえ》とも言《い》う。これは十分《ぶん》の理《り》に受《う》け取《と》って置《お》こう。その外《ほか》さっぱり聞《き》かすに聞《き》かされん道《みち》を通《とお》りて来《き》た。今更後向《いまさらあとむ》いても橋《はし》は無《な》い。橋《はし》が無《な》けりゃ渡《わた》られようまい。今《いま》までというは、どんな者《もの》も、惣《そう》やつしで連《つ》れて通《とお》りた。ならん道《みち》を通《とお》るから、心胆《しんたん》の理《り》を聞《き》かす事《こと》出《で》けなんだ。さあこれより残《のこ》る処《ところ》は、真実《しんじつ》より残《のこ》らんと諭《さと》したる。このやしきの中《なか》婦人《ふじん》多分《たぶん》入《い》り込《こ》んで居《い》る。皆働《みなはたら》かしたる。皆間《みなま》に合《あ》う〱。よう聞《き》き分《わ》け。出《で》ける事《こと》と出《で》けん事《こと》と見分《みわ》けるは今日《きよう》の日《ひ》、そらと言《い》うたらたすけという。たすけ一条《じよう》から出《で》た道《みち》なら道《みち》の理《り》は知《し》らにゃならん。

一寸《ちよつと》さづけは出《だ》してある。なれど、貰《もろ》た処《ところ》が、さづけの元《もと》が分《わ》からん。何《なに》をして居《い》るやら分《わ》からん。日々《にち〱》取《と》り扱《あつこ》うて居《い》る者《もの》は分《わ》かりてあろ。さづけという話《はなし》の理《り》を十分治《ぶんおさ》めたら、一時《じ》一《ひと》つの理《り》はあろ。さづけさえ貰《もろ》たらそれでよい、というようではならん。先々《さき〳〵》では、まあ一人《ひとり》でもたすけさして貰《もろ》たらという。やしきという元《もと》という。世界《せかい》から見《み》て、あゝあんなんかいなあと言《い》うてはどうであろう。そこで婦人会《ふじんかい》の事情《じじょう》を始《はじ》めさした。埋《うず》もれて居《い》る者《もの》、これも心《こころ》に運《はこ》ばにゃならん。心《こころ》の路銀《ろぎん》多分《たぶん》集《あつ》めにゃならん。それ婦人会《ふじんかい》の台《だい》が出《で》けて来《き》た。世界《せかい》から出《で》て来《く》る。今日《きょう》は女《おんな》の人《ひと》に席《せき》を受《う》けた。ほんに分《わ》かりよい。あんな人《ひと》ぢばにありたかと、一《ひと》つ理《り》を付《つ》ける。今日《きょう》の刻限《こくげん》、度々《たび〳〵》出《で》る刻限《こくげん》やない。皆《みな》だれ切《き》ってあるから、一寸《ちょっと》集《あつ》めに出《で》た。

（大意） さあ、ゆっくりと書き取るがよい。ゆっくり話をするから一字も落とさぬように書き取ってくれ。筆を揃《そろ》えてしっかり書き取れ。これまでも刻限と言うて度々話はしたけれども、あちらの話をちょっと、こちらの話をちょっと、ほんの角目を聞きかじってきた。そら角目だけでも結構だが、その角目さえ聞き流して、都合の良いことばかり取り上げて、悪いことはそのままにしている。これは改めねばならぬ。

これまでも伝えてきた通り、神のさしづを人間勝手の心で曲げてしまって、ここ一、二年の間は互いに気持ちのはぐれた道であった。よく聞いてもらいたい。全くこの一、二年の間というものは、間に合う者も間に合わぬ者も、さっぱりどうともならぬ状態だった。神一条の思案は少しもない。その中をようやく道の順序を運んでくるようになり、その者には神の話を伝えることができ、さづけの理も思わく通り渡すこともできたことは、十分の働きとして受け取ってある。言うならば肥を置くようなもので、十分の理として受け取っておく。

　しかしそれ以外は、人にも聞かされんような勝手な道を通ってきた。いまさら後を向いても橋がない。橋がなければ戻るに戻れないありさまである。今までというものは、どんな者も気ままに連れて通ってきた。どうにもならん道も通るから、心治まる真実の話を聞かすことができなかった。そこで今残るものは真実よりほかにはないと諭したのである。

　このやしきには、婦人も大勢入り込んでおり、それぞれ働かしている。もとより皆よく間に合っているが、ここによく聞き分けてもらいたい。今日の日となっては、できることとできぬこととを見分けることが大切なことなのである。誰でもそらと言うと、口先だけではたすけ一条と言うが、真にたすけ一条の精神から出たなら、道の理は心得ていなければならぬはずである。

　たすけ一条のために、さづけの理は渡してある。しかしもらったところが、その元の意味が分からずにいる。もっとも日々取り扱っている者は分かっている。さづけというものについて、よく理が治まったら、それだけでも神一条の真実は治まるだろう。ただ、さづけだけもらったらそれでよいと言うようではどうもならぬ。国々所々の道の者たちは、まあ一人でもたすけさしてもろうたらと言うているが、元のやしきに勤めている者たちが、世間の者たちから、「ああ、あんなのか」と言われるようではどうなろうか。そこで婦人会を始めさせたのである。

今日までに埋もれている者についても、しっかり心に掛けてやらねばならぬ。心の路銀としてさづけの理は、皆もらわねばならぬ。そこに婦人会の土台ができてくるのである。そしたらやがて、世界から出てきた者たちが、今日は婦人から別席の話を聞いたが、全く分かりやすくて結構であった。あんな偉い婦人がおやしきにはいたのか、と婦人に一段の箔《はく》をつけてくれるだろう。今日の刻限はこれまで度々話した刻限とは違う。皆の心がだれ切っているから、その心を引き締めるために特に出て話をしたものである。

まことに厳しくもありがたいお話でありました。末尾に仰せ出された通り、「今日の刻限、度々出る刻限やない。皆だれ切ってあるから、一寸集めに出た」と、人々の心を一手一つに定めるようとのお仕込みであったと言えるのであります。すなわち婦人会は、たすけ一条の親神様の思わくの上に立てられた天理教婦人の集いでなければならず、会員はそれぞれさづけの理を戴《いただ》いた道のよふぼくたることが望ましいのであります。否、よふぼくたる会員が、その活動の中心となってこそ、その本領たる「みちのだい」たる使命に生きることができると教えられたものと拝します。時あたかも内務省訓令後、一時沈滞した教勢がようやく立ち直らんとして、新生の胎動を覚え始めた時、神意がこの婦人会事情に発露されたことは、全くのところ時旬の理の発動として本教史上特記すべきことと言わねばなりますまい。と同時に、この婦人会事情が、ただ婦人会設立への誘いのみではなく、男子会（青年会）設立への誘いであったことも銘記せねばならないと主張したいのであります。すなわち、お言葉の中にも「女の道に男女《おとこおんな》とは言わん」と示されている通り、男女共々に成人しながら、本教の羽翼的存在となるべき神意は、ここに示されたものと信ずるのであります。

事実、この婦人会事情については寄々《よりより》協議が重ねられ、男子側においても手を拱《こまぬ》いている場合ではなく、その成人への道としておやしきに勤める青年たちの修養が議決されていることは見逃せないことであります。

明治三十一年六月三日

先般梅谷たね、永尾おさしづより本部員会議の上農行衆なり日々本部で勤める青年に、月々一度宛御話する事、本部長の御許しに相成りしに付、神様の御許し頂き度く願さあ〱尋《たず》ねる事情《じじよう》〱、さあ〱いかな事情《じじよう》、いかな事情《じじよう》も尋《たず》ねにゃ分《わ》からん。さあ〱皆《み》んなこれ多分《たぶん》の者《もの》、連《つ》れ戻《もど》りたる処《ところ》、何《なに》か無《な》しの日々《にち〱》の処《ところ》では、とんとどうもならん。幼少《ようしよう》の時《とき》から万事事情《ばんじじじよう》、日々《にち〱》治《おさ》めすれば、日々《にち〱》治《おさ》め来《く》る。あら〱飛《と》びさがした理《り》は集《あつ》め来《き》た道理《どうり》、世界又順序《せかいまたじゆんじよ》、一寸固《ちよつとかた》まり掛《か》け。実際固《じつさいかた》まりが一人《にん》万人《まんにん》の同《おな》じ心《こころ》という。これ鏡《かがみ》やしきという。これまでとんとどうもならん。人《ひと》に粗《そ》相《そう》あってもそのまゝ置《お》いて置《お》く。聞《き》かん者《もの》はどうもならん。万事人間心《ばんじにんげんごころ》ばかりで、たゞ天理王命《てんりわうのみこと》と言《い》う事《こと》ばかり、結構分《けつこうわ》かり、どういう理《り》から集《あつ》まりたる。世界《せかい》の理《り》、物《もの》が多分有《たぶんあ》る者《もの》も無《な》き者《もの》も同《おな》じような事《こと》ではならん。よう聞《き》き分《わ》け。これから先年《さきねん》限《げん》は、長《なが》いと言《い》えば長《なが》い、数《かぞ》えて見《み》れば短《みじか》い。よう聞《き》き分《わ》け。何《なに》かの事《こと》、人《ひと》が知《し》らんと思《おも》たて、知《し》らん者《もの》は無《な》い。夜《よる》も昼《ひる》も皆映《みなうつ》りてある。これ第《だい》一の理《り》。これからどうでもだんないというような事《こと》ではならん。それでは育《そだ》てようと思《おも》たて育《そだ》てられん。そこでほんの義理《ぎり》や体裁《ていさい》を以《もつ》て治《おさ》めては何《なん》にもならぬ。十分治《ぶんおさ》めようと思《おも》えばめんめん心次第《こころしだい》。何《なん》でも彼《か》でも心尽《こころつく》さにゃならん。心尽《こころつく》せば固《かた》まりて来《く》る。少々《しよう〱》では固《かた》める事出《ことで》けん。元々《もと〱》台《だい》という、台無《だいな》しに働《はたら》いてはならん。よう聞《き》き分《わ》け。蕾《つぼみ》の花《はな》を生《い》けたら一先《ひとま》ず見《み》られる。なれど、日柄《ひがら》経《た》てばほかして了《しま》う。これ皆《み》んなの中《なか》、これ話《はなし》の台《だい》という。よう聞《き》き分《わ》け。月々《つき〲》一度《ど》の心《こころ》の改《あらた》め合《あ》い、話《はなし》のし合《あ》い。心《こころ》は随分《ずいぶん》下《した》から行《い》て、人《ひと》の事《こと》してやるというはこれが台《だい》。放《ほ》って置《お》いても人《ひと》がするというては、年限《ねんげん》経《た》っても同《おな》じ事《こと》。これ話《はなし》して置《お》く。尋《たず》ねる事情《じじょう》は、十分《ぶん》聞《き》き取《と》って十分《ぶん》受《う》け取《と》る。

（**大意**）尋ね出た件といい、どんなことも分からなければ尋ね出ることが大切。でなければどうしたらよいか分かるものでない。せっかく多くの者をこの親里に連れ戻った以上は、何の喜びもなしに日々暮らすようなことでは何の意味もない。殊に幼少の者たちには、そのころからすべてのことに教えの理をもって治めるなら、日々の生活も丸く治まってゆく。今日まで粗々ながら、世界へ現してきた真実によって、この道も今日のように大勢の者が集まるようになってきた。言えば世界の者がこの道へついてくる道筋がようやく固まりかけてきた。事実、この団結というものは一人の真実が万人の心を同じくしたからである。

この屋敷は鏡やしきと言うてきたが、それが十分心に治まってくれないのでどうもならない。話を聞いても聞かぬ者はどうもならぬ。すべてを人間心ばかりで思案して、ただ口先だけで神名を唱えるばかりである。神の話を聞き分けて、その結構さが分かったればこそ、多くの者が集まってきたのではないか。世界の道理から言っても、物が多くある者もない者も、同じように考えてはいけない。この点をよく聞き分けてもらいたい。

これから先の年限は、長いと言えば長いし、済んでみて顧みれば短いものである。いくら人が知らんと思っても、神には知らぬということはない。夜の様も昼の様もみんな映ってある。これが第一の問題である。これからどうなっても構わないというように考えていてはならぬ。それでは育てようと思っても育ててゆくわけにはいかぬ。だから、そこで単なる義理や体裁で治めようとしても治まるものではない。十分治めようと思うなら、各自各自の真実の心次第のこと、何でもかでも心を尽くしてゆかねばならぬ。心を尽くしさえすればどんな者の心も固まってくる。

もっとも、小さなことでは固めることはできない。元々ものを治めるには治める台というものが必要である。台無しでは働くこともできぬ。働いてはならぬ。よく聞き分けてもらいたい。例えば、蕾《つぼみ》の花を生けたら暫《しばら》くの間は見られる。しかし、日柄がたてばすぐに枯れて捨ててしまわねばならなくなる。これが皆の間に治めねばならぬ話の台と言うべきであろう。だから、月々一度の心の改め合い、話のし合いをするけれども、心はどんと下から用いて、人のことをさせてもらうという心が台である。放っておいても、いずれ人がするだろうと放置しているのは、そんな心では何年たっても少しも成人するものではない。この点を話しておく。その心さえ治めれば、尋ね出た件については十分聞き取って受け取ってやる。

親神様は、終始勇んでお諭しをしてくださっています。心の成人については、いずれの分野にせよ、幼少時代の純粋な心裡《しんり》に種を植え、肥を施してゆくことが何より大切なことと言われ、この道においても幼少時代の心に教えの理を映しておくことは、将来においても最も大切なことになると仰せられました。従ってこのことは、さらに成長した青年時代においても、そうあるべきであると諭され、婦人会を台として諭してきたことは、決して婦人会のみの問題ではなく、若い男子青年たちの上にも当然考慮されねばならぬ所以《ゆえん》を明らかにされたものと拝します。

確かに「雀《すずめ》百まで踊り忘れず」とはよく言ったもので、幼少時代に心にしみ込んだ影は、なかなかに消え去るものではありません。それだけにその施策は慎重に取り扱わねばならず、単なる義理や人情によって軽々しいものと見なしてはなりません。縦の伝道上の問題もここに、その拠点があると言えるでしょう。

そこで具体的な事柄について、押しての願いがなされたのであります。

押して、農行の方宮森與三郎、山澤為造両人取り締まる事願

さあ〳〵まあ大抵々々《たいてい〳〵》、年限通《ねんげんとお》り来《き》たる。その時時分《ときじぶん》、日々《にち〳〵》組《く》み上《あ》げたようなもの何時《なんどき》でもその場《ば》へ持《も》って来《き》たら道具《どうぐ》が揃《そろ》たる。皆《み》んなの下《した》から積《つ》み重《かさ》ねたる。そこで何処《どこ》へ出《で》たて粗相《そそう》は無《な》い。これ台《だい》として伝《つた》えにゃならん。又《また》、一寸一《ちょっとひと》つ話《はなし》、どうでもこうでも、これまで二三度諭《どさと》したけれど、あら〳〵は分《わ》かりある。なれど、人《にん》人替《にんか》わりて、日々席順序一《にち〳〵せきじゅんじょひと》つ、何度諭《なんどさと》したる。一寸《ちょっと》こうして席《せき》のもの、十人《にん》なら十人《にん》、所《ところ》の名言《ない》うて尋《たず》ねるまで、場所決《ばしょき》め一々尋《たず》ねるまで身《み》の備《そな》えこれ第《だい》一。中程《なかほど》でどうせいこうせいと言《い》うては、続《つづ》いた席《せき》の理千切《りちぎ》れ〳〵の理渡《りわた》すようなもの。これする者《もの》ある。忘《わす》れて千切《ちぎ》れ〳〵の理渡《りわた》してはならん。遠《とお》い所《ところ》からさづけ受《う》け取《と》りに来《く》るのに、千切《ちぎ》れ〳〵の理渡《りわた》してはならん。言葉僅《ことばわず》かよう聞《き》き分《わ》け。中程《なかほど》はあと思《おも》たら、一《ひと》つ理聞《りき》き取《と》るのは、言葉《ことば》分《わ》からん。先《さき》はどうやったやら、中《なか》はどうやったやら分《わ》からんようではならん。そら筆《ふで》を取《と》りて渡《わた》してある。なれど、息継《いきつ》ぐようなもの。これ日々《にち〳〵》や。所尋《ところたず》ねるまで。身《み》に一《ひと》つの備《そな》え。横向《よこむ》いてはならん。尋《たず》ね掛《か》け

たらどうする事要《ことい》らんよう、十のものなら十ながら、外《ほか》へ散《ち》らんよう。三名取次《めいとりつぎ》、三名《めい》ながら並《なら》んで居《い》ては取次《とりつぎ》やない。三名許《めいゆる》したるは不都合無《ふつごうな》きよう、千切《ちぎ》れ〳〵渡《わた》すは一人《ひとり》でよいもの。そこで三名許《めいゆる》したる。三名《めい》の心《こころ》は一人《ひとり》の心《こころ》を働《はたら》かしてくれにゃならん。

（**大意**）まずは今日までのところ、この道も大抵な年限を通ってきたものである。その時々の事情を通りながら、日々成人の努力を積み上げてきた。その場になると必要な道具はちゃんと揃《そろ》っている。それも皆が艱難《かんなん》難儀の下積みの中から、真実の心を積み上げてきたようなものである。そこでもはや、どんな所に出ても、間違うようなことはない。このことを話の台として仕込んでやらねばならない。また別席の話を聞かせることについても、どうでもこうでもと、これまで二、三度も諭してきたけれども、粗々のことは分かっているが、人が替わっても日々の席順序の扱い方には変わりはないとは何度となく諭してきている。

現在、別席取次の者十人なら十人の者は、ただ住所や姓名を尋ねたらそれでよいというようではならぬ。それだけの真実の心構えができるようにせねばならぬ。別席半ばでどうせいこうせいと各自勝手なことを言ったのでは、結局、天の理ではなく、ばらばらの理を渡すことになってしまう。事実、そんな真似をする者もある。別席の理を忘れて、千切れ千切れの理を渡すようなことがあってはならない。言葉は僅《わず》かだが、よく聞き分けてもらいたい。中途半端なところで、心に迷いを生じるようなことがあれば、大切な天の理を聞き取るのに、話の理が分からんようになる。話の前後がどうであったか、分からぬようになったらどうにもならぬ。

なるほど筆に書き止めて渡してある。しかし、それは後から息を継ぐようなものである。要は日々の諭しである。尋ね出るまでもない。身に真実一つの心を備えることが肝心で、決して勝手な心で本筋を離れてはならない。もはやあれこれと尋ねることのないように、十のものなら十諭し、十分分かるようにして、決してほかのことに心迷わんようにせねばならん。ために取次の者三名と定めているのだが、三名の者がただちょこんと並んで座っているようでは何の役にも立つまい。三名許しているのは、手落ちのないようにと考えての上である。また、千切れ千切れの話で済むものなら、一人だけでもよいのである。だから丸々の理を伝えるように、三名の取次を許したのである。だから取次三名の者は、一つ心になって十分の理を取り次いでくれねばならないのだ。

農行衆の人々に対する修養の道は、宮森與三郎および山澤為造の両氏によって担当されることになり、その実際の仕込み方について、お話は諄々《じゅんじゅん》としてなされたのであります。

すなわち農行衆ということで、軽々しく扱っては教えの理を誤ることになると、主としてその指導に当たる人々へ、とくとお諭しがありました。しかも神一条の話を取り次ぐことは、別席における理の取り次ぎにも等しいことを強調され、特に取次人が各自各自の信仰を、その時その場の思いつきのように無統制をもって取り次ぐ時は、せっかくの理の話も千切れ千切れのものとなって、丸々の理として治まるものではないと仰せられ、それでは育つものも立派なものとしては育たぬことを、とくとお示しくださったのであります。

取次人として選ばれた宮森與三郎氏は、前姓を岡田與之助と言われており、明治十年ごろ入信。秀司様が金剛山地福寺を訪ねて行かれた際、自ら進んでそのお供をされた積極性に富んだ人柄であり、他方、山澤為造氏は元治元年ごろ入信、温厚篤実な人柄で後年、大正四年より同十四年にかけて管長職務摂行者として勤められた方であります。この方々にして親神様は、人を育てる上には勝手の理を挟んではならぬことを戒められたのであります。この点は今日における青少年指導のみならず一般信者の指導において、お互いとして慎まねばならないことが何であるかを示されたものと思案すべきであります。

以上掲げました婦人会設置に関するおさしづは、前にも記しました通り、ただ単なる婦人会に関するもののみならず、同時に青年会に関しての神意の発動であった、と繰り返して申し上げたいのであります。しかも、その時期たるや、内務省訓令後一時沈滞した教勢の中において、あたかも本教の内容充実が各方面から要望され始めた時であっただけに、その意義もまた大いなるものであったことを思わねばならないのであります。

その当時は、月三回の小さな会合であったものが、これらのおさしづによって強化充実されたことは言うまでもなく、明治三十七年のころには「本部婦人会」と呼ばれるようになっています。主として教会本部における婦人の会合であったのでありますが、逐年増設される部属教会においても、これに準じた婦人の活動が活発化するに及び、ようやくこれを統合して「天理教婦人会」設立の気運が熟したのであります。かくて明治四十三年一月二十八日、教会本部よりその設立が許されて、ここに正式に誕生したのであります。

他方、男子の結成体としての天理教青年会は、地方における実体の成長するに及び、その盛り上がりとして、大正八年一月二十七日発会式を挙行し、爾来婦人会と共に本教の羽翼団体として共に今日に成人しております。

第三節　学校の開設

婦人会設立への事情は、内務省訓令を契機として本教教勢の立て直し、かつ、その充実を計られた親神様の思召《おぼしめし》でありましたが、さらに時を同じくして表面化したことに、教師養成機関として学校（天理教校）の開設を見たことも見逃すことのできない大きな動きでありました。

もっとも、本教活動の実動単位としての布教者の質的な向上に関しては、すでに明治二十七、八年のころより、識者間の話題として取り上げられていた様子でありますが、それは話題以上の進展を見せなかったようであります。それが内務省訓令を契機として、将来の最も重大な問題として慎重考慮されるに至ったものと思案されているのであります。同訓令が指摘した天理教取り締まりの原因としての医薬妨害・風紀紊乱《びんらん》・金銭強要の問題も、要は布教者の言動によって結論されたものであったのでありますから、布教者の養成こそ本教としての重要な責務の一つとして考えられたことは、まことに至当なことであったと言えましょう。これはただ単に、婦人会または青年会の受け持つ子女修養の域を超えて、直接布教に従事する神のよふぼくの養成機関として、信仰の陶冶《とうや》はもとより世の師表たるべき教養涵養《かんよう》に及ぶ、高度なものでなければならないものと考えられました。事実、一人の言動の如何《いかん》によっては、万人の真実の結晶もたちまち崩壊されてしまうのが世の常であることは、誰《だれ》しもその愚のいかに大きなものかに思い当たるでありましょう。

婦人会事情に伴って青年修養の問題が考慮されていく中に、この大きな問題がいよいよ表に現れ出たのも、これまた旬の動きであったと思案されるのであります。なぜならば、本教は間もなく一派独立の事情を迎えるからであります。

明治三十一年七月二十八日

学校設置の願

さあ〳〵尋《たず》ねる事情《じじょう》〳〵、どうも一時《じ》の処《ところ》は、どうも一時《じ》の処《ところ》はだん〳〵尋《たず》ねる処《ところ》、これ一時《じ》に許《ゆる》そうという、一《ひと》つの理《り》はどうも計《はか》り難《がた》ない。時日《じじつ》の理《り》を聞《き》き分《わ》けて、諭《さと》す理《り》は心《こころ》に委《まか》せ置《お》こう。一時《じ》そんなら直《す》ぐと設《もう》けと言《い》えば勇《いさ》むやろう。なれど元《もと》元通《もとどお》りた理《り》聞《き》き分《わ》けみよ。何《なに》も無《な》い処《ところ》からどうなりこうなり、あれこれどんな年《とし》もあった。どうもならん処《ところ》から、ほんの気休《きやす》めを付《つ》けてある。心《こころ》に治《おさ》めて今日《きょう》の日《ひ》、良《よ》き日《ひ》ばかり物見《ものみ》見物《けんぶつ》のような心《こころ》ではいかん。それでは将来《しょうらい》の理《り》治《おさ》まるか治《おさ》まらんか。そんならどうしたらよかろうと思《おも》う。ほんの仮名《かな》な理《り》から諭《さと》そう。生《う》まれ出《だ》し生《う》まれ更《か》わりの理《り》まで、だん〳〵諭《さと》したる。一時《じ》の処事情《ところじじょう》がならんと言《い》えば、一時《じ》心《こころ》の休《やす》めは出《で》けようまい。これも一《ひと》つ話《はなし》にして置《お》かにゃならん。どうもならんから、世上《せじょう》には、この道《みち》一時《じ》の処《ところ》、今日《きょう》の日《ひ》遁《のが》れられんと言《い》えば遁《のが》れられん。どんな辺所《へんじょ》へ出《で》たとて、自分《じぶん》一《ひと》つやろうという心《こころ》あれば、鮮《あざ》やかなもの。一時《じ》そんならと言《い》うて許《ゆる》したら、これまで年限《ねんげん》の理《り》が薄《うす》うなる。これが残念《ざんねん》。今日《きょう》の日《ひ》どんならんと言《い》えば尋《たず》ねる、話《はな》し諭《さと》す理《り》、皆《み》んなそれ〳〵所々《ところ〳〵》には辻々《つじ〳〵》があるようなもの。道先々《みちさき〳〵》龍頭《りゅうず》出《で》けたようなもの。一時《じ》願《ねご》うた処《ところ》がこういう理《り》であった、と諭《さと》さにゃならん。これまでこうしたのに、許《ゆる》し無《な》いためこうなったと言《い》えば、一時《じ》心《こころ》が治《おさ》まろまい。一時《じ》細々《ほそ〳〵》の理《り》、ほんの応法《おうぼう》の心《こころ》を以《もつ》てすれば、皆《み》んな心《こころ》に道理《どうり》という。一時《じ》道理《どうり》として許《ゆる》し置《お》こう、許《ゆる》してやろう。

（**大意**）尋ね出た件は、これまでも些《いささ》か尚早と差し控えてきたことだが、今また尋ね出た上は、直ちに許したいとは思うけれども、肝心なそちらにそれだけの真実があるかどうか、はっきりしないのだ。現在、どんな時にあるか、よく聞き分けるがよい。これから諭すところはお前たちの心次第に任せよう。それなら初めから許すと言えば、そちらの気も勇むだろう。しかし今日までどんな道すがらを通ってきたか、とよく思案してくれねばならぬ。

　今日までは、何もない所から始めかけて、どうなりこうなり通ってきた。中にはあれこれといろいろなふしもあった。どうもならない事情から、気休めの道として応法の道を開いたのである。その神の思わくをしっかり心に治めてきたから今日の日となったので、今日の者が、良い日ばかりと思うたり、物見遊山のように思っていては思い違いをする。また、そんなことでは将来の正しいあり方が治まるか、治まらんかは言わずとも知れている。

　そんならどうしたらよいと思うだろう。だから、ほんの分かりやすいことから理を諭そう。人間が生まれ出てき、また生まれ替わることからして神の守護するところ、万事この通りとは今までもだんだんと諭してある。この場合、尋ね出た事情がうまくゆかぬとなると、お前たちの心は治まるまい。これについても話をしておかねばならぬ。これまでも、どうもならんという事情から、一時世上に通りやすい道を通ってきたが、それ故に今日という日になったのである。

　そこでこのたびの事情も、今日の道の上からすれば、どうでも逃れられない問題だと言えば、そうかもしれない。どのように浅い者でも、自分自身やろうという真実さえあれば、難しく思われることも鮮やかである。と言ってこの際、そんならと言って許したなら、日ごろ喧《やかま》しく言っている年限の理が薄くなってしまうであろう。そうなったのでは残念なことである。今日では誰でもが、どうもならないことになったと言えば、すぐにも尋ねに出てくる。出てくるから諭しもする。それはちょうど道の所々に辻があるようなもので、言い換えれば国々先々の道の上に、所々に中心ができたようなもの。この際、神さんに願ったところが、こういうことで許しがなかったと言えば、このところ心が治まるまい。まずは細々の道としてではあるが、ほんの応法の措置としての意味から、お前たちとしても、なるほど世間的な道理として得心いくだろうから、この際道理上のこととして許してやろう。

お話は徹頭徹尾慎重な態度で、気負い立つ人々の気持ちを鎮めながら、往還道に出た道とはいえ軽々しく扱ってはならぬと戒められ、願意は「応法の心」という気持ちの上から許してやろうと仰せられています。なにせ当時は、一般的に「道に学問は要らぬ」とか「学者金持ち後回し」という風潮が強かっただけに、この積極的な学校設置という問題は、かえって信仰的動揺を来すことを慮《おもんぱか》られた親心と拝されます。殊に「元々通りた理聞き分けみよ」とて、この道が今日の姿となったのは、一時に成り立ったものではなく、いろいろの節々を通ったればこそで、この学校問題も、そう簡単に出来立つものと考えてはならぬ旨を明らかにされたものと拝します。否、許すには許しても、この「元々の道」をしっかり心に治めてかかることが肝要である、と諭されたものとも拝されます。

　親神様はもとより学問を云々《うんぬん》されるわけはありません。が、とかく人間は多少学問を修めますとそれだけ心が高くなりがちで、ために却ってたすけ一条の道の障害を来す場合が少なくないのであります。それればかりではなく、神一条の道が知恵や力によって解決されるように錯覚されがちになるからであります。もしもこの道が学問や知恵で創《はじ》められたものであれば、親神自らの教えによって創められたのであります。しかし学問が最も大切なものとして考えられるでしょうが、この道はそうではなくて、親神自らの教えによって創められたのでありますから、すべて親神様の守護によって成り立つものであるという神一条の基盤を明らかにされたものと拝さねばなりません。この点は今日においても、常に治めておかねばならぬところと思案いたします。

　ともかく学校設立については、「一時道理として許し置こう」というように、原則としてはお許しいただいたのであります。それで直ちにこれに着手するという具合には行かず、慎重に準備万端手落ちないようにと寄々《よりより》協議を重ねて行かれたのでありますが、時たままた本教の一派独立運動（後章参照）が台頭するにつれ、独立教団としては当然教学機関の必要が痛感されましたので、明治三十二年八月九日第一回独立請願と歩調を揃《そろ》えて、奈良県庁に天理教校設立請願書を提出されました。

ところが幸いなことには、この年八月たまたま私立学校令が公布されましたので、手続きは着々と進捗《しんちょく》し同年九月二十六日付、奈良県知事から認可されました。そこで翌明治三十三年一月には天理教校規則を制定発布し、二月二十六日には学校基本財産について役員会議を開催の上、翌二十七日には折から帰参中の直属分支教会長を招集して、天理教校基金及び新築費寄付の件について協議されております。

この上は一日も早く開校に踏み切らねばなりませんでしたが、そのためにはまず校舎を定めねばならず、講師はもちろん生徒の募集も急がねばならないことでありました。しかし一方には、一派独立運動の火蓋《ひぶた》を切った以上は、これまた片時も放置すべきことではなく、その難行が判然としてきた上は、全力を学校設立・開校のみに注ぐわけにはいかなかったのであります。なにしろ一派独立運動は、本教の浮沈興亡を一手に賭けての大事であり、そのために必要な経費は運動の進展に伴ってますます膨大化していきましたので、ために本部の会計は思いも寄らぬ打撃を受けねばならなかったのであります。そんな中に学校を開くことは、これまた経費の掛かることでしたから、本部会計の責任者として甚だ不

機嫌ならざるを得なかったことは、むしろ当然であったでありましょう。ですから、

「学校の建築などに金など出せるもんか！」

と会計責任者として増野正兵衛氏が怒鳴られたという話も、決して嘘《うそ》ではなかったことと推察されるのであります。

しかしながら一旦認可された天理教校を、いつまでも放置しておくわけにはまいりません。翌明治三十三年四月一日にはどうでも開校の運びに至らねば、せっかくの許可も取り消されぬとは限らず、それは天理教としても恥をさらすことにもなりますので、ともかくにもその日の開校を目標として準備を進められていきました。学校役職員としては次の顔触れが決められています。

校　長　　山中彦七

教　員　　篠森乗人《のりんど》　後藤懋《しげる》　山中元蔵　仲野秀信　中村常治　中西牛郎　武谷兼信

書　記　　今田善逸

校　医　　好村功斎

問題は校舎でありましたが、幸いにして北分教会の信者詰所を借り受けて、仮校舎に使用することになりました。

こうして一応は開校の準備はできましたが、最も肝心な経営面の目鼻がなかなか思うようにはつかなかったようであります。教会本部としても、これを賄うだけの力もなし、また事業の性格上、本部会計内に繰り入れることもできなかったのであります。次のおさしづはこの辺の事情をよく物語っているかに拝するのであります。

明治三十三年三月三十日

教校資本金を募集御許し願

さあ〳〵理《り》の尋《たず》ね、落《お》ちを尋《たず》ねる。尋《たず》ねる理《り》落《お》ちたる理《り》という。立《た》ったる日《ひ》であろ。どうなりこうなりこれでよかろ、集《あつ》まりてよう〳〵の事《こと》であろ。大《おお》きい事《こと》は要《い》らん。大《おお》きい大木《たいぼく》は末《すえ》は傷《いた》む。枝《えだ》は傷《いた》む。小《ちい》さい処《ところ》から、今年《ことし》は何寸《なんずん》延《の》びた〳〵楽《たの》しむ。神《かみ》の道《みち》から出《で》たもの。どれ倒《たお》そう、どれこかそうという事《こと》は無《な》いで。しっかり〳〵。

（**大意**）いよいよ神に尋ね出たか、思案の底を尋ねるのか。全く思案の揚げ句の際に尋ね出たことであろう。すでに日も経《た》ち切った時である。基金募集でどうなりこうなり集まっているのではないか。人間思案で集めても大したことではあるまいが、何も大きなことを考えることはない。大きな木は枝先が傷んでくる。小さい木であれば、年々何寸伸びたと楽しめよう。神一条の仕事は、どれを倒そう、これをこかそうということはない。しっかりしてもらいたい。

三十三年四月一日天理教校開校式執行に付御許し願

さあ〳〵だん〳〵尋《たず》ねる事情《じじょう》〳〵、何《なに》かの事情《じじょう》も尋《たず》ねにゃなろまい。順序《じゅんじょう》の道《みち》である。道《みち》という、一条《ひとすじ》の道《みち》に集《あつ》まってある。時《とき》という旬《しゅん》という、成《な》るように成《な》って来《く》る。一時《じ》々々《〳〵》知《し》らす事出《ことで》け難《がた》ない。一寸《ちょっと》伝《つた》えて置《お》く。一点《てん》を打《う》ちしっかり聞《き》き取《と》りて、それ〳〵へ伝《つた》えにゃならん。道《みち》の上《うえ》の世界《せかい》という。世界道理《せかいどうり》も無《な》けにゃならん。その理《り》の成《な》って来《く》る元《もと》が無《な》けにゃならん。その元《もと》を心《こころ》に含《ふく》んで、無《な》けにゃならんものは無《な》けにゃならん〳〵。くど〳〵返《か》やし置《お》く。応法世界《おうぼうせかい》の理《り》は心《こころ》に持《も》って、道《みち》は一《ひと》つやで〳〵。成《な》るも道成《みちな》らんも道《みち》、成《な》って来《く》るは道《みち》、ぼつ〳〵が道《みち》。最初《さいしょ》から大《おお》きなものは無《な》い。大《おお》きなものは末《すえ》は枯《か》れ掛《か》けたるようなものや。ぼつ〳〵掛《か》かるがよい。

（**大意**）何かにつけ尋ねかけねばならぬ。さしづを仰いで掛かることが道の順序、この道はすべてこの順序によって成り立っている。そも時旬の守護によって成り立つもの、その時その時一々知らすこともできにくいから、この際ちょっと知らしておこう。ちゃんと印を打ってしっかり聞き取って、それぞれへ伝えてくれねばならぬ。道を通りながら世上の心でいる者もある。なるほど世上の道理も考えねばならぬが、この道の仕事には成り立つ元がある。その元が何であるかよく心に治め、無けねばならぬものは無くてはならないのだ。くどく繰り返しておくが、応法の道、世界の道は心に含んでいて、神一条の道を忘れてはならない。成るも成らぬも皆神の守護。成り立つ道はぼつぼつとできてくる。何も最初から大きなものはない。大きなものは枝先が枯れるようなものであるから、ぼつぼつ掛かるがよい。

奉告祭神前にて執行願

さあ〳〵尋《たず》ねる処《ところ》、代々《だい〳〵》道《みち》という、理《り》という。道《みち》から一《ひと》つ始《はじ》め掛《か》け〳〵。それより順序始《じゅんじょうはじ》め掛《か》け〳〵。

（**大意**）尋ねる件は、これまで通り道一条の通り方をもって始めかけるがよい。それからだんだんと始めかけるがよい。

まこと、このお伺いは、開校式の前々日という差し迫った日の慌ただしい気持ちの中になされたものと見受けられます。それまでにも天理教校基金募集がなされてきており、ある程度の金は集まっていたのでありましょうが、あらためて寄付金募集を願い出られたことを思案しますと、十分な成績ではなかったことが想像されます。それに教会本部の会計面には、学校へ回付する金の余裕もなかったことも事実であったと推察されます。会計責任者の増野正兵衛氏が苦悩されていたことが思われるのであります。

こんな事情で基金募集が思わしくなかったというのも、親神様のお許しを得ずに実施したためであったと思い直されたのかもしれません。開校を急いだままに大切な点が手落ちになっていたわけでありましょうか、お言葉の中でも「落ちを尋ねる」と仰せになっているのであります。全くこのような「落ちたる理」というお言葉はほかには見当たりません。親神様も些《いささ》かあきれておられるように拝するのであります。それでも道の上の仕事というものは、どのようなあり方でなければならぬかについて、懇々とお諭しいただいておりますことは全くありがたい極みであります。すべて神のさしづに基づいてこそ、不動の基礎を持つものであり順調に育つものであること、最初は小さなもので始めかけてこそ、後日発展してゆく喜びがあることと、そこに道の順序があるとお諭しくだされているのでありま す。

といって時日は如何《いかん》ともなし難いものであります。天理教校は予定通り二日後の四月一日開校式を挙行しており、本教史上のその一ページを華々しく飾ったのであります。それは教えの内外にも大きなセンセーションを巻き起こし、殊に一派独立請願の上に大きなプラスとなったことは言うまでもなかったのであります。請願委員として、その衝に当たっていた松村吉太郎氏に対して当局のある人が、天理教に学校ができたそうだが、それは本当のことかと驚き、かつ喜んでくれたと同氏は、その著書『道の八十年』の中に述べております。

こうして天理教校は開校されましたが、開校してみますと、やはりその校舎が何より気掛かりなものでした。教外者に対しては、さすがに気後れさえ感じられたのであります。その気持ちが寄り合うて、開校後一年、次のおさしづを仰いでおります。

明治三十四年四月十六日

教校新築に付四間に十八間教場二棟御許しの儀願

さあ／＼尋《たず》ねる事情《じじよう》／＼、何《なに》よの事《こと》も尋《たず》ねにゃ分《わ》からん。さあ／＼子供《こども》仕込《しこ》む所《ところ》仕《し》込《こ》む所《ところ》、道《みち》の上《うえ》の理《り》、さあ／＼まあ子供《こども》仕込《しこ》む所《ところ》、一時《じじ》の処成《ところな》るよう行《ゆ》くようにして置《お》くがよい。どれだけこれだけ仕切《しき》った事《こと》は要《い》らん。無理《むり》にして、あちらも弱《よわ》りこちらも弱《よわ》り、弱《よわ》る事《こと》してはならん。そこで、狭《せま》い所《ところ》でも大事《だいじ》無《な》い〳〵。道《みち》の上《うえ》の子供《こども》仕込《しこ》む所《ところ》、通常《つうじょう》一《ひと》つの理《り》を持《も》って居《い》た分《ぶ》にゃならん。この趣意《しゅい》からどうでもこうでも成《な》って来《く》る。一時《じ》に運《はこ》んではならん。怖《こ》わい恐《おそ》ろしい道《みち》から出《で》るか、働《はたら》きから出《で》るか。聞《き》き分《わ》け。皆《みな》それ〳〵一《ひと》つ心《こころ》、子供《こども》一《ひと》つの心《こころ》、子供《こども》仕込《しこ》む聞《き》き分《わ》け。あちらも柱《はしら》、こちらも柱《はしら》無《な》くばならん。だん〳〵芽《め》吹《ふ》く理《り》無《な》くばならん。子供《こども》仕込《しこ》むだけ、十分《ぶん》の働《はたら》きもあろう。

（**大意**）さて何事も尋ねなければ分かるものではない。子供を仕込む所を新築しようというが、これも道の上から当然のことである。しかし、その校舎というものは、当分の間は、間に合うものですませておくがよい。どれだけのものと仕切った考え方はこの際要らぬ。無理なことをして、あちらこちら弱るようなことになっては、かえって困ることになってしまう。そこで狭い所でも差し支えない。道の上の子供を仕込む所について、世間一般の考え方を持って臨むようではならない。この考えで行くなら、いずれはどうでも成り立ってくるようになる。今一度に新築しようとしてはいけない。

　人間思案・世上の考え方から出発するか、それとも神の守護から出発するか、この点を聞き分けてもらいたい。皆もそれぞれ一つの心を治めて、子供に対する心を一つに治め、子供を仕込んでいかねばならぬ。子供を成人させて、あちらの道の柱、こちらの道の柱ともせねばならぬ。だんだんと芽が吹いていく真実がなければならぬ。子供をしっかりと仕込みさえすれば、いずれ十分な働きをするようになるであろう。

校舎の必要なことは十分にお認めになりながら、初めから大層なものは要らないこと、暫《しばら》くの間は間に合う所をもってこれに当てるがよいとして、何も何間に何間というように仕切りを設けて、それがかえって重荷になるようなことになっては、むしろマイナスなことになるとお諭しくださっております。校舎の建築に莫大な費用を使って、そのためにあちこちの仕事が弱まるようなことがあっては、そこに精神的な乱れも生じかねず、ために一手の和を欠くようなことになる点を戒めておられるのであります。そして校舎の建築にとらわれる代わりに、それだけの真実と努力とを子供の成人の上に払うべきであると諭されて、子供さえ成人したら、どんな働きもできるようになると、教校本来の目的遂行を強調されております。

しかしながら、校舎の必要は新学年を迎えることによって、その必要度は実際問題としてクローズアップされたのであります。そこでこのたびはまず神意をお伺いして始めかけねばならないと、その順序を踏んだのでありますし、神意も大きなものを望んではならぬと戒められたものの、必要なものはお許しくださるはずであり、「一時の処成るよう行くようにして置くがよい」とのお言葉もありましたので、ともかく建物の大きさは第二として、建てられるだけのものを建てさせていただくこととして、その地均らしに着手せねばならぬと、引き続いてのお願いとなったものであります。

本日地均らしの願

さあ〳〵尋《たず》ねる処《ところ》〳〵、今日《きょう》はまあ大層《たいそう》々〳〵なようなもの。なれど、ぼち〳〵すれば、大層《たいそう》やない〳〵。心《こころ》の治《おさ》め。一里《り》の道《みち》も、急《せ》いて行《い》っては、しんどいと言《い》わにゃならん。十里《り》の道《みち》でも、ぼち〳〵行《ゆ》けばその日《ひ》に行《ゆ》ける。この理《り》聞《き》き分《わ》け。掛《か》かりというは、もうざっとして置《お》くのや〳〵。雨露《あめつゆ》に打《う》たれにゃよい。この道《みち》の理《り》皆《みな》治《おさ》めにゃならん。こら狭《せま》いなあ〳〵という事《こと》は今《いま》にも出《で》る。一時《じ》は狭《せま》い。道立《みちた》て、くれば、どんな所《ところ》でも、こんな事《こと》くらい二《ふた》つや三《みつ》つの恐《おそ》れる道《みち》やないで。これも聞《き》かして置《お》こう。

（**大意**）いよいよ地均らしに掛かるというが、校舎の新築は今日の実情からすれば、なかなか大層なことと思われよう。しかし、ぼつぼつ掛かるなら、決して大層なことにはならぬだろう。皆の心の治め方が大切である。一里の道も、急いで行ってはくたびれたと言わねばならなくなろうが、十里の道でもぼちぼちと行く時は、その日のうちにも行き着けるものである。この理合いを聞き分けて、初めのうちは、ざっとしたものにしておくことである。雨露さえ凌《しの》げるならそれでよい。この道の順序を皆よく聞き分けねばならぬ。今にも、こりゃあ狭くなったなあと言うようになるのは明らかなこと。なるほど一時は狭いだろう。しかし道が盛んになってくれば、こんな建物くらいの二つや三つで恐れるようなことはない。これも聞かしておこう。

まことに朗々乎《こ》としたお諭しでありました。神意は、当時直面せる教内外の実情を洞察されながら、道としての心の治め方、順序に違《たが》わぬ通り方を明確に指示されたものと拝するのであります。そしてその将来の楽しみを仰せられ、今願い出ているような建物の二つや三つは、やすやすとしてできるだけの道になる旨を明かされながら、今の足取りをしっかり踏みつけるようにされております。

このおさしづに勇み立たれた人々でしたが、中でも本部会計の責任者梅谷四郎兵衛・諸井國三郎両氏は、大工棟梁奥村忠七氏を呼び本部詰所で建築費についていろいろ相談をされました。その内容は定かではありませんが、経費の支出面について寄付金だけでは賄えない場合もあるから、本部会計に繰り入れて処理しようか、等が話の台になったように推察されるのであります。その話のさ中に本席飯降伊蔵様が詰所に出てこられ、火鉢のそばに座を占められましたが、三人の話し合いの節がお耳に入ったと見え、その場でご様子が改まり、「違う〳〵しっかりせい」と厳しく仰せられ、明日あらためて願い出よとのお話がありました。ところが、その翌日はお伺いされておらず翌々日になってお伺いされておりますが、おそらく突然なお言葉でしたので、どうしたことかと一同寄々《よりより》協議を重ねられたためだったでしょう。

明治三十四年四月十八日（陰暦二月三十日）

一昨日詰所にて梅谷四郎兵衛、諸井國三郎の両名教校の普請の事に付大工奥村忠七と話し合いの際、本席火鉢の所へ御越しになり、神様御入り込みの上、『違う〳〵しっかりせい〳〵、明日尋ね出るがよい』との御言葉に付願

さあ〳〵尋《たず》ねる処《ところ》〳〵、いかな道理《どうり》も尋《たず》ねるから分《わ》かろう。たゞ願通《ねがいどお》りは許《ゆる》したる。皆《みな》それ〳〵今《いま》この一時学校《じがっこう》や〳〵生徒《せいと》や、それ〳〵よう〳〵一《ひと》つの理《り》。元々《もと〳〵》何《なに》かの理聞《りき》き伝《つた》え居《い》るであろう。たゞ一条《ひとすじ》の糸伝《いとつた》えながら、大《おお》きいやら、切《き》れるやら、長《なが》

いやら、深《ふか》き順序《じゆんじよ》の理《り》、取《と》り損《そこな》わんよう、この順序《じゆんじよ》の理《り》を聞《き》き分《わ》け。いかな事《こと》やら何《なに》やら、それで惣々《そう〳〵》の理《り》を拵《こしら》えて、多《おお》くの中《なか》から三名《めい》頼《たの》まれたもの。余儀無《よぎな》く事《こと》で好《この》んでするのやあろう。この道《みち》たゞ一《ひと》つの理《り》から出来《でき》たもの。何《なに》よの事《こと》も聞《き》き損《そこな》い、やり損《そこの》うてなろうまい。運《はこ》び切《き》らぬ先《さき》に、神《かみ》が止《と》めたのやで。数々《かず〳〵》そこ〳〵運《はこ》び切《き》らぬ先《さき》に神《かみ》が止《と》め置《お》いて、理《り》を聞《き》かすのや。何《なに》や彼《か》や派《は》を分《わ》けて三名《めい》分《わ》けて了《しも》うたら、傍《はた》からどうする事《こと》も出《で》けん。皆々《みな〳〵》寄《よ》って面白《おもしろ》く頼《たの》もしくやってくれ。出《で》け掛《か》けて出《で》けなかったら、どうもならん。そも〳〵出《で》ける。これを聞《き》かしたら、何《なに》よ一《ひと》つの理《り》一《ひと》つの心《こころ》、この順序《じゆんじよ》より成《な》り立《た》つ。どんな事《こと》も成《な》り立《た》つ。皆喜《みなよろこ》んですれば、日々《にち〳〵》連《つ》れて通《とお》る。派《は》を分《わ》けてこうと言《い》えば、難《むつか》しい理《り》が起《お》きて来《く》る。一も取《と》らず二も取《と》らず、取《と》り決《き》まるまで留《と》め置《お》いたものや。万事理《ばんじり》を取《と》り決《き》まってくれ。許《ゆる》すものは許《ゆる》してある。

（**大意**）どのような道理も尋ねるから分かるであろう。お前たちの願いは一応許してある。お前たちは皆今日のところ、学校だの生徒だのと言うているが、それぞれ漸《ようや》くその思うところが見え始めている。元々この道の通り方については伝え聞いているだろうが、ただ神一条の糸を伝えながら、大きすぎたり、切れたり、長すぎたり、人間思案に走って道としての順序を取り損なわぬように注意してもらいたい。

　何事も初めから大きなものはない、という順序を聞き分けねばならない。どんなことやろ、何やろといろいろ勝手な考えに走らぬよう、大勢の中から建築係として選ばれた三名の者も余儀ないことで、好んでしているのではあるまい。この道の仕事はすべて神の思わくから出たものであるから、どんなことも聞き損ないや、やり損ないがあってはなるまい。そこで実施に先立って神が止めたのである。いろいろなことをやり終わらぬ先に神が一応止めておいて、その理合いを聞かすのである。何やかやと三名がそれぞれ自分の意見を押し立ててしまうのでは、傍《はた》からどうすることもできなくなる。皆々寄り合って面白く楽しくやってもらいたい。始めかけてできないことになったらどうもならぬことになろうし、心もちぐはぐになってしまうだけである。

　これだけ聞かしたら、すべて神意に基づいて一つ心に治まるであろう。この順序に従ってこそすべてのことは成り立つのだ。どんなことも成り立つのである。日々喜んですることなら、どんなことも神が連れて通ってやる。自説を押し付けてこうだと言い張ればそこに難しい問題も起きてくる。そうなると一も取らず二も取らずに終わるから、お前たちの心がこうと取り決まるまで一時保留したのである。すべて心一つに合わせて取り決めてもらいたい。これまでも許せるものは許してきているではないか。

お話はあらためて、道の仕事というものは、すべて神意に基づき道の順序に沿うてこそ初めて成り立つものであると諭し返されていることに思い至るのであります。それも建築そのものは、一応「たゞ願通りは許したる」とも、また「許すものは許してある」とも仰せられておりますので、お諭しの対象はどうも建築費の取り扱いにあるように拝されるのであります。おそらく本部会計係としては、財政困難な折からその経費を負担することは難しいことでしたでしょうし、建築責任者としては寄付金募集がはかばかしくないようなら、どうでも本部会計からの支出を要求したでしょう。あるいは、なお難行している一派独立運動には湯水のように金が使われているから、この分を少し回してもよかろうという苦肉の策も飛び出したかもしれません。そんな人間思案を親神様は見通されたにちがいないのであります。

三人がそれぞれ自分の立場を固執して、その思いを通そうとしたら、纏《まと》まるものも纏まるわけにはいかなくなり、何事も成り立つものではないと強く戒められております。そんなばらばらの心でやったのでは、いつ、どこから破綻《はたん》を来すとも限らず、そうなれば傍からは手も付けられぬことになってしまうと戒められ、そんな不都合が起きぬ前にこうして神が忠告を与えたのだと諭されているのであります。言うなれば、転ばぬ先の杖として一言、苦言を呈されたものとされております。まこと温かい親心の発露と拝されるのであります。そしてお話は続いております。

又

さあ〳〵一時《じ》々々ようしっかり言《い》い聞《き》かさにゃならん。今日《きょう》一日《にち》の日《ひ》、遠《とお》く所《ところ》〳〵気《き》を養《やしな》いに出《で》たる。これからそういう心《こころ》になってはならん。世界《せかい》々々遠《とお》く所《ところ》より運《はこ》んで来《く》る。親《おや》という。金銭《きんせん》は有《あ》る所《ところ》には何《なん》ぼうでも有《あ》る。無《な》い所《ところ》にはすっきり無《な》い。無《な》い中《なか》から喰《く》わずでも道《みち》は通《とお》りて居《い》る。陽気遊山《ようきゆさん》々々々々はすっきりならんで〳〵。一日《にち》の日《ひ》やめて、教理《きょうり》は、一度《ど》の処《ところ》三度《ど》五度《ど》も聞《き》かすが道《みち》やで。

（**大意**）さてもこの際しっかり言い置かねばならないことがある。今日という日に及んで、遠い所へ気休めに出ているが、これからはそういう心になってはいけぬ。遠い所からわざわざこの親里へ運んでくる以上は、常に親心をもって臨んでやることが大切である。金銭はある所にはいくらでもあるが、無い所には全然無い。無い中から喰《く》わずでもこの道についてくる者もいる。気休め・気保養という考え方はすっきり要らぬ。そのような日は一日なりと止めねばならぬが、教理は一度のところも三度五度と返す返す聞かすようにするのが道のあり方である。

又、筆一点打って記し掛け

さあ〳〵これ何《なに》よの事分《ことわ》けさゝにゃならん。区域分《くいきわ》けにゃならんは、たゞ一条成《ひとすじな》ったら、教校《きょうこう》は世上《せじょう》の理《り》。どんな者《もの》も入《い》り込《こ》む。一《ひと》つの処《ところ》の会計《かいけい》はしっかりと〳〵。後々《あと〳〵》つゞまって、これだけしっかり、別派《べっぱ》に立《た》って行《ゆ》け。建家《たちや》一条《じょう》はやしき中《なか》のもの、一《ひと》つの理添《りそ》う〳〵。やれ〳〵、これもどうせ一《ひと》つの理《り》に纏《まと》まらにゃならん。暫《しばら》くの間《あいだ》やで〳〵。道理《どうり》を以《もっ》て暫《しばら》く古《ふる》き中《なか》の理《り》を伝《つと》うて来《く》る。これは大先生《だいせんせい》々々《〳〵》々一《ひと》つやれ〳〵。十分心《ぶんこころ》を開《ひら》いてやれ〳〵と言《い》うまでは、しっかり取《と》り決《き》まってくれにゃならん。そこで、この理鮮《りあざ》やかに分《わ》かるであろう。

（**大意**）さて、どんなこともはっきり分けて考えねばならぬ。教会本部と学校とは、はっきり区別せねばならぬ。双方一本にしてしまえば、教校というものは学校という世間並みのものであるから、どんな者も入ってくる。教会本部の会計はしっかりと処理せねばならぬ。後で行き詰まるようではならぬ。これだけはしっかりと別個の扱いにしておくがよい。建物はやしき内のものを使用するから、本部という理は添うてくる。建築もいずれ本部という理に纏まらねばならぬことである。まあ暫《しばら》くの間のことである。今に大先生一つ建築しようと、心を十分開いて言えるようになるまで、皆の心を一つに取り決めておいてくれねばならぬことである。これまで言えば、このさしづの理合いも鮮やかに分かってくれるだろう。

引き続いてのお話は、特に後段の「一点打って」と力点を打たれてのお諭しでは、明らかに教会本部と教校はその性格を異にする上から、会計は別個のものとして取り扱うようにと仰せられています。校舎もやしき内のものを使用すればぢばの理に添うことになるし、それもいずれ狭くなって「大先生々々々一つやれ〳〵」ということになって、大校舎の建築を見るに至るであろうと、先の楽しみに皆心一つに勇んでくれるようと諭されております。それも「道立てゝくれば、どんな所でも、こんな事くらい二つや三つの恐れる道やないで」と、明らかに将来の発展を宣示されて快くお許しくださったのであります。

かくてその年五月八日から、教校土持ち工事が始まりました。校舎新築の工事というので、教校の職員生徒一同も午後は土持ちひのきしんを始めたのでありますが、初代真柱様は毎日教校の職員や生徒と一緒に土持ちをなさったのであります。そのお姿に感奮して本部の者も、その家族の者も総出のひのきしんに励み、明治三十五年一月七日、待望の校舎の落成を見たのであります。

橋本 武（はしもと たけし）

明治40年（1907年）生まれ。大正15年（1926年）おさづけの理拝戴、昭和30年（1955年）本部准員、37年（1962年）斐山分教会長、40年（1965年）別席取次人を拝命、この間、華南伝道庁長、宣教部海外課長、亜細亜文化研究所主任、総務部調査課長、興亜部伝道課長、道友社長、にをいがけ委員会広報放送係主任などを歴任。昭和46年（1971年）4月21日、65歳で出直す。

主な著書に『ひながたの陰に』『ふしから芽が出る』など。

おさしづを拝《はい》す（中）

立教131年（1968年） 8月26日 初版第1刷発行
立教172年（2009年） 4月18日 改訂新版第1刷発行

著 者 橋本 武

TENRIKYO DOYUSHA

発行所 天理教道友社
〒632-8686 奈良県天理市三島町271
電話 0743（62）5388
振替 00900-7-10367

印刷所 株式会社天理時報社
〒632-0083 奈良県天理市稲葉町80

ISBN 978-4-8073-0537-7
定価はカバーに表示